決勝籌備
Decisive victory

邱吉爾見證
歐戰格局的再洗牌

從三巨頭會議到義大利突擊，
戰局全面升溫，勝利輪廓初成

(Winston Churchill)
溫斯頓・邱吉爾 著
伊莉莎 編譯

從德黑蘭會談到羅馬戰役，戰局進入決戰前的戰略協商期
軍事部署與外交角力並行，
邱吉爾筆下每一場決策與談判的過程

目錄

高層談話與會議 …………………………… 005

德黑蘭會議的難題 ………………………… 019

德黑蘭會議的結論 ………………………… 031

重返開羅與指揮安排 ……………………… 047

迦太基遺址與安齊奧戰線 ………………… 057

馬拉喀什的療養時光 ……………………… 075

狄托元帥和南斯拉夫 ……………………… 097

安齊奧突擊行動 …………………………… 115

卡西諾山地攻防戰 ………………………… 129

空中攻勢全面升溫 ………………………… 149

希臘陷入深重苦難 ………………………… 163

緬甸戰局與周邊動態 ……………………… 183

太平洋戰略再調整 ………………………… 197

「霸王」行動籌備工作 …………………… 207

目錄

羅馬城的收復行動 ………………………………………… 221

諾曼第登陸前夜 …………………………………………… 235

附錄 ………………………………………………………… 251

高層談話與會議

在正式會議的空檔，羅斯福、史達林和我在午餐和晚宴中進行的對話，甚至被認為更為重要。在這些場合中，大家興致高昂，暢所欲言，無所不談。1943年11月28日，星期日晚間，羅斯福總統設宴款待，我們大約有10至11人出席，包括翻譯員。交談不久之後氣氛就變得略為嚴肅起來。

第一天晚上聚餐結束後，當我們在室內散步時，我邀請史達林到一張沙發旁，提議討論戰後可能出現的局勢。他欣然同意，我們隨即坐下交流。艾登也加入了我們。史達林元帥說道：「不妨先設想一下未來可能出現的最糟糕情況。」他認為德國很可能從這次戰爭中恢復，並在相對短暫的時間內再次挑起戰爭。他對德國民族主義死灰復燃表示擔憂。凡爾賽會議後，和平似乎得到了保障，但德國很快又捲土重來。因此，我們必須建立一個強而有力的機構來防止德國發動新的戰爭。他堅信德國會東山再起。我問他：「需要多長時間呢？」他回答：「大約在15到20年之內。」我說我們必須確保世界至少50年的安全。如果這種安全只能維持15到20年，那我們就是辜負了我們的士兵。

史達林認為我們應該審慎考慮限制德國的工業能力。德國民族以其勤奮和聰慧著稱，他們國力的恢復能力極強。我回應說，我們必須實施某些控制措施。我計劃禁止他們的一切民用和軍用航空活動，並不允許設立總參謀部制度。史達林詢問道：「你是否也打算禁止鐘錶和家具工廠，以防他們生產炮彈零件？德國人曾製造玩具步槍，並訓練了數十萬人學會射擊。」

我說：「沒有什麼事情能夠一勞永逸。世界在不斷進步。我們已經累

高層談話與會議

積了一些教訓。我們的任務是確保世界至少有 50 年的安全，方法是：解除德國的武裝，並禁止其重新武裝，監督德國的工廠，禁絕所有航空工業，同時進行必要的領土調整。這一切又讓我們回到這個問題：英國、美國和蘇聯能否為了彼此的共同利益維持緊密的友誼，並監督德國。只要我們辨識出危險，就不應畏懼發布命令。」

「在上次大戰之後，我們曾經嘗試過實行管制，」史達林說道，「然而最終並未能成功。」

「那時我們經驗不足，」我回應道，「上次的戰爭並非如今這種規模的民族戰爭，而且俄國並未參與和會。此次的情勢已然不同。」我始終認為應當孤立並削弱普魯士，組建一個由巴伐利亞、奧地利和匈牙利構成廣泛而和平的聯邦，而非侵略性的聯盟。我主張對普魯士的處理要比對德國其他地區更加嚴厲，這樣可以震懾後者不敢再與前者聯手冒險。但請記住，這只是戰時的心境。

「你說得不錯，但仍然不足。」史達林如此評論道。

我繼續說道，俄國應該擁有其陸軍，而英國和美國則應掌控其海軍與空軍。此外，這三個國家還須具備其他手段。三國皆需具備強大的武裝力量，絕不承擔任何削減軍備的義務。「我們是全球和平的守護者。若我們失敗，可能會導致一個世紀的混亂。若我們強大，則可以履行守護者的職責。當然，不僅限於維持和平。」我繼續說：「三國還需引導世界的未來。我絕無意將任何制度強加於其他國家。我主張自由及各國依其意願發展的權利。我們三國必須始終保持友好的關係，以確保所有國家的人民能夠安居樂業。」

史達林再次詢問關於如何處理德國的問題。

我回答道，我並不反對德國的工人，而是反對其領導者和危險的同盟。他提到德國部隊中有許多工人被迫參戰。他詢問那些來自勞動階層

（記錄如此，但他可能指的是「共產黨」）的德國戰俘，為何為希特勒而戰。他們答覆說是服從命令。他於是將這些戰俘全部槍斃。

我提議我們應該就波蘭問題進行討論。他表示同意，並請我先發表看法。我指出，我們曾因波蘭而開戰，因此波蘭對我們而言極為重要。俄國西部邊界的安全是重中之重。然而，我未對邊界問題作出任何承諾。我希望能與俄國人坦誠交流這個議題。若史達林元帥願意分享他對該問題的看法，我們便可以討論並達成某種協定。此外，史達林元帥應告訴我們，保障俄國西部邊界安全的關鍵是什麼。這場歐洲戰爭可能在 1944 年結束，戰後蘇聯將極為強大，而俄國在波蘭問題上的任何決定都將造成重大影響。個人而言，我認為波蘭可以向西擴展，就像士兵「向左靠攏」兩步一樣。即便波蘭觸及德國的利益，那也是無可奈何，但必須要有一個強大的波蘭。波蘭是歐洲這個交響樂團中不可或缺的一個樂器。

史達林表示，波蘭人民擁有自己的文化和語言，這些應當被保留，而不應該被摧毀。

「是否應嘗試畫出邊界？」我問道。

「沒錯。」

「議會未授予我確定邊界線的許可權，我相信羅斯福總統的情況也相同。然而，我們在德黑蘭可以探討，三國政府領袖是否能夠透過共同努力，制定某種政策，進而向波蘭人提出建議，並勸說他們接受。」

我們同意對該問題展開研究。史達林詢問是否無需邀請波蘭人參與。我回答「是的」，待我們對該問題達成非正式協定後，再與波蘭方面接觸。艾登先生此時插話提到，史達林當天下午表示波蘭可以向西擴展，直至奧德河，這令他頗感意外。他從這個觀點中看到了希望，因此備受鼓舞。史達林詢問我們是否認為他會併吞波蘭。艾登表示，他不清楚俄國人會吞下多少，或者他們無法消化多少。史達林表示，俄國人不要求任何他

人的東西，儘管他們可能會從德國割取一部分。艾登指出，波蘭在東邊失去的領土可以從西邊得到補償。史達林表示，波蘭或許能從西邊得到補償，但他不確定結果會如何。後來我用三根火柴作比喻，闡釋我對波蘭向西擴展的主張。史達林對此表示滿意。我們在這樣的氛圍中暫時告別。

11月29日清晨，英國、蘇聯和美國的軍事領導人進行了會晤。我知曉史達林曾與羅斯福有過私人交談，現下他們顯然在同一個大使館內。因此，我提議在那日下午的第二次全體會議之前，與總統共進午餐。然而，羅斯福拒絕了此項提議，並派哈里曼來向我解釋，說他不希望史達林知道我們私下交談。對此我感到頗為不解，因為我認為我們三人之間應當保持同等的信任。午餐過後，羅斯福總統再次會見史達林和莫洛托夫，討論了許多重要議題，特別是羅斯福關於建立戰後世界政府的構想。該計畫由蘇聯、美國、英國和中國這「四個警察」來執行。史達林對此不太贊同。他認為這「四個警察」不會受到歐洲小國的歡迎。他對中國在戰爭結束後能否強大表示懷疑，即便強大，歐洲國家也可能對中國擁有支配權感到不滿。在這點上，蘇聯領導人確實顯得比羅斯福總統更具遠見和現實判斷力。史達林當時提出另一個建議：設立歐洲委員會和遠東委員會，歐洲委員會將由英國、蘇聯、美國及另一個歐洲國家組成。羅斯福總統回應稱，這類似於我提議的區域委員會，分別設立歐洲、遠東和美洲區域委員會。他似乎沒有進一步清楚說明，我還計劃建立一個由這三個區域委員會構成的聯合國家最高委員會。由於我很久以後才得知會談細節，因此當下無法立即糾正這個錯誤陳述。

我們在4點鐘開始第二次全體會議之前，我奉國王之命，贈授陛下為紀念光榮的史達林格勒保衛戰而特別設計鑄造的寶劍。外面大廳裡擠滿了俄國的官兵。我用幾句話說明原委以後，就將這個光彩奪目的武器遞交史達林元帥，他以極為動人的姿態將寶劍舉到唇邊，輕吻劍鞘。然後，把寶

劍交給伏羅希洛夫，伏羅希洛夫再將寶劍放下來。寶劍在俄國儀仗隊的護送下，極其莊嚴隆重地從房間捧了出去。當這個行列向外走去的時候，我看見羅斯福總統坐在房內一邊，顯然被這場典禮所感動。接著，我們走進會議室，再次圍著圓桌而坐。這次所有的參謀長都出席參加了，他們現在前來報告上午辛勤討論的結果。

帝國總參謀長指出，他們已經審查多項作戰計畫，並意識到從此刻起至「霸王」計畫啟動期間，若不在地中海採取行動，德國可能會將軍隊從義大利轉移至俄國或法國北部。他們曾考慮將前線從義大利半島中部向北推進，加強對南斯拉夫游擊隊的支持，使其能牽制巴爾幹半島上的德國師團，並促使土耳其加入戰鬥。他們還討論了在法國南部登陸以配合「霸王」計畫的可能性。波特爾重新審視了我們的轟炸策略，馬歇爾則評估了美國在英國的兵力集結情況。

馬歇爾將軍指出，西方盟國在歐洲面臨的挑戰並不在於兵力或物資的不足，而在於船舶、登陸艇的數量以及靠近戰場的戰鬥機機場是否可用。最為緊缺的是每艘可運載40輛坦克的登陸艇。關於「霸王」作戰計畫，軍隊和物資的運輸均按計畫進行準備。在盟軍面臨的各種問題中，變數和困難幾乎總是集中在登陸艇方面。英國和美國的造船計畫正在加速進行，目的是雙重的：首先，擴大「霸王」作戰計畫初期攻勢的規模；其次，確保能夠在地中海進行我們認為必要的戰役。

接著，史達林提出了一個極為重要的問題：「誰將指揮『霸王』行動計畫？」羅斯福總統回應稱，尚未決定。史達林坦率地表示，如果不任命一個人負責所有相關準備，這個計畫必將以失敗告終。對此，羅斯福說，已經採取了相關措施。英國軍官摩根將軍已經率領一個英、美聯合參謀部，為這場戰役籌備了相當長的時間。實際上，所有事情都已經敲定，只是最高司令的任命尚未確定。史達林指出，必須立即指派一個人選，不僅要負

高層談話與會議

責規劃，還要負責執行。否則，即便摩根將軍宣稱一切準備妥當，但一旦任命最高指揮官後，該指揮官可能會有不同的看法，進而重新開始籌備。

我指出，摩根將軍是在羅斯福總統和我本人同意下，由聯合參謀長委員會數個月前指派為未來最高統帥的總參謀長。英王陛下政府願意接受美國統帥的指揮，因為美方負責籌組進攻部隊，並在兵力數量上占優勢。然而，在地中海區域，幾乎所有海軍力量都是英國的，同時英國陸軍也占據顯著優勢。因此，我們認為該戰場的統帥理應由英國人擔任。我建議由三國政府領袖討論最高統帥的任命問題，相較在大規模會議中討論更為合適。史達林表示，蘇聯政府對任命問題不要求發言權，只希望知悉被任命者是誰。最重要的是盡快確定人選，而被挑選的將軍不僅要負責籌劃作戰計畫，還要付諸實施。我也認為，決定「霸王」戰役的指揮人選是急待解決的關鍵問題之一，並指出該問題將在最近兩週以內得到解決。

接著，我闡明了英國的立場。我指出，我們所面對的問題眾多且複雜，令我感到有些不安。此次會議大致代表著全球12至14億人民的利益，他們的命運取決於我們是否能得出正確的結論。因此，在未能徹底解決我們所面臨的重大軍事、政治和道義問題之前，會議不能輕易結束，這一點極為重要；不過，我準備僅討論一些由軍事小組委員會研究的專門問題。

首要的問題是，地中海集結的龐大部隊能為「霸王」行動方案提供怎樣的支持？特別是義大利駐軍對法國南部的攻勢將形成什麼樣的規模？羅斯福和史達林均提及此計畫，但我們尚未進行深入研究，因此無人能給出最終的看法。史達林非常正確地指出了鉗形攻勢的重要性，但以少量兵力發動進攻顯然無效，因為在主力部隊抵達前，敵人可能已經將其殲滅。我以個人身分表示，在地中海至少應保留足夠運輸兩個師的登陸艇。擁有這種運輸能力後，我們可以採用海上包圍戰術，協助從義大利中部向北推進的前哨部隊，進而避免緩慢且艱難的正面攻勢。其次，這些登陸艇將使我

們在土耳其參戰的同時，奪取羅得島並打通愛琴海。這些登陸艇還可在五、六個月之後配合「霸王」行動計畫，從海上攻擊法國南部。

　　這些作戰計畫顯然需要極為細緻的研究與選定時機，但若能達成上述各點，成功的希望似乎相當高。然而，如果要在地中海保留足夠運輸兩個師兵力的登陸艇，那麼顯然「霸王」作戰計畫的執行日期將被拖延 6 到 8 週；或者我們需要將準備派往東方對日本作戰的艦艇調回，這將使我們陷入兩難。此時就需要權衡各個問題的優先次序。我表示，我將懷著感激的心情傾聽史達林元帥和伏羅希洛夫元帥對這些問題的看法，因為他們的戰果鼓舞了英國盟友，並使之感到非常欽佩和尊敬。

　　另一個關鍵議題涉及南斯拉夫及達爾馬提亞海岸。巴爾幹半島的游擊隊至少束縛了德國的二十一個師。此外，希臘和南斯拉夫境內還駐紮著保加利亞的九個師。如此計算，這些勇敢的游擊隊總共牽制了敵軍三十個師。因此，巴爾幹戰場實際上成為我們分散敵方力量的有效地點，並能減輕未來艱苦戰役的壓力。我們對巴爾幹地區並無任何野心。我們的總體目標僅是緊密牽制敵軍的這三十個師。莫洛托夫先生、艾登先生及羅斯福總統的代表應該進行會談，並將未解決的政治問題提交報告。例如，我們的蘇聯朋友及盟國在政治上是否對上述主張存在困難？若有，這些困難是什麼？我們決心與他們協力合作。從軍事角度來看，這個地區無需大量的部隊部署，僅需提供物資裝備及突擊性戰鬥支援游擊隊。

　　第三個，也是最後一個議題，涉及土耳其。英國作為土耳其的盟友，曾經承諾在聖誕節之前努力說服或勸說土耳其投入戰爭。如果羅斯福總統願意在當前形勢下介入並主導此事，英國政府將非常樂意讓他來處理。我表示，願代表英王陛下政府提供保證：英國將盡最大努力促使土耳其參戰。從軍事角度看，土耳其的參戰最多只會牽制同盟國兩到三個師的兵力。

高層談話與會議

　　隨後，我詢問蘇聯政府對保加利亞的立場。他們是否願意告知保加利亞，如果土耳其向德國宣戰，而保加利亞決定進攻土耳其，蘇聯將立刻視保加利亞為敵國？我提議由莫洛托夫、艾登及羅斯福總統的代表展開討論，並就如何促使土耳其參戰向會議提出建議。若能達成此目標，將對德國造成重大打擊。保加利亞將被削弱，羅馬尼亞已經在尋求無條件投降的方法與時機，此外也將對匈牙利產生顯著影響。我所規劃的地中海戰役，目的在減輕俄國面臨的壓力，並最大化「霸王」行動計畫成功的可能性。

　　我的發言時間約 10 分鐘。會場陷入短暫的沉默。隨後，史達林發言：「如果土耳其參戰導致保加利亞威脅土耳其，蘇聯政府將視為與保加利亞處於戰爭狀態。」我對此保證表示感謝，並詢問是否可以告知土耳其人。史達林完全同意。接著，他闡述了對巴爾幹半島各國的看法。他認為我們在意見上並無分歧，並完全支持援助游擊隊。然而，他坦率地補充說，從俄國人的思考方式來看，土耳其參戰、援助南斯拉夫以及攻占羅馬都是次要問題。如果此次會議的目的是討論軍事問題，則「霸王」計畫必須被優先考慮。

　　若按照建議成立一個軍事委員會，顯然需要對其任務進行明確指示。在俄國對抗德軍的偉大戰鬥中，他們迫切需要援助。最有效的支持方式就是儘早實施「霸王」作戰計畫。有三大關鍵問題需要確定。首先是日期，時間應定在 5 月，不能拖延。其次，需在法國南部進行登陸以支援該行動。若能在「霸王」戰役前兩、三個月登陸，當然最佳，否則便同步進行；若無法同步，稍後進行登陸也有其優勢。襲擊法國南部作為支援性戰役，對「霸王」戰役無疑有很大幫助。奪取羅馬及地中海的其他行動，只能作為牽制性策略。

　　第三個需要決策的問題是任命「霸王」作戰計畫的總司令。史達林表示，他希望會議結束前能做出決定，最遲也要在會後一週內確定。若無最

高統帥,「霸王」作戰計畫的準備工作將無法順利展開。選擇人選顯然是英、美兩國政府的責任,但蘇聯政府希望得知人選為誰。

羅斯福總統表示,我們已經對「霸王」作戰計畫的重要性上達成一致,但對於啟動的具體日期仍存有分歧。若在5月實施「霸王」戰役,必然要放棄至少一次地中海戰役。若登陸艇和其他裝備繼續留在地中海,「霸王」戰役將拖延至6月或7月。延期顯然帶來風險。即便僅以兩、三個師在地中海東部展開遠征,該遠征也可能演變為規模更大的戰役,難以抽身,並需增派更多部隊。若如此,即便7月啟動「霸王」計畫,也會受到影響。

羅斯福先生隨後談及我提到過的——德國和保加利亞有三十個師團被困在巴爾幹半島的情況。他建議我們應該使用突擊部隊來加強對他們的封鎖。關鍵在於將他們限制在該區域之內,避免他們對其他戰場造成威脅。顯然,大家一致認為應支持狄托,但這種支持不應削弱「霸王」行動計畫的力量。

史達林指出,他掌握的情報顯示,德國在南斯拉夫部署了八個師,在希臘有五個師,在保加利亞有三個師,而在法國則有二十五個師。他拒絕同意將「霸王」行動拖延到5月之後。

我表示無法同意提供此類保證。然而,根據各方已經發表的意見來看,基本上沒有顯著的分歧。我願意全力以赴,代表英王陛下的政府盡快啟動「霸王」戰役,但我認為不應該僅僅為了爭取提前一、兩個月發動「霸王」戰役,而忍痛捨棄我們在地中海的重大前景,彷彿這部分毫無價值一般。英國在地中海駐紮著強大的陸軍,我不同意讓他們在將近六個月的時間內停止作戰。這支部隊應以最大的戰鬥力與美國盟友並肩作戰。我非常希望,英、美軍隊能聯手擊潰駐紮在義大利的大量德軍,並在向羅馬北部推進後,能將大量德軍牽制在義大利戰線。在近六個月的時間內,在

高層談話與會議

義大利按兵不動,毫無作為,相當於不當使用我們的軍隊。此外,這也可能引發對我們的指責:即俄國人幾乎承擔了陸戰的全部重擔。

史達林表示,他完全沒有打算要求在冬季暫停義大利的所有軍事行動。

我解釋道,若是從地中海撤走登陸艇,意味著必然要減少我們在那裡的戰役。我提醒史達林,「霸王」戰役的成功取決於三個條件。首先,從現在起直到進攻的那一刻,必須大幅削弱德國在歐洲西北部的戰鬥機力量;其次,進攻時,駐紮在法國和低地國家的德軍後備部隊不得超過十二個完整且精銳的機動師;最後,在戰爭發動的最初 60 天內,必須防止德國從其他戰場調回超過十五個精銳師的兵力。為了實現這些條件,我們需要盡力在義大利和南斯拉夫牽制德軍。若土耳其參戰,將進一步增強我們的力量,但這並非必需。現駐防義大利的德軍,大多數是從法國調來的。如果我們在義大利減少對德軍的壓力,他們可能會被調回法國。我們必須在當前唯一能與敵人作戰的戰場上繼續周旋。如果在冬季於地中海與德軍展開激烈戰鬥,將為順利創造「霸王」戰役的必要條件提供理想的效果。

史達林詢問道,假如德國在法國部署了十三到十四個機動師,並且能從其他戰場調集超過十五個師的兵力,那麼情況會如何?在這種情況下,「霸王」戰役是否就不再進行?

我斷然否決道:「絕對不是如此。」

接著,我將話題轉向土耳其議題。我們已經達成共識,敦促該國在年底前參戰。若其參戰,我們所需進行的唯一軍事行動,僅是將我們的飛機部署在土耳其的安納托利亞機場,並攻占羅得島。一個突擊師與若干衛戍部隊足以應付局勢。一旦我們掌控羅得島與土耳其的空軍基地,便能隨時切斷愛琴海其他島嶼的物資供應。這些軍事行動不會對我們構成無盡的負擔,而是一項極為有限的承諾。如果我們努力促使土耳其參戰的計畫未果,事情便到此為止。然而,若未能促使土耳其參戰,這將令德國人鬆一

口氣。關於土耳其，還有更深遠的戰略考量。若其參戰，我們攻占羅得島，並將德國軍隊逐出愛琴海上的其他島嶼，我們駐防埃及的部隊與空軍便可北移參戰，而非繼續採取守勢。

土耳其問題不容忽視。正如羅斯福總統與馬歇爾將軍所言，我們軍事行動的規模、性質與時機，皆依賴於我們是否能取得登陸艇並將部隊跨海輸送。我願意隨時詳細探討此事，但若無法在地中海保留或從其他戰場調動所需的少數登陸艇，則無法在該區域進行任何規模的軍事行動，包括對法國南部的攻擊。在做出決定前，我們必須慎重考慮這些因素。我告訴史達林，我贊同他的看法，即賦予軍事技術委員會明確的任務範圍。我建議任務內容應由三國政府領袖分別擬定。

史達林表示，在重新審視該問題後，他認為無需設立軍事委員會。作出決定時，也不必對每個細節問題都一一詢問。關鍵之處在於「霸王」戰役的日期、總司令的任命以及是否能在法國南部展開協同戰役。這些重要事項應由全體會議決定。他同時指出，完全沒有必要設立外長委員會。設立這些委員會只會拖延大會的效率。而就他個人而言，他無法將德黑蘭的訪問持續到12月1日之後，最多不能超過12月2日。

羅斯福總統表示，如果決定成立軍事委員會展開工作，他已經以簡明的方式為該機構擬定了任務內容，內容共兩句話，即：「第一部分：三國參謀長委員會確認『霸王』戰役是1944年的主要戰役。第二部分：委員會將提出建議，以便實施協助性戰役，但必須在事前謹慎考慮這些戰役是否會拖延『霸王』作戰計畫。」對此，大家都表示贊同。

史達林表示，蘇聯政府對「霸王」戰役的日期極為關注，尤其是因為需要與俄國戰場的行動協調。羅斯福總統指出，在魁北克會議上已經決定了「霸王」戰役的日期，僅因自那時以來的重大變化，才需重新考慮某些調整。

高層談話與會議

在會議即將結束時，史達林從桌子的對面注視著我說道：「我想直接問首相一個關於『霸王』行動的問題。首相和英國官員是否真正相信『霸王』行動將會成功？」我答道：「如果時機成熟，並具備了執行『霸王』行動的所有必要條件，那麼我們將全力以赴渡過海峽，向德國人發起猛烈進攻，這是我們不可推卸的責任。」談話至此，我們便結束了會議。

史達林設晚宴款待我們。參加人數受到嚴格限制──史達林、莫洛托夫、羅斯福總統、霍普金斯、哈里曼、克拉克·克爾、我和艾登以及我們的翻譯員。在經歷了大會的勞累之後，大家興高采烈，頻頻舉杯。不久，艾略特·羅斯福出現在門口，他搭乘飛機來到此地與其父親相聚。有人邀請他進來，他便在桌旁入座。他甚至在我們的談話中插嘴，後來還渲染他所聽到的一切，導致引發極為嚴重的誤解。據霍普金斯說，史達林對我開了不少玩笑，我並不介意，直到史達林元帥以溫和的語調談及一個嚴肅甚至可怕的問題時；即對德國人進行懲罰。他提到要消滅德國的總參謀部。希特勒的強大陸軍實力依賴於約五萬名軍官和技術人員。如果在戰爭結束後將這些人槍決，德國的軍事力量就會被根除。我聽後覺得應該如此回應：「英國議會和民眾永遠不會容忍集體槍殺。即使在戰時的狂熱中他們允許這樣做，但當這種暴行一旦發生，他們就會激烈反對負責人。蘇聯人不應在此問題上抱有幻想。」

然而，史達林或許只是出於玩笑，仍在繼續討論這個話題。他說道：「一定要槍斃五萬人。」我對此感到極為憤怒，我說：「我寧願此刻被押到花園槍斃，也不願這樣的可恥行為玷汙我和國家的榮譽。」

此時，羅斯福總統插話。他建議一種調解方案，稱應處決的不是五萬人，而是四萬九千人。顯然，他希望以此化解緊張氣氛。艾登也向我做出各種手勢和暗示，讓我相信這只是個玩笑。然而，羅斯福總統此刻卻從餐桌的另一端起身發言，表示他真誠贊同史達林元帥的觀點，並確信美國軍

隊也會支持這個立場。遇到這樣的情景，我起身離席，走到旁邊燈光昏暗的房間裡。剛到那裡，就有人從後面輕拍我的肩膀，原來是史達林。他的身旁是莫洛托夫，兩人都滿臉笑意，誠懇地解釋說他們只是開玩笑。史達林的風度極具魅力，尤其是在他刻意表現時；但我從未見過他如當時般展現出特別迷人的風采。儘管當時和現在，我都不完全相信這純屬玩笑而無任何隱藏的真實意圖。我同意回到原來的房間。當晚剩下的時間，我們相處得非常愉快。

高層談話與會議

德黑蘭會議的難題

11月30日對我而言,是一個繁忙且具有紀念意義的日子。這天是我69歲的生日,幾乎整天都在處理我一直關注的某些最為關鍵的事務。羅斯福總統與史達林元帥保持私人聯繫,並也都居住在蘇聯大使館內;儘管總統與我過去關係密切,我們的重大問題又相互交織,但自從我們離開開羅以來,他一直避免單獨與我會面——這些情況讓我考慮嘗試對史達林進行一次直接的私人拜訪。我認為,俄國領袖對英國的態度在認知上與實際狀況並不一致。在他的思維中,已形成這樣的誤解,簡單來說,就是:「邱吉爾和英國參謀人員有意盡量拖延執行『霸王』作戰計畫,因為他們希望以進攻巴爾幹半島來替代該計畫。」我的責任就是要消除這種雙重誤解。

「霸王」作戰計畫的具體日期,取決於有限數量的登陸艇的調配。這些登陸艇在巴爾幹半島的戰役中並不必要。羅斯福總統曾要求我們策劃一次孟加拉灣的戰役。若取消這次行動,我所需的登陸艇便已足夠,即我具備的兩棲登陸能力,可使兩個師在敵方抵抗下於義大利或法國南部沿岸同時登陸,並能夠按計畫在5月執行「霸王」戰役。我已經告知羅斯福總統,5月為合適日期,他亦放棄了5月1日的特定日期,進而給予我較為彈性安排的時間。如果我能說服羅斯福總統暫緩履行對蔣介石的承諾,並放棄德黑蘭會議上未提及的孟加拉灣計畫,那麼地中海戰役及如期進行「霸王」戰役所需的登陸艇便足夠。最終,這些重大登陸行動於6月6日開始,但這個日期是後期決定的,依據並非我的需求,而是月光與天氣條件。正如我稍後會提到的,當我們返回開羅時,我成功勸說羅斯福總統放棄了孟加拉灣計畫。因此,我認為已經解決了我認為必須處理的問題。然

德黑蘭會議的難題

而,在德黑蘭的那個11月早晨,我沒有把握,因此我決心讓史達林了解主要事實。我當時認為,沒有權利告訴他,羅斯福總統和我已經同意於5月間進行「霸王」戰役。我知道在我與史達林元帥會晤後進行的午宴上,羅斯福會親自告知他這一點。

以下內容是依據我信任的翻譯員伯爾斯少校所記錄我與史達林私人談話的情形整理而成。

首先,我要提醒史達林元帥,我有一半的血統來自美國,因此對美國人民懷有深厚的感情。我要講的話不應被解讀為對美國人的背後批評,我對他們始終忠誠。然而,有些事情還是在我們之間坦誠交流更為妥當。

在地中海,我們的軍力相較於美國,的確占有明顯的多數。駐紮在那裡的英國部隊數量是美國部隊的兩到三倍。我急於在可能的條件下確保地中海的軍隊不致癱瘓的原因正源於此,我希望持續運用這些力量。在義大利約有十三到十四個師,其中九到十個師是英國人。此外,還有兩個集團軍,即英、美聯合的第五集團軍和全由英國士兵組成的第八集團軍。我們面臨著要麼遵守「霸王」戰役的時間表,要麼在地中海展開大規模戰役的選擇,但情況遠不止這些。美國要求我們在3月於孟加拉灣對日本發動兩棲作戰,但對此我並不熱衷。如果我們將用於孟加拉灣戰役的登陸艇轉移至地中海,我們便能在當地完成所需任務,並提早進行「霸王」戰役。因此,這並非在地中海戰役和「霸王」戰役的日期之間選擇,而是在孟加拉灣戰役和「霸王」戰役之間做出取捨。然而,美國人堅持我們為「霸王」戰役設下日期,因此地中海戰役在過去兩個月裡已經遭受一定程度的損失。義大利的軍隊因為調走七個師而士氣低落。我們將三個師調回國內,美國人則調走四個師,都是為了準備「霸王」戰役。我們未能充分利用義大利崩潰的契機,原因也在於此,但這同時顯示出我們對「霸王」戰役的籌備是多麼的認真。

儘早確定總司令的人選是一個極為重要的問題。在 8 月分之前，我們英國人可能會在「霸王」行動中擔任最高指揮，但在魁北克會議期間，我曾向羅斯福總統表示，我們同意任命一位美國人，而我們則應該掌握地中海的最高指揮權。我對此安排感到滿意，因為雖然在登陸時美國人與英國人的人數相等，但不久後他們將占據優勢，隨著最初幾個月的過去，他們的利益將變得更加重要。另一方面，英國人在地中海擁有優勢，我對那裡的戰爭也有自己的看法，因此，我認為由我們擔任該戰場的最高指揮是合適的。羅斯福總統接受了這個安排，因此「霸王」行動總司令的人選問題，現在由他負責。當羅斯福總統一旦確定人選，我便可以立即任命地中海總司令及其他指揮官。由於國內與政府之中高級人員相關的原因，總統在做出人選決定上遲遲未決，但我曾敦促他在我們離開德黑蘭之前作出決定。史達林對此表示贊同。

接著，我提出了關於登陸艇的議題，再次闡述這個問題成為障礙的現狀及其原因。即便在調走七個師之後，我們在地中海的兵力仍然充足，而英、美遠征軍也將在英國國內集結。所有的問題都歸結於登陸艇的可用性。兩天前，史達林元帥發布了一項重要宣告，表示俄國將在希特勒投降後對日本開戰。聽到這則消息後，我立刻向美國方面建議，他們可以調撥更多的登陸艇來支持他們要求我們進行的印度洋行動，或者從太平洋調遣一些登陸艇，以協助「霸王」行動初期的運輸任務。如此一來，各個戰線都能獲得足夠的登陸艇。然而，美國人對太平洋的事務特別敏感。我曾向他們指出，如果俄國參戰對抗日本，將加速日本的戰敗，因此他們可以提供我們更多的支持。

我與美國人之間的爭論，其實只是一個小問題。情況絕不是我對「霸王」戰役漠不關心。我要求獲得進行地中海戰役所需的一切，同時又能按期推進「霸王」戰役。具體的安排應由我們的參謀長負責，我原本希望在

德黑蘭會議的難題

開羅期間能解決這些問題。不巧的是，蔣介石當時在場，而中國的一些問題幾乎占用了所有時間。但我堅信，最終仍能調配足夠的登陸艇以滿足各方需求。

現在繼續討論「霸王」作戰計畫。英國方面，計劃在 5 月或 6 月的指定日期，將使近十六個師的部隊完成作戰準備，加上直屬部隊、登陸艇部隊、防空部隊及後勤人員，總數約略超過五十萬人。部分為最精銳部隊，包括從地中海調來的戰鬥老兵。此外，英國還需要皇家海軍提供所有艦艇用以承擔運輸和保護陸軍的任務。英國本土空軍約有四千架第一線飛機，能夠持續作戰。美國現已開始運送部隊到英國。至今，他們主要運送空軍部隊和陸軍物資，但在未來四、五個月內，我預計每月將運來十五萬人或更多，至明年 5 月，總數將達七、八十萬人。我們在大西洋擊敗潛艇後，已經能夠進行這種軍事調動。我建議在「霸王」戰役的同時，或其他適當時機，在法國南部發起戰役。我們將牽制駐義大利的敵軍，而駐地中海的二十二或二十三個師將盡量調往法國南部，其餘部隊則留在義大利。

義大利面臨一場即將爆發的大戰。亞歷山大將軍麾下有大約五十萬士兵。盟軍部署了十三到十四個師來對抗德國的九十個師。儘管氣候惡劣且橋梁被毀，但我們計劃在今年 12 月由蒙哥馬利將軍指揮第八集團軍發起進攻。兩棲登陸作戰將在特韋雷河附近展開。同時，第五集團軍將進行猛烈的戰鬥行動以牽制敵軍。這場戰役或將演變為小規模的史達林格勒戰役。我們的目標不是深入義大利的廣闊內地，而是要堅守在狹窄的靴形地區。

史達林表示，他必須提前說明，紅軍的期望在於我方在法國北部的攻勢能取得勝利。如果 1944 年 5 月沒有展開戰事，紅軍會認為這一年將不會再有任何戰爭。天氣一旦開始惡化，運輸將會遇到困難。如果無法開戰，他不希望讓紅軍感到失望。失望只會導致士氣低落。若 1944 年歐洲

戰局沒有顯著改變，俄國人將難以堅持下去。他們對戰爭已經感到疲憊。他擔心紅軍會產生孤軍奮戰的情緒。他之所以想確認「霸王」戰役是否會如期進行，就是因為這個原因。否則，他將採取措施防止紅軍出現負面情緒。這是一個極為重要的問題。

我說，只要敵人調動至法國的部隊數量不超過美國和英國在那裡的集結軍隊，「霸王」行動自然會繼續。如果德國人在法國部署三、四十個師，我擔心我們準備渡過海峽的部隊將無法維持。我並不懼怕登陸，但擔心在登陸後第 30 天、第 40 天或第 50 天後會發生什麼。然而，若紅軍能牽制敵人，我們在義大利也能拖住他們，加上土耳其可能參戰，我相信在這種情況下，我們能夠取得勝利。

史達林表示，發起「霸王」戰役的初步計畫將會對紅軍產生正面影響。若他得知此戰役將在 5 月或 6 月展開，他便可立即開始準備打擊德國的行動。春季是最佳時機，3 月和 4 月戰事較少，這段時間可以用來集中軍力和資源，待到 5 月和 6 月便可發動攻勢。德國將無力向法國增派兵力，因為其師團仍持續調往東方。德國人對東方戰線感到擔憂，因為沒有海峽需要跨越，也不需要通過法國。他們懼怕紅軍的推進，而紅軍若知道盟軍的行動便會前進。他詢問「霸王」戰役的確切開始時間。

我表示，在羅斯福總統未批准之前，我無法透露「霸王」戰役的具體日期，但我將在午餐時答覆他。我相信他會對此感到滿意。

稍頃，史達林元帥與我分別前往羅斯福總統的寓所，參加他邀請我們出席的「三人」午宴，陪同的還有我們的翻譯員。羅斯福告訴史達林，我們已經同意在明年 5 月實施「霸王」行動。史達林元帥對於我們這個鄭重且直接的承諾，顯然感到十分滿意。話題隨即轉向較為輕鬆的內容，唯一記錄下來的便是有關俄羅斯海洋出口的問題。我始終認為，像俄羅斯帝國這樣一個幅員遼闊、人口近兩億的大陸國家，在嚴冬的數月間無法有效與

德黑蘭會議的難題

廣闊的海洋相連,是不妥且會導致產生嚴重問題的。

當史達林元帥提及俄國不凍港的問題時,我表示沒有困難。他還詢問關於達達尼爾海峽及修訂《塞夫勒條約》的事宜。我回答,我希望促使土耳其參戰,目前討論這些問題不合時宜。史達林回應說,未來會有適當的時機來提出這些問題。我表示,我希望俄國海軍與船隊能在海洋上航行,並歡迎俄國船舶的到訪。史達林聽後提及寇松勳爵持有不同看法。我答道,那時我們與俄國的立場尚不一致。

羅斯福總統表示,波羅的海應對各國商船開放。港口應設立自由區,基爾運河應交由託管,而達達尼爾海峽應對全球貿易開放。史達林詢問這是否適用於俄國貿易,我們向他保證適用。

史達林隨後詢問,在遠東地區可以為俄國安排什麼。我回答道,俄國已經擁有海參崴。他指出這個港口冬季也會遭受冰雪封鎖,所以需要賴對馬海峽。當前俄國唯一的出海口是莫曼斯克。我回應說,我希望能夠解決俄國的困難,因為全球政治應由可以自給自足的國家來管理,這些國家除了已經有的東西以外沒有其他要求。如果世界的治理掌握在急於追求本身利益的國家手中,總會帶來危險。然而,我們這些國家沒有理由提出更多要求。和平將由那些按照自己的方式生活而沒有野心的國家人民來維護。我們的實力讓我們超越其他國家。我們就像在自己家園中安居樂業的富人。

在短暫的休息過後,下午4點,第三次全體會議如常在蘇聯大使館召開。所有成員出席,約有三十人參與。

羅斯福總統宣布,他愉快地告知與會者,三國領袖已就重要的軍事項目達成了共識。

阿蘭・布魯克爵士指出,英、美兩國的三軍參謀長在聯席會議後,建議於5月展開「霸王」戰役:「同時在法國南部實施支援戰役,並在當時可用的登陸艇範圍內盡可能擴大規模。」

接著，我指出英、美聯合參謀長委員會必須與蘇聯軍事當局保持緊密聯繫，以便協調東方、西方和地中海戰場的行動。這意味著我們三大國將逐步收緊對敵人的包圍，使德國同時面臨四面八方的攻擊。「霸王」戰役是有史以來最大的聯合行動計畫，為了實施這場戰役，必須進行精細的參謀準備。

史達林表示，他理解參謀們作出這個決定的重要性，以及執行過程中所面臨的困難。「霸王」戰役的危險階段在於登陸後兵力分散之時。在這個關鍵時刻，德國人可能會從東部調集部隊，意圖為「霸王」戰役製造最大障礙。為防止任何強大的德軍從東部調動，他承諾在5月組織一場大規模的俄軍攻勢。

羅斯福總統強調了各戰場協同作戰時機的關鍵性。既然三國的參謀人員已經開始合作，他希望這種合作能夠持續。他已經告知史達林元帥，下一步就是任命「霸王」行動的指揮官。在與自己的參謀團隊以及我商討後，他可能會在三、四天內做出決定。由於主要的軍事問題已經解決，英、美兩國的參謀人員應該迅速返回開羅以制定各項細節。對此，史達林和我都表示贊同。

我補充道，既然重大的決議已經通過，現在開始就應該全力以赴，竭盡所能地獲取更多的登陸艇。因為距離「霸王」戰役的實施還有五個月，而我們掌握著美國和英國的所有資源，因此應能實現這一點。既然決定了進行「霸王」戰役，就必須以壓倒性的優勢力量來執行。我希望參謀人員能夠設法增強初期攻勢的力量。

我向三國參謀人員詢問有關配合掩護攻擊計畫中可能存在的困難。史達林解釋道，俄國人透過偽裝坦克、飛機和機場，巧妙地運用了欺騙敵人的策略。以無線電欺騙敵人也被證明是有效的。他完全同意參謀人員的合作，以便制定有關聯合實施掩護和欺騙敵人的策略。我說：「在戰爭中，

德黑蘭會議的難題

真理是如此珍貴,因此必須經常用謊言來保護。」這句話經過翻譯後,史達林和他的同志們非常讚賞,我們的正式會議就在這種氣氛中愉快地結束了。

當時,我提議參謀人員草擬一份關於軍事會談的簡短宣告,呈交給羅斯福總統、史達林元帥和我本人。措辭需簡潔隱晦,並暗示德國的末日即將來臨。於是,以下宣告被擬定並獲得一致通過:

我們的軍事顧問也參與了圓桌討論,我們已經協調了彼此的計畫,以便削弱德國的實力。我們在關於東方、西方和南方即將展開戰役的規模和時間上,達成了全面的共識。

此前,我們一直在蘇聯大使館舉行會議或宴會,但我提議第三次宴會由我主持,並在英國公使館進行。這是無需爭辯的事項。按照字母順序,英國和我的名字都在前面,按年齡,我又比羅斯福和史達林年長四、五歲。我們是三國中最古老的政府,比其他兩個國家早成立幾個世紀;我還可以提到,我們參戰的時間最長,但我沒有提出這點;最後一點,11月30日是我的生日。這些理由,尤其是最後一點,是不容提出異議的。我們的公使負責宴會的所有準備工作,款待了將近四十位客人,其中不僅包括軍事和政治領導人,還有兩國的一些高級官員。蘇聯內務人民委員會的政治警察,堅決要求在史達林到達前對英國公使館進行徹底搜查,不放過每扇門和每個坐墊;大約五十名俄羅斯武裝警察,在他們的將軍指揮下,守衛所有門窗。美國的保全人員也遍布各處,然而,一切都進行得十分順利。史達林在衛隊的嚴密保護下來到公使館,顯得興高采烈;坐著輪椅前來的羅斯福總統,對我們笑容滿面,顯得愉快和親切。

這是我生命中特別值得銘記的時刻。我右側坐著美國總統,左側則是俄國的領袖。我們聯合起來,掌控全球大多數的海軍和四分之三的空軍,能夠指揮近兩千萬的軍隊,而這些部隊正在進行人類歷史上空前可怕的一

場戰爭。1940年夏天，我們孤軍奮戰，除了海軍和空軍，在抵禦德國和義大利那種勢不可擋的力量時，幾乎是赤手空拳，因為他們幾乎掌控了整個歐洲及其資源。從那時起，我們在通往勝利的道路上已經走過漫長的旅程，這讓我感到欣慰。羅斯福先生贈予我一個美麗的波斯瓷瓶作為生日禮物。雖然這個瓶子在我回國途中被打碎，但後來卻被精巧地修復，成為我的珍藏之一。

在宴會上，我與兩位尊敬的嘉賓進行了非常愉快的交流。史達林重申了他在會議上曾經提出的疑問：「誰將領導『霸王』行動？」我回答說，總統尚未作出最終決定，但我幾乎可以肯定，坐在我們對面不遠處的馬歇爾將軍將被任命。到目前為止，情況就是如此。史達林對此顯然感到滿意。隨後，他提到布魯克將軍，認為布魯克不太喜歡俄羅斯人。布魯克在1942年8月，我們在莫斯科舉行的首次會議上，對待俄羅斯人的態度非常生硬和直接。我向他解釋說，軍人在與他們的同行討論戰爭事宜時，往往容易表現得粗魯和嚴厲。史達林說，這反而讓他更欣賞他們。他說話的同時眼光注視著房間另一端的布魯克。

在合適的時刻，我提議舉杯祝賀我們兩位尊貴賓客的健康，隨後總統舉杯祝我健康長壽。接著，史達林以相同的言辭向我表示祝賀。

接著，遵循俄國的傳統，展開了許多非正式的祝酒儀式，這對於這種類型的宴會顯然是相當合適的。霍普金斯愉快地發言，提到他「經過長時間的深入研究，了解到英國憲法是沒有成文規定的，而戰時內閣的權力和結構也沒有具體的條文。」他說，研究後所得出的結論是，「我了解到英國憲法的規定和戰時內閣的權力，就是溫斯頓·邱吉爾想要它們如何它們就會如何。」這句話引起了哄堂大笑。讀者應當明白，這句玩笑話是多麼沒有依據。誠然，在戰爭指揮中，我從國會和內閣同僚那裡獲得了前所未有的忠誠支持，而且在重大問題上很少遭到否決。然而，我曾多次自豪地

德黑蘭會議的難題

提醒我的兩位偉大戰友，在我們三人中，只有我隨時可以被普選原則下的下議院解除職權，並且要接受代表國內各政黨的戰時內閣輿論的監督。羅斯福總統的任期是有明文規定的，他的職權不僅作為總統，而且作為總司令，依據美國憲法幾乎是絕對的。史達林在俄國從前似乎是，現在肯定是總攬最高權力。他們可以透過命令直接要求，而我必須依靠說服和勸導。我也樂於如此。儘管程序繁瑣，但我沒有理由對這種工作方式感到不滿。

在宴會進行期間，眾多嘉賓紛紛致辭，其中不乏重量級人物，如莫洛托夫和馬歇爾將軍。然而，在我印象中尤為深刻的，是布魯克將軍的發言。以下是我請他撰寫的紀錄：

「宴會進行到一半的時候，」布魯克寫道，「羅斯福總統很友好地提議為我的健康乾杯，並提到我的父親早年曾去海德公園拜見他的父親。當他快說完，而我正在想著要對羅斯福總統這番親切的言詞進行回應是多麼輕鬆的時候，史達林站起來，說他要接著祝酒。於是，他就繼續說下去，言外之意是我對紅軍缺乏真正的友好感情，對紅軍的優秀特質了解不夠，他希望我今後對紅軍士兵表現出更深的戰友情誼。

這些指責令我驚愕不已，因為我實在想不出它們的依據。然而，我已經對史達林有了一定的了解，明白如果我默不作聲地坐在那裡，他或許不再尊重我，並且將來還會繼續對我進行攻擊。

於是，我便起身，向總統表達了誠摯的感激之情，感謝他的友善話語，隨後轉向史達林，發言內容概述如下：

『史達林元帥，容我就您的祝酒詞發表看法。您認為有必要對我進行毫無根據的指責，這讓我感到非常驚訝。您應該記得，今天早晨在我們討論掩護計畫時，邱吉爾先生曾提到在戰爭期間，真相必須由謊言來保護。您也會記得，您親自告訴我們，在進行重大攻勢時，總是對外界隱瞞真實意圖。您曾提到，所有偽裝的坦克和飛機，總是集中在有直接利害關係的

戰場，但您的真實意圖總是祕而不宣。

『史達林元帥，您被那些偽裝的坦克和飛機所欺騙了，未能覺察到我對紅軍的真摯友好之情，以及對紅軍所有成員的真誠戰友情誼。』」

當帕夫洛夫逐句將布魯克的講話翻譯給史達林時，我仔細地觀察著他的神情。他的表情令人難以揣測。然而在布魯克講話結束後，他顯然興味盎然地對我說道：「我很欣賞這個人。他的話似乎發自肺腑。我打算日後與他深入交談。」

最後，我們一同走向前廳，在此地我們隨意地相互交談。我感受到一種前所未有的更大團結和更深厚的戰友情誼在我們偉大的同盟中蔓延。我沒有邀請倫道夫和薩拉出席宴會，但當客人為我祝壽時，他們走了進來。此時，史達林特別從人群中把他們找出來，向他們致以極為親切的問候。羅斯福總統自然與他們非常熟悉。

漫步之間，我瞥見史達林身處一個小圈子裡，與布魯克（我暱稱他為「布魯基」）正面相對。布魯克將軍的記述接著寫道：

「當我離開房間時，首相告訴我，他在我提及『真理』和『謊言』時感到有些不安，不知道我接下來會說什麼。不過，他安慰我，我在敬酒時的回應給史達林留下了良好的印象。因此，我決定前往接待室進一步討論這次對我的指責。我走到史達林面前，告訴他在祝酒時對我做出那樣的指責讓我非常驚訝和難過。他透過帕夫洛夫立即回應道：『最好的友誼就是建立在誤會上的友誼。』然後熱情地與我握手。」

如今，我眼前的陰霾似乎已然消退。實際上，史達林對我這位朋友的信任乃是建立在尊重與善意上的，而這種基礎在我們共同合作的過程中始終未曾動搖。

當我們最終告別時，時間已是凌晨兩點之後。史達林元帥在衛隊的護送下離開，羅斯福總統也被護送至他在蘇聯大使館的住處。我躺下時感到

筋疲力盡，但內心充滿了滿足之感，深信今日的一切進展都十分順利。對於我而言，這一天無疑是一個非常愉快的生日。

德黑蘭會議的結論

在我們對戰略問題作出重要決定的前後，幾個極為重大的政治問題依然顯著存在。12月1日，三國領袖再次在蘇聯大使館內由羅斯福總統舉辦的午宴上一同進餐。莫洛托夫、霍普金斯、艾登、克拉克·克爾和哈里曼也出席了。這次我們首先討論的是如何勸說土耳其參戰的問題。

霍普金斯詢問我們，如果土耳其參戰，我們需要提供何種支持。羅斯福表示，伊諾努勢必會詢問我們能為他們提供什麼幫助。我們在未徹底研究登陸艇情況前，必須謹慎行事，不能輕易做出承諾。我提到我們在埃及有十七個不受英、美指揮部控制的英國空軍中隊，並且空軍上將特德還有三個多餘的空軍中隊。它們主要為戰鬥機，可以用於保衛土耳其。此外，我們還有三個高射炮團。我們可以承諾給土耳其的就是這些。我們尚未承諾向土耳其派遣任何軍隊。土耳其已有五十個師裝備齊全，因此，無需再派遣軍隊。

史達林提到，如果土耳其參戰，它應當提供部分領土供我們使用。我對此表示贊同，並提到普洛耶什蒂將很容易遭受攻擊。我們英國人對土耳其的任何支持，並非輕易慷慨，而是從地中海中部調派三個空軍中隊，使總數達到二十個，也許美國可以增派一些轟炸機中隊。我們宣告只能提供空中掩護，無法派遣地面部隊。3月間用於進攻羅得島的登陸艇，可以在義大利戰役和「霸王」行動之間短暫利用。羅斯福總統希望能夠實現這一點，但也指出登陸艇的損失極為嚴重，因此必須將所有可能獲得的登陸艇用於「霸王」行動。我回應說，我認為沒有太大困難。我們沒有向土耳其提出任何建議，也不清楚伊諾努是否會接受任何提議。羅斯福總統將前往

德黑蘭會議的結論

開羅,可以了解他的參謀們的看法。此外,伊諾努可能不會去開羅。

「或許他會生病。」史達林插話道。

我表示若他不願前來,而羅斯福總統又將離開,我建議乘坐巡洋艦前往阿達納與他會面。伊諾努會在那裡出現。登陸艇是我們所有戰役的關鍵所在。部分登陸艇可能從印度洋或太平洋調撥,其餘則需建造。若無法實現此目標,我們將不得不放棄部分計畫,但我們一致認為「霸王」戰役不容受到影響。

繼而,羅斯福提到,我建議從太平洋調動登陸艇的方案無法實行。原因在於路途過於遙遠,美軍正每日向北推進至吉爾伯特群島和馬紹爾群島,攻擊日軍的補給線,他們需要動用所有現有的登陸艇。

霍普金斯再次詢問,攻下羅得島需要多少登陸艇。我答覆,我們並未承諾幫助土耳其進攻羅得島或任何其他島嶼,也沒有承諾提供登陸艇。羅斯福表示,如果他是伊諾努,他將要求奪取克里特島及其他島嶼。

我說:「我需要士麥拿和巴德朗地區的空軍基地。這些機場是我們建設的。一旦我們掌控這些基地並部署空軍中隊,就能在空中清除德國飛機。即便擊落一架敵機需要犧牲一架己機,這仍然是值得的。我們必須使島上的德國守軍耗盡資源。如果土耳其積極參戰,這些島嶼將不戰自降。在這種情況下,甚至無需攻擊羅得島。這些島嶼依賴德國供給物資。如果我們能從土耳其提供空中掩護,驅逐艦就能摧毀德國護航隊,但目前無法實現,因為德國仍掌握制空權。若我們獲得土耳其的基地,就能持續對德軍施壓,這將為『霸王』戰役做好準備。」

史達林對此表示贊同。羅斯福總統也同意以二十個空軍中隊和若干轟炸機作為談判的基礎,但不打算進行兩棲作戰。

接著,我總結了各方的看法。我們僅為土耳其提供有限的空中防護和防空炮。然而,冬季已至,德國不會對土耳其發起入侵。我們將繼續供給

其武器。土耳其應接受蘇聯的邀請，以便日後共同參加和平會議，這是一個不可多得的機會。我們還承諾：若因土耳其向德國宣戰而遭到保加利亞的攻擊，蘇聯將對保加利亞進行報復，這是前所未有的條件。此外，我們建議土耳其與戰勝國合作，並承諾給予大量援助和友好待遇。

史達林詢問：「倘若土耳其對德宣戰，而保加利亞因此攻打土耳其，蘇聯再對保加利亞宣戰，邱吉爾先生希望蘇聯如何應對？」

我並不具體要求什麼，但當蘇聯軍隊經由敖德薩推進時，這將在保加利亞民眾中引起巨大迴響。土耳其軍隊有勇猛的步兵和相當精銳的炮兵，但缺乏高射炮和飛機，坦克也很稀少。我們為其設立了軍事學校，但土耳其人並不常來上課，他們學習速度緩慢。土耳其軍隊勇敢，但缺乏現代化。為了購置武器，主要是美國製造的，他們已經花費了二千五百萬英鎊，這些武器由我們負責運輸。

史達林表示，土耳其極有可能保持中立。他們將會讓我們使用他們的空軍基地；事態可能如此發展，但這也無妨。

羅斯福總統接著請求艾登先生詳細介紹土耳其人在開羅的談話。艾登先生表示，他曾向土耳其外交部長提出請求，希望土耳其能將空軍基地交給我們，並告知土耳其方面，德國不會對土耳其發動攻擊。然而，土耳其外交部長拒絕了這個請求，他認為德國若感受到土耳其的挑釁，必定會有所反應。土耳其更傾向於根據協定參戰，而不願因採取上述建議而間接捲入衝突。

我注意到，每當我們請求土耳其充分利用其中立地位，允許我們使用他們的空軍基地時，他們總是回應：「哦，不行，我們不能充當被動角色。」然而，當我們要求他們真正參戰時，他們又回答：「哦，不行，我們尚未做好充分武裝的準備。」因此，我建議如果有必要，我們必須採取其他措施。如果土耳其拒絕參戰，他們將失去參加和平會議的機會，他們將

德黑蘭會議的結論

與其他中立國家獲得相同的待遇。我們還應宣告,英國對土耳其事務不再感興趣,並將停止提供武器。

艾登先生表示,他希望明確了解土耳其將提出什麼要求。我們是否同意土耳其只與德國交戰,而不與其他國家交戰?如果德國因此促使保加利亞加入對土耳其的戰爭,蘇聯政府是否會對保加利亞開戰?史達林對這兩點都表示同意。我指出,依我個人看法,如果土耳其能充分利用其中立地位,我會感到滿意。如此一來,關於我要求採取有限措施以促使土耳其參戰這個重要目標,我們在相當程度上達成了一致。同時,我們決定邀請伊諾努前往開羅,與我和羅斯福總統會談。儘管我知道土耳其因我們未能進攻羅得島而失去科斯島和勒羅斯島,使德國在愛琴海獲得制空權而感到遺憾,但我沒有提及此事,因為我已經獲得我認為所需的成果,並樂觀地認為這些已經足夠。

此時,莫洛托夫詢問有關義大利艦艇的事宜,是否能給予蘇聯政府一個答覆。羅斯福的回答相當直接。大部分商船和少量軍艦在戰時可由三國使用,戰後再按權利進行分配。戰爭未結束前,誰能更有效地使用這些艦艇,就由誰來使用。莫洛托夫表示俄國能夠充分利用這些艦艇。我詢問蘇聯政府希望在哪兒進行艦艇交接。史達林提議在黑海交接,如果不可行,則可改為北海。若土耳其不參戰,黑海的移交將無法進行。然而,在北海依然可以使用這些艦艇。

我表示,在蘇聯已經採取或正在進行的各種努力之後,這僅僅是一樁小事。我們只請求一些時間,與義大利方面商討此事。我希望看到這些艦艇駛向黑海,或許我還能派遣幾艘英王陛下的艦船同行。羅斯福總統和我需要一點時間,以便與義大利方面妥善安排。他們的一些小型艦艇已經被用來協助巡邏任務,還有一些潛艇正在運輸重要物資。我們絕不能讓義大利艦隊發生叛變,也不能讓他們自沉艦隻。我和羅斯福總統只需要一、兩

個月的時間,就可以與義大利方面做好安排。屆時,這些艦艇經過改裝後,便可交由俄國人使用。我還補充道,我希望能派遣4、5艘英國潛艇進入黑海。如果土耳其只接受有關「盡量利用中立地位」的要求,這也是我們可以提出的事項之一。然而,我們將遵循史達林元帥的意願。我們對黑海沒有任何野心。

史達林表示,他對任何援助都深表感激。

午餐過後稍作休息,我們進入另一個房間,圍坐在會議桌旁,繼續討論了整個下午。接下來的一個重要議題是波蘭。

羅斯福總統起初表示,他希望波蘭與蘇聯的政府能夠恢復外交關係,這樣我們所做的決定才能被波蘭政府接受。然而,他承認困難確實存在。史達林詢問,他應該與哪個政府進行談判。波蘭政府及其在國內的盟友與德國人有接觸。他們正在屠殺游擊隊員。羅斯福總統和我都無法弄清楚當前那裡的情況。

我指出,波蘭問題對英國民眾而言極為重要,因為我們曾因德國侵略波蘭而宣戰。儘管事先毫無準備,德國對波蘭的進攻迫使我們參戰。我以三根火柴來比喻德國、波蘭和蘇聯。盟國的主要目標之一是確保蘇聯西部邊界的安全,以防止未來德國的進攻。談及此事,我提醒史達林,他曾提到西面的奧得河界線。

史達林打斷我的話,稱過去未曾提及與波蘭政府重建關係的問題,僅僅討論了波蘭邊界的確定。如今,這個問題的提法已經大不相同。俄國比其他國家更迫切地希望與波蘭保持良好關係,因為這關係到俄國的邊界安全。俄國支持透過犧牲德國的利益來促進波蘭的復興和發展,但將波蘭與波蘭流亡政府區分開來。他與波蘭流亡政府斷絕關係,並非出於一時衝動,而是因為該政府與希特勒聯手,對俄國進行汙衊宣傳。有什麼措施能保證此類情況不再重演呢?他希望獲得保證,即波蘭流亡政府不再殺害游

德黑蘭會議的結論

擊隊員,而是鼓勵波蘭人與德國人作戰,並且不參與任何陰謀。任何波蘭政府,只要採取積極措施,他都願意恢復關係,但對於波蘭流亡政府是否能成為這樣的理想政府,他並不確信。

此時我表示,若能在此會議桌上了解俄國人對邊界的看法,將大有裨益。如此,我便能向波蘭人提出此問題,並坦誠說明我是否認為這些條件公正。我僅代表英王陛下政府發言,英王陛下政府希望能夠告知波蘭人:這個方案是切實可行的,也是他們可能得到的最佳條件,英王陛下政府在和平會議上無意表示異議。隨後,我們可繼續討論羅斯福總統所提關於恢復關係的議題。我們所需的是一個強大且獨立的波蘭,與俄國保持友好關係的波蘭。

史達林表示,這個觀點是正確的,但不能讓波蘭人擁有烏克蘭和白俄羅斯的土地。這是不公平的。依據1939年的邊界,烏克蘭和白俄羅斯的土地已經歸還。蘇俄堅持1939年的邊界,因為從民族學的角度來看,這些邊界是合理的。

艾登詢問,這是否意味著里賓特洛甫-莫洛托夫線。

「你隨便怎麼稱呼它都可以。」史達林說道。

莫洛托夫指出,這條界線通常被稱作「寇松線」。

「不對,」艾登說道,「這其中存在顯著的差異。」

莫洛托夫表示,沒有任何差別。

於是,我取出一幅地圖,標示出「寇松線」與1939年的分界線,並指出奧得河線。艾登表示,「寇松線」的南端從未明確劃定。

此刻,會議參與者們三五成群地聚集在一起。眾人圍繞著我的地圖和美國人展示的地圖觀看,翻譯員難以進行記錄。

艾登指出,「寇松線」最初計劃延伸至利沃夫以東的區域。

史達林回應說，這份地圖上的邊界線劃得不對，利沃夫應該留在俄國這邊，邊界應向西延伸至普熱米什爾附近。莫洛托夫拿來一張「寇松線」地圖並加以解釋。史達林表示，他不想要任何波蘭人口，如果發現有波蘭人聚居，他非常願意放棄該地區。

我提到，德國土地的價值遠勝於普里皮亞特沼澤地。那是工業區，有助於打造一個更繁榮的波蘭。我們希望能告訴波蘭人，俄國人的決定是合理的；同時，也希望能向波蘭人表明，他們得到了公平對待。如果波蘭人拒絕接受，我們也無計可施。我在此清楚地說明，我僅代表英國人發言，並補充說，羅斯福總統領導的美國有許多波蘭裔公民，他們都是他的同胞。

史達林再次表示，如果能夠證明哪些地區主要由波蘭人居住，他將不再提出要求。此時，他在地圖上「寇松線」以西和維爾納以南的地區用筆畫了陰影，承認這些地區主要是波蘭人居住的。

此時，眾人再次分成小組，長時間地探討地圖上的奧得河界線。研究完畢後，我表示，我贊同這種劃分，並將告知波蘭人，若他們不接受，將是極為愚蠢的。同時，我會提醒他們，若非蘇聯紅軍的存在，他們早已被徹底消滅。我會對他們指出，他們已經得到一個相當理想的居住地，面積縱橫均超過三百英里。

史達林表示，此區域確實將轉變為工業強國。

「此外，它將與俄國保持友好關係。」我插言道。

史達林表示，俄國期望與波蘭保持友好關係。

根據記載，這時我以相當強調的口吻對艾登先生表示，對於將德國部分土地割讓給波蘭及利沃夫的問題，我不想再多費心思。艾登回應稱，若史達林元帥以「寇松線」或奧得河線作為討論基礎，則可作為一個起點。

此時，莫洛托夫展示了俄國的「寇松線」地圖及寇松勳爵的無線電報

德黑蘭會議的結論

原文,內附所有地名。我詢問莫洛托夫是否反對波蘭人取得利沃夫地區,他表示並無此意。

我說,若波蘭人採納我們的建議,那是相當聰明的。我不打算為利沃夫問題而擴大爭論。我接著對史達林表示,我們在原則上並無太大分歧。羅斯福詢問史達林,他是否認為可以基於自願原則遷移人民。史達林元帥答道,這或許是可行的。

如此,我們便完成了關於波蘭問題的討論。

羅斯福總統隨即詢問史達林,他是否願意就芬蘭問題展開討論。美國政府是否可以採取任何措施,協助芬蘭脫離戰爭?

史達林提到,瑞典外交次長近日曾告知科隆泰夫人(蘇聯大使),芬蘭人擔憂俄國計劃將芬蘭併入其版圖。蘇聯政府回應,他們無意將芬蘭併入俄國,除非芬蘭迫使其如此行事。於是,科隆泰夫人受命向芬蘭傳達,蘇聯政府不拒絕在莫斯科接待芬蘭代表團,但希望芬蘭就退出戰爭的意見表達立場。在德黑蘭,史達林剛收到由博希曼先生轉交的芬蘭人覆文要點。其中未提到芬蘭有意與德國斷交,反而提出邊界議題。芬蘭人建議以1939年的邊界線作為討論基礎,但提出對蘇聯有利的修改。史達林認為,芬蘭人並非真心急於展開認真談判,他們的條件不可接受,且芬蘭人自己也明白這一點。芬蘭人仍寄望德國獲勝;至少部分人堅信德國將會勝利。

羅斯福詢問,美國政府建議芬蘭人前往莫斯科是否會產生效用。史達林回應,他們已經準備前往莫斯科,但若攜帶當前的計畫前去,意義不大。

在俄、芬戰爭期間,我曾一度支持芬蘭,但當其參與反蘇戰爭時,我便轉而反對。俄國需要確保列寧格勒及其通道的安全。蘇聯在波羅的海作為永久海軍和空軍強國的地位必須得到保障。然而,如果芬蘭被迫併入蘇聯,英國人民將感到不滿。因此,聽到史達林元帥的話,我感到欣慰。我認為索取賠款無益。芬蘭或許能砍伐一些樹木,但這樣並無多大價值。

史達林表示他不需要金錢，但在 5 到 8 年內，芬蘭可以向俄國提供紙張、木材及其他物資，以此彌補他們對俄國所造成的損失。他認為應當給芬蘭人一個適當教訓，並決心要獲得賠償。

據我估計，芬蘭人的錯誤決策發動進攻給俄國帶來的損失，遠超出芬蘭這樣的貧窮國家所能承受的範圍。我還提到：「我耳邊仍迴響著那個著名的口號：『不割地，不賠款。』或許史達林元帥不喜歡聽到我這樣說。」

史達林微笑著答道：「我早已經對你說過，我現在是個保守黨員。」

接著，我詢問他具體的要求是什麼。我們即將展開「霸王」行動。我期盼到了春天，瑞典能加入我們的戰事，而芬蘭則能退出。史達林表示，這樣非常好。

會談隨後轉向領土問題的具體細節——維堡（史達林表示「維堡絕對不能談判」）、卡累利阿地峽和漢戈。史達林提議：「如果轉讓漢戈有困難，作為替代方案，我願意接受比特薩摩。」「這是一個公平的交易。」羅斯福回應。

我表示，英國有兩個要求：首先，希望俄國對其邊界感到滿意；其次，芬蘭人應獲得自由與獨立，並在那些極為不適宜居住的地區中盡量改善生活，但我們不打算對俄國施加任何壓力。史達林回應說，盟國偶爾可以互相施加一些壓力，如果他們願意的話。然而，對於芬蘭人，應給予他們生存的機會。他們造成的損失，只要能彌補一半就可以。羅斯福詢問，如果芬蘭人無條件前往莫斯科，是否會有任何益處。史達林回答說，如果沒有達成協定的保證，那麼派人遠赴莫斯科只會讓德國受益，因為它會從會談的失敗中獲利，而芬蘭國內的侵略者也會因此獲益，他們會聲稱俄國人並不是真正渴望和平。

我指出，這乃是一個謊言，而我們所有人都會大聲揭露這個謊言。

「好吧，」史達林說道，「如果你們執意如此，那就讓他們來吧。」

德黑蘭會議的結論

羅斯福表示，現任的芬蘭領導人傾向於親德；若另有他人出面，我們可能會取得一些進展。史達林則認為若有其他人選更為理想，但即便是賴蒂，他也沒有異議。任何人，甚至是魔鬼，都可以來。他並不懼怕魔鬼。

我表示，我希望史達林元帥在處理芬蘭問題時，能夠適當地考慮到瑞典在5月我們發動全面進攻時可能及時參戰的可能性。

史達林贊同這個觀點，但表示無法放棄以下幾個條件：

(1) 芬、蘇恢復1940年的條約。

(2) 芬蘭割讓漢戈或比特薩摩給蘇聯（對此，他補充，漢戈已經租借給蘇聯，但建議獲得比特薩摩）。

(3) 蘇聯的損失芬蘭應以實物賠償百分之五十，具體數量稍後討論。

(4) 芬蘭與德國斷交。

(5) 芬蘭驅逐境內所有德國人。

(6) 芬蘭的軍隊全部復員。

關於賠償問題，我表示，造成損害很容易，但修復卻極為困難。任何一個國家承擔對另一個國家的賠償義務，都是不愉快的。我指出，「經驗顯示，大量賠款行不通。」史達林提議，若芬蘭不支付賠款，俄國將占領芬蘭部分地區，但若支付，俄國將在一年內撤軍。

「儘管我尚未被選為蘇聯人民委員，」我說道，「但若我當選，我必定會建議避免此舉。我們有更為重大的議題需要關注。」我們支持俄國人，並隨時準備協助他們，但我們也必須顧及5月間的戰役。羅斯福總統表示，他贊同所述的一切（即不同意大量賠款）。

此刻，史達林詢問道：「還有什麼其他疑問嗎？」羅斯福總統答道：「還有關於德國的問題。」史達林表示，他希望德國保持分裂狀態。羅斯福總統對此表示贊同，但史達林卻以為我會持反對意見。

我表示原則上我並不反對。羅斯福提到，為了方便討論，他和顧問們大約在三個月前曾試探性地制定了一個計畫，計劃將德國分成五個部分。史達林笑著說，他沒有在聽，因為他不希望德國被分裂。我指出，我認為罪惡的根源在於普魯士、普魯士軍隊及其總參謀部。

隨後，羅斯福闡述了將德國劃分為五個區域的計畫：

(1) 普魯士。

(2) 漢諾威及德國西北地區。

(3) 薩克森及萊比錫地區。

(4) 黑森－達姆施塔特、黑森－卡塞爾以及萊茵河南部區域。

(5) 巴伐利亞、巴登及符騰堡。

這五個地區將實行自治，而另外兩個地區則由盟國進行管轄：

(1) 基爾與其運河連接漢堡。

(2) 魯爾和薩爾。

這些地區均由盟國以託管形式進行管理。他僅僅是將上述的劃分作為一個構思提出，供大家商議。

我說道：「若能借用美國的成語，我會說羅斯福總統『說得恰如其分』。羅斯福先生的計畫對我而言仍然新穎。在我看來，事物有兩種性質：一種是破壞性，另一種是建設性。我心中有兩個明確的目標。首先是孤立普魯士。至於在孤立之後如何處理，這是次要的。接著，我希望將巴伐利亞、符騰堡、帕拉蒂納特、薩克森和巴登分離開來。儘管我對普魯士採取嚴厲措施，但對這第二組地區，我準備採取較為溫和的態度，希望他們能參與我所謂的多瑙河聯邦。德國這些地區的人民並非窮凶極惡，我希望他們的生活能過得去，經過2、30年後，他們的觀念將大為不同。德國南部的人民不會再發動戰爭，我們應當讓他們覺得值得將普魯士遺忘。至於究

德黑蘭會議的結論

竟是一個或兩個地區，我並不太在意。」

我詢問史達林元帥是否打算在這方面採取措施。史達林表示他願意這麼做，但他更傾向於實施分裂德國的方案，如同羅斯福總統的計畫，因為此方案似乎更有效地削弱德國。當我們面對大量德國軍隊時，會發現他們個個奮力作戰，英、美軍隊很快就會明白這一點。然而，奧地利軍隊的情況卻截然不同，史達林描述了他們投降的情形。所有德國人都是相似的，而將他們緊密團結在一起的是普魯士的軍官。但從根本上來說，北德與南德之間並無顯著差異，因為所有德國人在戰鬥中都如野獸般凶猛。我們應避免將奧地利人納入任何此類組合。奧地利曾經是獨立的國家，將來也可以再次獨立。匈牙利也必須比照獲得獨立。若在分裂德國之後再建立新的組合，不論是稱為多瑙河聯邦還是其他名稱，都是極不明智的。

羅斯福總統熱切表達了他的贊同。德國人彼此之間並無差異。巴伐利亞人缺乏軍官階層；不然，美國軍隊早已發現，他們與普魯士人無異。

我認為，如果德國按照羅斯福總統的提議被劃分為若干地區，而這些地區並不隸屬於其他結合體，那麼它們最終仍有可能重新統一。關鍵不僅是將德國分割，更在於賦予這些分割出來的地區生命力，使它們不再由於依賴於大德意志帝國而感到滿足。即便需要 50 年才能實現，這仍是一項巨大的成就。

史達林指出，多瑙河聯邦無法長久存在，德國人會利用這一點，在基礎上增加新的元素，進而形成一個新的強大國家。他詢問匈牙利和羅馬尼亞是否會加入這樣的聯邦。接著，他反覆強調此種聯邦未來對德國的益處。最好的策略是將德國的各個族群切割、分散。當然，無論他們被分裂到何種程度，他們始終會尋求統一，並永遠要求重新統一。他在這點上看到了巨大的危險，必須透過各種經濟手段來減輕這種威脅，最終在必要時，還需要動用武力。這是維持和平的唯一途徑。但是，如果我們允許德

國人建立一個龐大的聯邦，問題就會不可避免地發生。我們必須小心地將他們分割，而且匈牙利和德國不能結合。沒有任何措施能夠阻止一個目的是重新統一的運動。德國人始終渴望重新統一並復仇。我們必須擁有極為強大的力量，以便在他們發動新一輪戰爭時能夠戰勝他們。

我向史達林詢問，他是否曾設想過一個由各自獨立小國所構成的歐洲，而在其中不存在任何較大的國家。

他回應道，他指的是德國，而非整個歐洲。波蘭和法國皆為大國，羅馬尼亞和保加利亞則屬於小國。然而，我們必須不惜一切代價使德國分裂，以防止其重新統一。羅斯福總統指出，他的計畫即是實現此目標的方法。我表示，我必須明確宣告，目前我們對於一個重大的歷史議題，僅僅在進行初步研究。史達林說，這種研究顯然非常初步。

接著，我將話題重新引向波蘭問題。我表示不尋求達成任何協定，並且我自己對這個問題也沒有十足的信心，但我仍希望將某些問題記錄在案。於是，我提出了以下方案：

「原則上認為波蘭國家和民族的領土，應在所謂『寇松線』與奧得河線之間。除此之外，還包括東普魯士和利沃夫；然而，實際的邊界走向需要深入研究，可能在某些地區需要了解並解決人口問題。這樣的方案沒有什麼不妥之處。它讓我能夠對波蘭人表示：「我不確定俄國人是否會同意，但我想我可能可以為你們爭取到他們的同意。你們看看，你們已經得到了很好的待遇。」我還補充道，我們永遠無法讓波蘭感到相對滿意。沒有什麼能讓波蘭人完全滿足。

隨後，史達林表示，俄國人對科尼希斯貝克這個不凍港具有濃厚的興趣，他在地圖上標示了一條潛在的分界線。這樣俄國就能掌控德國。他若能取得這個港口，便會欣然接受我對波蘭的提議。我詢問利沃夫的安排，史達林回應他將採納「寇松線」。

德黑蘭會議的結論

當天晚上,我與羅斯福和史達林初步簽署了以下文件,該文件闡明了三國領袖會議在軍事議題上的結論。

會議結論:

1. 大家普遍同意,應盡可能透過物資、裝備和突擊隊行動支持南斯拉夫游擊隊。

2. 普遍看法是,土耳其在今年年底前加入同盟國作戰,從軍事角度來看,這是極為必要的。

3. 注意到史達林元帥的宣告,如果土耳其對德作戰而導致保加利亞對土耳其宣戰或攻擊,蘇聯將立刻對保加利亞作戰。會議還注意到,這個事實將在即將進行的土耳其參戰談判中明確提出。

4. 了解到「霸王」行動將於1944年5月展開,並與一場針對法國南部的戰役協同進行。後者的實施將視可用登陸艇數量及分配的情況全力推進。會議還留意到史達林元帥的宣告,蘇聯計劃在大致相同的時間點發起攻勢,目的在阻止德軍將部隊從東線調往西線。

5. 一致意見是,三國的軍事參謀人員為了即將在歐洲展開的戰役而密切連繫。尤其是,他們應共同制定一個掩護計畫,以混淆敵人對戰役的理解或促使其作出錯誤判斷。

如此,我們在德黑蘭進行了漫長而艱辛的談判即將結束。軍事方面的結論基本上決定了戰爭未來的走向。計劃於1944年5月發起橫渡英吉利海峽的進攻,當然這仍需視潮汐和月光的情況而定。俄國將配合重新發動大規模攻勢來支持此次進攻。我從一開始就支持將盟軍駐義大利的部分部隊派往襲擊法國南部海岸的建議。儘管這個計畫尚未經過詳細研究,但由於美國和俄國的支持,我們更容易獲得確保義大利戰役勝利及攻陷羅馬所需的登陸艇,而沒有這些登陸艇,戰役將無法成功。我對羅斯福總統的另一項提議更為關注,即從義大利經由伊斯特利亞半島和里雅斯特向右推

進，最終目標是通過盧布林雅那山峽抵達維也納。所有這些都是五到六個月以後的事。只要我們在義大利的軍隊不因撤走數量雖少但極為重要的登陸艇而癱瘓，那麼隨著戰爭全面的發展，仍有充足的時間作出最終選擇。許多兩棲或半兩棲作戰計畫都有實現的可能。我希望放棄在孟加拉灣的海上攻勢計畫，如下一章將討論的，這被證明是正確的。我很高興看到，幾個重要的備選方案仍然保留。我們將重新努力促使土耳其參戰，而一旦土耳其參戰，愛琴海將發生重大變化，而這些變化又將影響黑海局勢的發展。然而，在這一點上，我們的期望未能實現。當我們在充滿友誼和為共同目標團結的氣氛中分離時，回顧整個軍事形勢，我個人感到非常滿意。

政治局勢相對較為模糊，難以精準預見。顯而易見，政局將取決於尚未進行的重大戰役結果，而之後又將以各盟國在取得勝利時的情緒為基礎。如果西方民主國家在德黑蘭會議上，對俄國在勝利並消除危機後所持態度心存疑慮，並據此制定計畫，那是不妥當的。史達林承諾在推翻希特勒及其軍隊後立即參與對日戰爭，這個承諾具有極為重要的意義。未來的希望在於盡快結束戰爭，並建立一個目的為防止再度戰爭的國際組織，這些都以三大國的聯合力量為基礎，而三國領袖已經在會議桌旁頻頻握手，以示友好。

我們已經為芬蘭的賠款減輕了負擔，這項措施大致上至今仍在執行。新波蘭的東、西邊界基本上已被劃定。東部以「寇松線」（仍待解釋）為界，西部則以奧得河線為界，這片土地似乎將為受盡苦難的波蘭民族提供一個真正且永久的家園。當時，東、西尼斯河（它們匯合形成奧得河）的問題尚未出現。1945 年 7 月在波茲坦會議上，於完全不同的情境下，當這個問題被激烈討論時，我立即宣告英國只支持東部的支流。這仍然是我們當前的立場。

在這次具有重大歷史意義的會議上，關於如何處理德國這個首要問

德黑蘭會議的結論

題，只能作為「一個重大政治問題給予的初步研究」，而且正如史達林所言，這只是「非常初步的」研究。我們必須牢記，當時我們正與強大的納粹國家進行一場可怕的戰爭。戰爭的所有風險環繞在我們周圍，而盟國間的戰友情誼以及對共同敵人的仇恨情緒主導了我們的思想。羅斯福總統提出將德國分為五個自治國家並將兩個重要地區交由盟國託管的設想，對史達林元帥來說，自然比我提出將孤立普魯士和成立多瑙河聯邦，或成立南部德國和多瑙河聯邦的建議更易接受。這僅是我的個人看法，但我對自己在德黑蘭時於那種環境下提出這個問題毫無悔意。

我們都對一個統一狀態下德國的力量感到憂慮。普魯士擁有其輝煌的歷史。我認為我們有可能與其達成一項嚴肅且體面的協定，同時重新為其建立一個現代形式的國家，其大致輪廓與奧匈帝國相似。關於奧匈帝國，人們常說：「如果它不存在，也會有人創造它。」在此範圍內將形成一個廣闊的地區，透過這個地區，比任何其他解決方案更早地實現和平與友誼。如此一來，就可以組成一個聯合的歐洲，為所有戰勝國和戰敗國人民的生活和自由奠定牢固的基礎。

我不認為自己對這個廣闊領域的思考缺乏連貫性，然而，在現實中，我們面臨著重大的災難性變革。波蘭的邊界幾乎不復存在，波蘭正處於俄羅斯和共產黨的嚴密控制之下，惶恐不安。德國確實被分裂，但卻被厭惡地劃分為多個軍事占領區。對於這個悲劇，我們只能斷言它無法持久。

重返開羅與指揮安排

　　1943年12月2日，我從德黑蘭返回開羅，再次被安置在靠近金字塔的別墅。羅斯福總統於當天稍晚抵達，我們就戰爭的總體形勢以及與史達林會談的結果，繼續展開親切的討論。同時，聯合參謀長們在從德黑蘭返回開羅途中，曾在耶路撒冷短暫休整，恢復精力，以便第二天繼續討論他們的重要任務。蒙巴頓海軍上將已經返回印度，並從印度遞交了由他擬定關於對安達曼群島進行兩棲作戰（「海盜」計畫）的修訂方案。這個計畫將完全占用我們從地中海調往該地區那些急需的登陸艇。我希望能作出最後的努力，爭取美國人同意另一個進攻羅得島的作戰計畫。

　　翌日晚間，我再次與總統共進晚餐，艾登也在場。我們一直討論到午夜之後，圍繞著彼此意見分歧的部分進行辯論。我認同英國三軍參謀長的看法，他們對總統在德黑蘭會議前向蔣介石委員長承諾儘早從孟加拉灣發動進攻一事感到非常擔憂。這個承諾將使我對於奪取羅得島的希望和計畫都會化為泡影，而我認為土耳其參戰相當程度上取決於能否攻下羅得島，然而羅斯福先生已經決意進行孟加拉灣戰役。當我們的參謀長們在軍事會議上提出這個問題時，美國參謀人員斷然拒絕討論。他們表示總統已經做出決定，他們只能遵從，沒有其他選擇。

　　12月4日下午，我們召開了自德黑蘭返回後的首次全體會議，但進展甚微。總統開場便表示，他必須於12月6日離開，因此所有報告需要在12月5日（星期日）晚前準備妥當，以便達成最終協定。除了土耳其參戰事宜之外，唯一懸而未決的似乎只是如何使用一、二十艘登陸艇及其裝備這個相對次要的問題。若因這樣一個無關緊要的問題而受阻，實在難以置

重返開羅與指揮安排

信,因此總統也認為所有枝微末節都應得到解決。

我願意讓會議清楚地了解,英國代表團對我們早期分散力量的戰略深感憂慮。還有許多極為重要的問題亟待解決。最近幾天發生了兩個關鍵事件。首先,史達林元帥自行發布宣告,一旦德國戰敗,蘇聯將立即對日宣戰。這將為我們提供比中國更優越的基地,因此專注於「霸王」戰役的成功顯得尤為重要。參謀人員必須評估這個新情況對太平洋和東南亞戰事的影響;其次,決定在5月跨越海峽。我個人認為最好的時機應該是在7月,但當下我決心全力以赴確保在5月正式發動時能取得圓滿成功。這是一項極為重要的任務。最終將投入一百萬的美國軍隊,以及五、六十萬的英國軍隊。我們預期會爆發規模空前的激烈戰爭。為了最大化「霸王」戰役的成功機會,我們認為有必要大力加強里維埃拉登陸戰(「鐵砧」計畫)。我認為登陸部隊將在約第30天面臨最大危險,因此必須採取一切措施在其他地方展開行動,以防止德國集中優勢兵力攻擊我們的灘頭堡。參與「霸王」戰役和「鐵砧」戰役的部隊一旦匯合,將由一名指揮官統領。

羅斯福總統在總結討論後,指出各方對以下幾點達成了一致意見,並詢問我們他是否理解正確。這些要點包括:

(1) 不應妨礙「霸王」作戰計畫的實施。

(2) 不應妨礙「鐵砧」作戰計畫的實施。

(3) 如果土耳其參戰,我們必須盡一切可能籌集足夠的登陸艇,以便在地中海東部展開行動。

(4) 指示蒙巴頓海軍上將充分利用已經分配給他的所有資源(在孟加拉灣)盡最大努力執行計畫。

關於最後一點,我建議可能需要削減蒙巴頓的部分力量,以便加強「霸王」和「鐵砧」兩個計畫。羅斯福總統表示他不能同意這一點。我們在道義上有責任支持中國,除非有極為充分且顯而易見的理由,他不準備放

棄這個兩棲作戰計畫。我回應道，我們在法國的重大冒險或許就是這樣的「極為充分的理由」。當前我們計劃實施的「霸王」行動，基礎是三個師的登陸，而在西西里島襲擊中，首日便登陸了九個師。這個主要行動計畫目前的靈活性過於有限。

我再次提及里維埃拉攻勢的問題，強調此次行動的策劃至少需要以兩個師的攻擊部隊為基礎。這將可能在義大利展開兩翼包圍戰役，並且在土耳其參戰的情況下，還能攻占羅得島。接著，我指出，東南亞的行動必須依其與極為重要的「霸王」計畫之關聯性來進行評估。我表示，對蒙巴頓海軍上將要求奪取安達曼群島的提議感到驚訝。在史達林元帥承諾俄國參戰的背景下，東南亞指揮部的行動價值已大為降低，而其所需付出的代價卻已經達到令人不敢輕舉妄動的程度。

討論仍然集中在是否堅持執行安達曼戰役上。羅斯福總統反對英國希望放棄這個計畫的意圖。我們未能得出結論，僅決定由兩國的參謀人員進行詳細討論。

12月5日，我們再次召開會議。羅斯福總統宣讀了聯合參謀長委員會關於歐洲戰場各方面戰役的報告，所有與會者均表示贊同。所有的問題均已解決，現在僅剩遠東戰役待議。羅得島戰役已經不再提及，因此我全力以赴爭取「鐵砧」戰役和地中海戰役所需要的登陸艇。此時出現了一個新的變數。東南亞指揮部關於猛攻安達曼群島所需部隊的數字令人震驚。總統曾表示一萬四千人足以應付，而指揮部卻建議要求動用達五萬人，這顯然在此次會議上使得安達曼群島遠征計畫難以實現。會議同意詢問蒙巴頓，假設在未來數週內，大部分登陸艇和襲擊艦艇從東南亞撤走後，他能在較小規模上進行何種兩棲戰役。在有關安達曼群島行動尚未取得進一步共識的情況下，會議就此結束，羅斯福總統對此次會議感到極為不悅。

在我們能夠進一步行動之前，開羅的僵局意外地得以解決。下午，羅

重返開羅與指揮安排

斯福總統在與顧問們商議後，決定放棄安達曼群島的戰役計畫。他發給我一封簡短的私人信件：「『海盜』戰役已經取消。」伊斯梅將軍提醒我，當我祕密致電告訴他，總統已經改變主意並將這個受歡迎的決定通知蔣介石時，我曾對伊斯梅說：「自我克制者勝於攻城略地者。」第二天晚上7點半，我們全體再次在柯克的別墅會面，研究會議的最終報告。對法國南部的襲擊獲得正式批准，羅斯福總統宣讀了他給蔣介石委員長的電報，通知他我們放棄安達曼計畫的決定。

於是，我與羅斯福總統共同起草了一份關於我們決議的聯合總結，以便遞交給史達林。

首相和羅斯福總統致史達林元帥

1943年12月6日

在剛剛閉幕的開羅會議上，除了我們三人在德黑蘭達成的協定之外，我們還就1944年對德戰爭的問題達成了以下協定。

1. 對德轟炸攻勢在戰略上將居於首要位置，目的是為了打擊德國空軍的作戰能力，以及削弱德國的軍事、工業和經濟體系，為跨海峽的戰役奠定基礎。

2. 最初預定於3月在孟加拉灣展開的戰役，我們已經將其規模縮小，以便調撥兩棲艦艇加強對法國南部的軍事行動。

3. 我們已經指示全力以赴地在英國和美國擴大登陸艇的生產，以增強「霸王」戰役的所需戰力，並為同樣的目的從太平洋調回部分登陸艇。

在向東南亞指揮部傳達我們的決定時，我毫不掩飾地向蒙巴頓表達了我對他顧問們所提出、並由他簽署的評價深感震驚。

首相致蒙巴頓海軍上將（在德里）

1943 年 12 月 9 日

你應該已經見過羅斯福總統致蔣介石關於放棄「海盜」行動的電報，我對此表示完全贊同。我們之所以採取這個措施，是因為在德黑蘭會議上已經決定全力投入「霸王」行動，並同時攻擊法國南部。

你請求動用包括三萬三千七百名戰鬥員，總數達五萬人的英國和帝國部隊來對抗五千名日軍，這在當地人士中引發了負面影響。我對此請求感到震驚，因此懷疑你是否諮詢了可靠的軍事顧問。美國人在奪取日軍控制的島嶼時，所用兵力比例為 2.5 比 1，而你麾下的將軍們竟然要求 6.5 比 1，因而在此間產生了不良印象，即使你提供了詳細計算清單也難以消除這種印象。

我想你應該立即開始為雨季後的蘇門答臘進攻做準備。然而，若你依舊堅持攻占安達曼群島的戰力標準，那麼，無論計劃何種兩棲作戰，都不太可能有成功的希望。

蒙巴頓回應稱，美國在近期的登陸行動中採用了優勢兵力，其比例從 3 比 1 提升到超過 6 比 1。在無法獲得從海岸起飛的飛機支援時，應根據後者的更高比例來部署軍隊。為了攻占安達曼群島，他計劃使用航空母艦上的飛機提供掩護，而這些飛機的戰鬥力將在 4 天之後耗盡，因此必須在此期間拿下安達曼機場。分配給他的物資足以支持此前建議的五萬人作戰，但其中只有九千人能夠在最初的兩次行動中登陸。因此，他認為自己並沒有要求過高的優勢兵力以確保快速成功。他引用美國人在芒達登陸的例子為證，他們的兵力優勢比例更高，但進展依然緩慢。

儘管我仍持懷疑態度，然而，戰後國防部所提出的意見應在此處公布，以便公正地呈現爭議焦點：

重返開羅與指揮安排

　　為了對安達曼群島發動的「海盜」戰役，我們需要將部隊從最近的基地運送至千里之外。這些部隊包括提供軍事設施、建設機場和跑道以及在碼頭工作的各種士兵。預計有一萬六千人屬於非戰鬥部隊，而「戰鬥」部隊則包括總部人員、工程人員和防空人員。敵人在該區域被認為擁有空中優勢。我們的主力部隊預計將超過日軍駐守力量，比例大約為4比1，但這個比例與當時公認的理想突擊登陸優勢相比，並不算大。不可忽視的是，在過去一年中，我們對日作戰未曾取得勝利。毫無疑問，蒙巴頓勳爵希望能夠旗開得勝，單從戰場士氣來看，這也是必要的。

　　聯合參謀長委員會還審議了英國在對日作戰策略中應承擔的責任，並在開羅會議的最終報告中向羅斯福總統和我提出了建議。簡而言之，他們建議東南亞指揮部的主要作戰力量應集中在緬甸。在德國被擊敗後，應派遣陸軍和空軍的先遣隊，以及以澳洲為基地的空軍資源，與麥克阿瑟將軍合作。英國的海上力量應主要集中在太平洋，而非孟加拉灣。與我一樣，英國參謀長們對於在緬甸北部進行耗費巨大卻無明顯效果的戰役並不感興趣，因為該戰役的目標是修築一條通往中國、價值存疑的公路。與此同時，他們也承認蒙巴頓海軍上將在德國崩潰六個月之後才能進行任何大規模的兩棲作戰。加強太平洋戰場的計畫可以大大提前，因此，他們同意美方的立場。兩國參謀人員在最終報告中表示，他們「原則上同意」以戰勝日本的全面計畫「作為進一步研究和準備的基礎」。該計畫設想派遣一支英國分遣艦隊，並暫定這支艦隊於1944年6月在太平洋投入戰鬥。羅斯福總統和我都在文件上簽下了名字，但由於還有更緊迫的問題需要解決，羅斯福總統必須返回美國，因此我們未能與顧問們或在我們兩人之間討論長期計畫，但我們相信，將來會有時間研究整個局勢。

　　我們在開羅召開會議的一個主要目標就是重啟與土耳其領導人的對話。12月1日，我從德黑蘭致函伊諾努總統，提議他到開羅與羅斯福總統

及我會面。我們也計劃邀請維辛斯基出席。11月初，艾登先生從莫斯科返國途中在開羅與土耳其外交部長交流意見，促成了這些會談。因此，土耳其代表於12月4日抵達開羅，次日晚，我設宴款待土耳其總統。我的客人表現得極為謹慎，隨後的會談更揭示出他的顧問們對德國軍事實力的深刻印象。我極力勸說土耳其參戰。隨著義大利退出戰爭，土耳其參戰的有利條件明顯增加，而風險卻已經降低。

12月6日，我草擬了一份備忘錄提交給英國參謀長委員會，詳細列出若土耳其最終加入我方戰鬥，我們需採取的政策和措施。

首相致伊斯梅將軍轉參謀長委員會

1943年12月6日

「土星」作戰計畫

1. 開羅會議之後，土耳其政府將宣布其政策保持不變，並將採取所有預防措施以降低敵人的懷疑。

2. 然而，土耳其機場的準備和防護工作必須立即展開，絕不容許任何拖延，所有必須的便衣軍事人員和物資也應儘速運送。為此，預計需要6到7週的時間。自明年2月1日起，英國空軍中隊將隨時準備飛往該機場，具體日期將依據敵方行動並與土耳其政府協商後確定。此時間框架可有兩週的靈活調整期，期間可繼續加快物資和人員的運輸。

3. 羅馬預計在1944年1月被攻下，在隨後的軍事間歇期內，計劃將三個中型轟炸機大隊置於中東空軍總指揮官的指揮之下，並駐紮在昔蘭尼加，以便對敵方機場和航運進行「削弱力量」的轟炸，並掩護英國戰鬥機大隊的調入。轟炸機的戰鬥任務可以隨時展開，無需考慮調入的任何條件。然而，如果敵人保持靜止，最好暫緩使用轟炸機，以便掩護調入及隨後可能發生的變故。關於這部分空軍部隊的具體使用方式，以及調動的時間如何協調的細節，應由總司令制定。

4. 在明年2月15日之前，調入行動應已完成，而從屆時起，土耳其應該在防空措施上已經獲得相當程度的保障。

5. 英國空軍中隊在機場安頓完畢並與土耳其政府協商後，便開始在愛琴海展開行動，同時獲得來自普蘭尼加中型轟炸機大隊的支援。在空軍的掩護下，經過必要的加強，英國地中海東部的海軍能夠攻擊運送物資到各島嶼的敵方船隻和護航隊。

6. 同時，必須著手為攻占羅得島做準備。為此，應派遣一支精銳的英國師團進行突襲，並安排另一支次一級的師團駐守該島，以便使前者能脫身前往義大利繼續作戰。能否成功攻占羅得島，顯然取決於我們能否獲得足夠的登陸艇。此戰役應在明年2月底之前完成，因為之後所有的登陸艇將用於「鐵砧」戰役。

7. 敵人可能採取何種策略？為了盟國的利益，顯然應該盡可能拖延敵人的行動。因此，土耳其政府應當盡量保持與德國和保加利亞的關係直至最後一刻，並在準備期間以外交辭令回應他們可能提出的任何抗議。當保加利亞對土耳其採取威脅態度時，俄國人將通知保加利亞：如果它在德國命令下發起進攻，蘇聯將立即對保加利亞宣戰。可以考慮是否應當告知保加利亞：若德國或保加利亞對君士坦丁堡或士麥拿投下了一噸炸彈，我們便會對索菲亞投下兩噸或三噸炸彈。如果俄軍在俄國南部繼續取得勝利，而且英、美軍隊在羅馬戰役中進展順利，看起來這將使得保加利亞很可能不會打算侵犯土耳其，但它或許會從希臘和南斯拉夫撤回九個師，集結在色雷斯，與土耳其的戰線對峙。

8. 與此同時，面對局勢的變化和日益增加的壓力，保加利亞可能會嘗試與三大同盟國單獨簽署和約。建議土耳其在任何階段都不要宣布參戰；應持續進行防禦性的軍事更新，靜觀敵方行動。

9. 另一方面，英國在成功開闢埃及至土耳其的航道並掌握愛琴海的制海權後，立即全力以赴地將物資和支援部隊運送至士麥拿。若條件允許，

還應該透過達達尼爾海峽，加速裝備土耳其軍隊並為君士坦丁堡提供糧食供應的作業。

在完成英國第十空軍中隊的「調入」任務後，土耳其政府應祕密協助將6至8艘英國潛艇及其必要的軍需品送入黑海。由於無法提供航空母艦支持，若有可能，應在伊斯梅特設立基地設施。這些潛艇須具備對撤離克里米亞的羅馬尼亞人和德國人造成重大傷亡的能力，並協助俄國人襲擊羅馬尼亞海岸。此類行動可能因羅馬尼亞的政治態度而行，但亦應根據俄國人的意願進行調整。

土耳其代表回國後向國會彙報，國會同意在此期間集中英國專家以完成「土星」作戰計畫的第一階段工作。問題因此得到解決。

在開羅的多次會談中，羅斯福總統從未提及「霸王」戰役的總指揮官這個重要且緊迫的問題，因此我始終認為我們原有的計畫和協定依然有效。然而，在他離開開羅的前一天，他向我透露了他的最終決定。我們正乘坐他的汽車，從開羅前往金字塔的途中。他幾乎是隨意地提到，他不能讓馬歇爾將軍離開，因為在羅斯福總統的領導下，馬歇爾作為軍事和作戰指揮的參謀顧問角色所產生的影響極為重要，並且對戰爭的勝利極為重要。因此，他建議任命艾森豪指揮「霸王」戰役，並徵詢我的意見。我表示這應由他決定，但我們也熱切歡迎艾森豪將軍，並真誠地將我們的命運託付於他的指揮。

此前，我一直認為艾森豪會返回華盛頓擔任陸軍參謀長，而馬歇爾將負責指揮「霸王」戰役。艾森豪也聽過類似的消息，並因即將離開地中海前往華盛頓而感到不快。如今，一切已經塵埃落定：艾森豪將負責「霸王」戰役，馬歇爾繼續留在華盛頓，而一位英國指揮官將被調往地中海。

為霍普金斯撰寫傳記的人在描述羅斯福總統經過漫長的拖延和躊躇後最終做出決定的全過程時指出，羅斯福是在12月5日（星期日）下定決心

的,那時「他無視霍普金斯和史汀生幾乎是非常激動的勸告,無視眾所周知史達林和邱吉爾的偏愛,也不顧他自己幾乎已經宣布的意圖」。隨後,舍伍德先生引用了他在戰後從馬歇爾將軍那裡獲得的一份紀錄中的摘要:馬歇爾回憶道,「羅斯福總統在結束我們的談話時說,『我想到你離開華盛頓以後,我夜間就不能安眠』」。毫無疑問,羅斯福總統認為,僅僅為了指揮「霸王」戰役,還不足以成為馬歇爾將軍離開華盛頓的理由。

我們終於完成了這項重要任務。我在別墅中設宴款待了三軍參謀長們、艾登先生、凱西先生,以及其他一、兩位人士。我清楚地記得,高級軍官中瀰漫的樂觀情緒讓我印象深刻。大家紛紛提出這樣的看法:希特勒將無力應付我們的春季攻勢,或許在我們夏季發動「霸王」戰役之前就會崩潰。當時這種流行的觀點對我產生了深刻影響,因此我邀請與會者逐一發表意見。所有軍事負責人都傾向於認為德國的崩潰已經迫在眉睫。然而,三位在場的政治家卻持相反意見。當然,在這樣關乎無數人生命的重大問題上,總是充滿了猜測。不確定和無法估量的因素太多了。誰能知道,在戰火紛飛的前線和厚顏無恥的偽裝背後的敵人,究竟有多脆弱?他的意志力何時會瓦解?他何時會被我們擊敗?

總統一直未能抽出時間欣賞當地美景,但我絕不能讓他在離開前錯過「人面獅身」古蹟。一天下午茶後,我說道:「現在你必須去看看。」我們立刻乘車前往,從各個角度欣賞這個世界奇觀。在暮色降臨之際,總統與我靜靜地站在那裡凝視了好幾分鐘。它與我們無言相對,臉上保持著那抹神祕的微笑。再多停留也無益。

12月7日,我前去送行,當我那位偉大的朋友從金字塔附近的機場起飛時。

迦太基遺址與安齊奧戰線

在此次旅行和會議期間，我的身體狀況不佳，剛啟程便開始發燒。幾天後，又染上了感冒和喉嚨痛，使我在馬爾他島時大多臥床休息，而抵達德黑蘭時，嗓音已經變得沙啞。幸好，這種狀態並未持續太久，我仍能堅持下去。當我返回開羅時，這些症狀已經消退。然而，當會議結束時，我感到極其疲憊。舉個例子，我發現在洗澡後懶於擦乾身體，而是用毛巾裹住身體躺在床上，任其自然風乾。

12月11日當天入夜不久，我與隨行人員乘坐「約克」型飛機前往突尼西亞。我原本計劃在艾森豪將軍的別墅留宿一晚，翌日再飛往義大利亞歷山大總部及蒙哥馬利總部。據說義大利的天氣極為惡劣，所有班機時斷時續，極不穩定。

翌日清晨，我們搭乘的班機已經飛臨突尼西亞機場上空。然而，訊號指示我們無法在預定地點降落，因此轉向約四十英里之外的另一座機場降落。我們離開機艙，開始卸下行李。汽車預計一小時後抵達，隨後還需專換交通工具進行長途行駛。當我倚靠在飛機旁邊的公文箱上時，感到身心俱疲。就在此時，艾森豪將軍從第一個機場致電我們，告知降落地點的指示有誤，原機場仍可降落。於是，我們匆忙重新登上「約克」式飛機，十分鐘後便與他會面。此地距他的別墅不遠。艾克總是那麼親切好客，他鎮定愉快地等待了我們兩個小時。我登上他的汽車，行駛片刻後說道：「我擔心在此逗留的時間會超出預期。我的精神和體力已經不支，需要等我恢復元氣後，方能繼續前往前線。」

整整一天我都躺在床上，翌日便發起燒來。經過診斷，發現肺葉下端

出現了肺炎的症狀。結果，在這關鍵的時刻，我竟然在古代迦太基的廢墟中臥床不起。

X光影像顯示了我一邊的葉肺上有陰影，我意識到莫蘭勛爵的診斷與預測完全準確。地中海戰場的貝德福德醫生及其他資深醫務人員和出色的護士們彷彿變戲法般從四面八方聚集而來。在發病初期，我便使用了M和B這兩種特效藥，且使用過程中並未產生不良反應，因此在發熱一週後便退燒。儘管莫蘭勛爵曾記錄並判斷病情一度難以明確，但我並未贊同他的觀點。我這次的病情不似2月時那般嚴重。M和B發揮了其卓越的治療效能。M和B也是我對莫蘭和貝德福德的稱呼。無可爭議的是，如今的肺炎與這些神奇藥物問世之前的狀況大相逕庭。即是身體不適，我從未放棄我對國家事務的指揮責任，對於需要我做出決定的事項，也從未有任何拖延。

首相致外交大臣

1943年12月13日

在這座古城的遺址，我突然生病，有些發燒。在恢復之前，必須留在此地。未來的行程尚不確定。

安哥拉必須清楚以下兩點：

1. 若無法滿足我們在2月15日的要求，實際上就意味著聯盟的終止；
2. 若他們提出無法接受的條件，則等同於變相拒絕。

請指示參謀長委員會提交一份報告，評估德國是否能夠集結足夠的兵力以分兵侵犯土耳其。我對此深表懷疑，認為這純屬無稽之談。

首相致羅斯福總統

1943年12月15日

我在你曾經停留的迦太基古城遺址因感冒而滯留，如今病情已經發展

為肺炎。你方的人士都竭盡全力協助，不過對我來說，尚稱不上舒適。我期待不久能將有關新司令官的提議遞交給你。祝你旅途愉快，身體健康。請代我問候哈里。

羅斯福總統致首相

1943 年 12 月 17 日

聽聞你感染肺炎，令人擔憂，哈里和我都希望你保重身體，早日康復。我剛從「依阿華」號軍艦離開，正沿波托馬克河上行。聖經提到，你必須遵循莫蘭的指示，但我暫時無法指出聖經中確切的章節……眼下似乎沒有比這更為緊急的事了，因此請聽從薩拉的建議，代我向她致意。願你安心休養。

作為英國戰時內閣的國防大臣，我有責任提請任命英國在地中海戰場的最高統帥。我將這個職位委任給威爾遜將軍，同時決定讓亞歷山大將軍指揮義大利的全部戰役，如同他曾在艾森豪將軍麾下進行指揮一樣。我們還決定美軍的德弗斯將軍在地中海戰場擔任威爾遜將軍的副手，而空軍上將特德則擔任艾森豪將軍指揮「霸王」戰役的副手。同時，在未來當最高統帥將總部移往法國直接承擔指揮作戰事務之前，由蒙哥馬利元帥實際指揮橫渡海峽的進攻部隊。這一切都進行得異常順利，羅斯福總統和我完全同意，並經內閣批准，而有關各方面也以密切配合和良好友善的態度進行工作。

我要補充一點：在 1944 年 12 月，當亞歷山大將軍接替威爾遜將軍成為地中海最高統帥時，我曾代表英王陛下政府提出委任美國的馬克·克拉克將軍在其麾下指揮義大利的所有軍隊，其中大約四分之三是英國、大英帝國或由英國指揮的部隊。他也卓越地完成了這項任務。

以下是關於各項安排的電文：

迦太基遺址與安齊奧戰線

首相致羅斯福總統

1943 年 12 月 18 日

　　1. 接到來電，深表感謝。我對莫蘭完全聽從，因此健康狀況迅速改善，但仍需在此再留一週。

　　2. 自從我們上次就各戰區指揮官的任命交換意見後，我對此問題進行了反覆思考，並與艾森豪、亞歷山大和特德進行了討論。我也與國內的同事們展開了磋商，今天趁帝國總參謀長視察義大利後返回的機會，與他進行了深入的交談。經過多次意見交流之後，我終於能夠向你提出以下建議。如果你能同意這些建議，我相信它們會被廣泛接受。

　　3. 我一直認為亞歷山大應該接替艾森豪，但帝國總參謀長、艾森豪和其他人提出的論據，使我相信如果亞歷山大或蒙哥馬利擔任最高統帥，他們將無法同時指揮攻陷羅馬後在義大利展開的戰役。亞歷山大本人也確實意識到了這一點。

　　4. 因此，我建議威爾遜將軍接替艾森豪擔任地中海戰區的最高統帥。其麾下將包括：

　　（1）一位美國將軍負責指揮阿爾及爾戰役。聽聞你將德弗斯將軍調離現職，這似乎很便捷。

　　（2）駐義大利的集團軍總司令亞歷山大。

　　（3）負責「鐵砧」作戰計畫的克拉克將軍。據悉，他是你與馬歇爾將軍的共同選擇，如果屬實，我們表示贊同。

　　（4）一位英國陸軍少將，負責處理與南斯拉夫、狄托和希臘人相關的援助措施。

　　（5）中東總司令柏哲德負責地中海戰區的作戰，並領導土耳其戰役（目前指揮英國本土部隊）。

　　5. 空軍總司令應由你任命一位美國人擔任。阿諾德經過此地時，提及

布里爾頓和埃克。我們都同意這兩人，但若選埃克，他將無法兼顧轟炸和「霸王」計畫的準備任務。蕭爾托・道格拉斯將擔任空軍副總司令及地中海戰區皇家空軍總司令。

6. 最高統帥的政治顧問將由以下三類人士組成：

（1）墨菲先生和麥克米倫先生，他們將進行密切合作；

（2）關於法國事務，由達夫・庫珀和威爾遜負責；

（3）中東戰區的事務則由國務大臣或其繼任者負責。

7. 比德爾・史密斯將在數週後與艾森豪一同擔任駐英部隊的參謀長，空缺將由另一位英國參謀長填補。我們請你決定是否希望任命一位最高副統帥，當然這位副統帥也將是美方人士。

8. 你會發現，我在經過深思熟慮後才任命亨利・梅特蘭・威爾遜爵士。我確信他具備完成重大協同作戰任務的所有條件和必需的精力。帝國總謀長也持相同觀點。我在開羅向你提及這一點時，你似乎也表示滿意。

9. 關於「霸王」戰役，我建議任命特德為艾森豪的首席副司令，因為空軍將在此役中發揮重要作用，而艾森豪對此深表贊同。戰時內閣計劃讓蒙哥馬利指揮首批遠征部隊。我認為內閣的決定是正確的，因為蒙哥馬利是公認的英雄，此舉將增強英國人民的信心，美國人民也必然會贊同。

10. 對於這些問題，尤其是某些關鍵問題，我誠摯期望能盡快獲得你的回覆，因為我們希望「霸王」作戰計畫的司令官能夠早日到任，我將努力促使威爾遜盡快接替艾森豪，甚至提前上任，以便處理許多因調職而產生的細節問題。

羅斯福總統致首相

1943 年 12 月 20 日

1. 我同意在 1 月 1 日宣布艾森豪被選為「霸王」戰役的指揮官，特德

迦太基遺址與安齊奧戰線

擔任艾森豪的最高副手，威爾遜在艾森豪報告義大利局勢允許後接任地中海最高統帥，埃克負責指揮地中海戰區的聯合空軍。

2. 計劃延後次要指揮人員變動的宣布，直到明年1月以後，因為我希望能有機會與馬歇爾討論此事。他將在數日內抵達華盛頓。

3. 我很欣慰地得知你的病情已顯著改善，並期待在馬拉喀什與你相見。希望你已經向他人索回你的畫筆。

這些日子過得頗為難受，時而發燒，時而退燒。我用思考戰爭計畫來打發時間，彷彿病痛已經被拋諸腦後。醫生們竭力阻止我在病榻上工作，但我不予理會。他們不停地勸說：「不要工作，不必著急。」喋喋不休，於是我決定閱讀一本小說。我早就已經讀過珍・奧斯汀的《理性與感性》，如今我想翻閱《傲慢與偏見》。薩拉坐在我床邊，朗誦得極為動人。我始終認為本書相較於她的姊妹作更為傑出。書中人物的生活是何等寧靜！他們不必擔憂法國大革命或拿破崙戰爭中的激烈戰鬥。他們的興趣在於盡量抑制自然情感的優雅舉止，以及對不幸遭遇的高雅慰藉。這一切與M和B結合起來，似乎是相得益彰。

某天清晨，薩拉未如常出現在我床邊。我正準備在這段無法工作的時間裡讓人取來我的電報盒，突然，她和她的母親走進了房間。我未曾料到我的妻子會從英國飛來看望我。她急忙趕到機場，計劃搭乘一架雙引擎的「達科他」飛機。儘管天氣欠佳，比弗布魯克勳爵表現得相當謹慎。他先行抵達機場，阻止她起飛，直到調來一架四引擎飛機才允許她出發（我一直認為長途飛行越洋時，四引擎飛機更為安全）。她在嚴冬季節乘坐一架無暖氣設備的飛機，經過一段異常顛簸的航程，終於抵達此地。喬克・科爾維爾陪同她前來，他的到來為我目前人數稀少的工作人員增添了力量（許多行政庶務透過他們處理），這是令人欣慰的。羅斯福總統發來電報：「請向克萊門汀致意。作為你的上級長官，她能陪伴在你身邊，我也感到

更為放心。」

　　我臥病在床，思緒紛飛，意識到我們正處於戰爭的關鍵時刻。推進「霸王」行動計畫是全球最重大的使命。我們的海外兵力主要集中在義大利，難道我們就此放棄在那裡籌劃的一切嗎？我們曾在那片水域捕獲了所需的各種魚類，現在就任其成為死水嗎？依我看，英國及其盟國的百萬大軍在義大利的戰役，對於跨越海峽的主要行動而言，是絕對不可或缺的互補部分。在此，美國人那種井然有序、邏輯嚴謹、規模宏大的思考方式，著實令人欽佩。生活中，首先要學會「集中力量於主要方面」。這無疑是擺脫混亂和無知的第一步，但僅是開端。戰爭的第二階段，乃是將一切做好協調，使各項作戰努力和諧統一，同時確保每一分戰爭力量都得到充分利用。我們所有的思想和行動都圍繞這一場決定性的渡海戰役。我深信，1944年上半年在義大利展開的激烈戰鬥，將對這一場重要戰役產生極大的助力，但是要讓參謀人員一致認為義大利戰役是「必要的」或「重要的」，卻費盡了唇舌，彷彿我們的主要目標成敗取決於此項。甚至為了爭取一、二十艘裝載車輛的登陸艇，也需極力爭取，似乎主要問題的關鍵就在於這些登陸艇。

　　依我之見，此問題極為簡單。我們將動用所有船隻，將美國可能提供的所有軍火和兵力運送至英國。因此，我們不可能透過海路從義大利戰場撤回大量部隊，因為他們在那裡仍需發揮作用。他們要麼輕鬆攻下義大利，迅速進入德國腹地；要麼牽制大量德軍，使其無法增援我們將在橫渡海峽後發動進攻的戰場。至於那個戰場，我們將在5月底或6月初，根據月相和潮汐狀況決定進攻日期。

　　我們駐紮在義大利的部隊，由於德軍在東海岸至西海岸之間的八十英里戰線上進行頑強抵抗而陷入僵局，因此艾森豪將軍早就計劃發動兩棲側翼進攻。他曾計劃以一個師的兵力在特韋雷河南面登陸，向羅馬推進，同

時以主力部隊的攻擊與之配合。鑒於主力軍受到阻擊，而距離登陸點又過於遙遠，大家認為需要超過一個師的兵力。我當然贊同美國人所謂的「側擊」(end run)，我稱之為「包抄」(cat-claw)。我從未將這種由制海權國家執行的策略成功運用於我們歷次的沙漠進軍中，但巴頓將軍在西西里沿著島嶼北岸推進時，兩次利用海上包抄的主動權取得了顯著成效。在迦太基和馬拉喀什時，我距離前線很近，因此能夠召集所有重要司令長官開會。

在軍隊中，許多人都支持這個方案。艾森豪原則上已經表示同意，但由於他剛剛被任命指揮「霸王」戰役，因此有了不同的優先順序和新的視角。亞歷山大，作為最高副統帥並指揮義大利軍隊，認為這場戰役是正確且必要的；比德爾‧史密斯在各個方面都極為熱心，並樂於協助。掌握海軍所有力量的約翰‧坎寧安海軍上將和空軍上將特德也持相同態度，因此，我擁有一批對地中海現況及問題上充分了解熟悉的強大專家。此外，我相信英國參謀長們也會支持這個計畫，得到他們的支持後行動也就能獲得戰時內閣的批准。當一個人無法透過命令推動工作時，就必須準備進行艱苦而漫長的努力。

5月的「霸王」行動絕對不可輕易更改。就在一個月前，我們已經在德黑蘭作出承諾。任何阻礙我們履行這項最高職責的問題都不應被考慮。在這方面，陸、海、空三軍的力量均不會構成障礙，關鍵在於坦克登陸艇。這裡也涉及「車輛登陸艇」，因為將坦克送上陸地只是它們重要職責的一小部分。為此，我與英國政府及華盛頓之間進行了三邊頻繁往來的長篇加密電報交流。未來的軍事問題研究者可能會對這些緊張而簡潔的辯論細節感興趣，此處僅簡要概述。為執行「霸王」行動計畫，坦克登陸艇必須在指定日期之前抵達英國。這些日期經過極為精確的計算。當然，在軍事計畫的不同階段，均應留有應付意外的彈性空間，但如果不能從上而下加以控制，這種彈性幾乎將使所有戰役都無法實施。如果在每個階段都要求彈

性，其引發的結果將導致「無事可成」。

12月19日，我開始了新的工作。當天，帝國總參謀長從蒙哥馬利的義大利總部返回英國，途經迦太基時專程來看望我。原本計劃我們要一起同行，但由於我生病未癒，暫時還不能離開。所以我們進行了深入的討論，儘管布魯克將軍的想法與我有所不同，但我們的結論完全一致。我們在政策上達成共識，並決定由我在當地與各司令長官進行研究，而他則盡力克服國內的各種困難。隨後，布魯克乘飛機回到倫敦。我發出電報稱：

首相致三軍參謀長

1943年12月19日

我急切地等待關於當前駐紮在地中海各類登陸艇的完整清單。此清單需詳細說明這些船隻的現狀與用途，尤其要考核傳聞中大量登陸艇專用於供應物資而非執行兩棲任務的真實性。義大利前線的作戰全然陷入僵局，已經逐漸成為笑柄。帝國總參謀長的到訪，證實了我最不願看到的局面。在亞得里亞海岸，完全忽視了兩棲作戰，而在西線，也未對敵人施加同等的壓力，導致後果極為嚴重。

地中海戰區的登陸艇在過去的三個月中未被用於任何突擊行動，既沒有返回本土為「霸王」戰役做準備，也未被部署進攻愛琴海的島嶼，亦未參與義大利戰役。如此珍貴的部隊竟然完全處於閒置狀態，即便在本次戰役中，這種情況也極為罕見。

顯然，三軍參謀長們也以相似的思路進行考量，因此在聽取了布魯克將軍的報告後，於22日作出回應：

我們完全贊同你的看法，當前的停滯狀態不應持續。從任何角度來看，都需要設法加快工作進度。正如你所提到的，解決之道顯然在於利用兩棲作戰力量攻擊敵人側翼，為迅速推進羅馬鋪路。

在1月15日為準備「霸王」戰役撤回部分登陸艇後，艾森豪將軍仍掌

迦太基遺址與安齊奧戰線

握足夠運載一個師兵力的兩棲登陸能力，並計劃在羅馬以南的敵後實施登陸。此計畫的不足在於，在第五集團軍尚未抵達能支援登陸部隊之前，無法動用該師兵力對海岸發起攻擊。然而，若能增強登陸運輸能力，則無需等待主力軍隊抵達支援之前便能部署更強大的部隊登陸。此外，這樣的登陸將對整個戰役產生更深遠的影響，可能為快速進軍鋪平道路。我們認為目標應是至少為兩個師準備登陸運輸工具。

我們已經透過電報請求地中海總司令提供你所需的登陸艇情報。我們非常希望能在這方面節約一些資源，但若要讓艾森豪將軍擁有運送兩個師所需的登陸運輸工具，就必須另尋解決方案。

其中一個潛在的供應管道是那些從東南亞返回地中海的登陸艇⋯⋯少數幾艘登陸艇依然駐留在東南亞。

他們表示，為了執行該計畫，必須放棄對羅得島的攻占以及在緬甸某些海岸進行的小規模兩棲作戰。他們最終總結道：

若您認同我們前述觀點，我們建議將此問題提交給聯合參謀長委員會，以便依據這些意見立即展開行動。

這促使我們對本身所有資源進行嚴密審查。一些登陸艇原本用於攻擊安達曼群島，但因為計畫取消，現正透過印度洋返航地中海。一些即將回國參與「霸王」行動。這些都是我們急需的。

我們曾與伊諾努總統討論過對羅得島的進攻，我並不願意放棄這次行動。我們必須加倍努力對土耳其施加壓力，同時加速推進戰役，並在戰役結束後迅速調回登陸艇，以便為「鐵砧」作戰計畫（襲擊法國南部的戰役）做好準備。然而，到12月23日，我已經準備接受土耳其採取中立態度。我從迦太基答覆說：

你們會發現，當你們在考慮對義大利戰場的決策時，艾克正期待著「鐵砧」作戰計畫，這個戰役現在已經成為他關注的焦點。我意識到，如

果土耳其人不參戰,我們可能不得不放棄愛琴海政策,尤其因為這項政策代價高昂且耗時,但我希望在全面研究形勢後再作決定。我計劃今天與艾森豪會面。亞歷山大正在這裡拜訪我。之後我還將邀請「瓊博」(即威爾遜將軍)在返回途中來此地見我。我打算在接下來的三、四天內把所有問題攤開討論。如果土耳其猶豫不決,而羅得島也無法攻下,我們就必須進行大規模的羅馬兩棲戰役,並在達爾馬提亞海岸,尤其是阿戈斯托利和科孚島,展開一些掃蕩活動。我們絕不能為了里維埃拉戰役而放棄攻打羅馬。我們必須同時進行這兩項行動。

此時,我與亞歷山大已有過深入交談。他對外界關於他對安齊奧登陸戰關注不足的言論表示反對。他要求為兩師部隊提供登陸的支持,問題在於如何取得登陸的運輸工具。比德爾‧史密斯此時也在場,他認為若將空降部隊計算在內,便能湊齊兩個師的兵力。如果能獲得這些運輸工具,並在近期作出決定,亞歷山大便能在1月的最後一週發起攻勢。關鍵在於如何獲取登陸艇。我詢問比德爾‧史密斯,是否可以將「霸王」戰役的登陸艇問題延遲至2月15日後再討論,他回答說不願第三次請求延期。但我對此並無顧慮。

在地中海區域,總共有104艘坦克登陸艇,但大部分將被召回用以參與「霸王」行動計畫。到了1月中旬,僅剩下36艘,而此時還會有15艘從印度洋調來。據說,若要運載兩個師的部隊,需要88艘登陸艇。在4月分之前,不會再有額外的登陸艇可供調動。唯一可行的方案是將大多數地中海登陸艇延長使用三週。我們有很大希望實現這一點,同時不影響「霸王」計畫或里維埃拉的登陸行動。

12月24日,三軍參謀長遞交了一份詳實的報告,闡述了他們的看法,並附上了一份草案,建議提交給他們的美國同事。他們表示支持該計畫,但擔憂我們無法獲得美方的認可。

他們得出的結論是：

我們要求聯合參謀長委員會批准以下行動：

（1）剩餘的船隻和艦艇應從安達曼群島進攻行動中撤回地中海。

（2）所有能夠及時抵達地中海中部的登陸艇，應由地中海地區盟軍最高指揮官用於發起一場至少兩個師兵力的兩棲作戰，其目標是占領羅馬，並推動部隊向比薩—里米尼一線推進。有關這些事項的命令應立即下達。稍後將有足夠的時間將這些登陸艇調回，以支援對法國南部的進攻。

（3）在現有基礎上繼續與土耳其談判，但放棄在愛琴海的兩棲作戰。

（4）將上述決定通知蒙巴頓海軍上將，並指示他根據現有登陸艇制定該戰區內作戰的最終建議。

在此緊迫時刻，唯有國防部的霍利斯將軍伴隨在側，他卻展現出無比的活力。我亦從皇家海軍的鮑爾艦長處獲得了極大的支持，他擔任約翰·坎寧安海軍上將的副參謀長（負責規劃事務）。他成功化解了諸多妨礙我們決策的爭論。他所撰寫的那份卓越報告，已獲得坎寧安海軍上將的全然認同，其中提到：

目前駐紮在地中海的坦克登陸艇均經過充分訓練。它們至少參與過兩次突擊戰役，並承擔過許多額外任務，如往返運輸，以及在海岸、船塢或碼頭的裝卸工作。這些艦艇配備了合適的人員，他們在密集隊形中航行或演習方面都受過良好訓練。在執行「霸王」作戰計畫之前，除了對潮汐問題和漲潮時海灘裝卸的技術問題尚不熟練外，他們不再需要其他海軍訓練。然而，他們都是優秀的海員，因此只需短期的教育和訓練即可掌握新問題……我們在地中海的經驗表明，直到戰役開始前 11 天才需要將登陸艇與相關部隊進行配合——初步裝載需要 3 天，演習 6 天，再次裝載兩天……

我預測再多預留 7 天進行潮汐訓練，對於這些經過訓練的艦艇來說，時間是非常充裕的。

因此，整個訓練時間約為三週……在發起「霸王」行動之前，他們有足夠的時間，只是無法立即全面重新裝備。

經過與在場的各位指揮官進行詳細討論後，我們於 12 月 24 日午夜過後向國內提出以下建議：

首相致三軍參謀長及第一海務大臣

1943 年 12 月 25 日（於午夜十二時三十分）

今夜，我與威爾遜將軍、亞歷山大將軍和特德空軍元帥及其部屬，商討安齊奧事宜。

我們一致同意，為確保此戰役的成功，必須動用足夠的兵力，即至少派出兩個師參與襲擊。襲擊預計將在 1 月 20 日左右發起。我們預期羅得島不會發生戰鬥。我們堅信，當前唯一合理的選擇是，將原定於 1 月和 2 月 1 日離開地中海的所有英國坦克登陸艇（共計 56 艘）暫時留駐，延期不超過一個月。從孟加拉灣調來的 15 艘登陸艇已經無法趕上安齊奧戰役，但不久後仍可在「霸王」行動中大展身手……

我希望三軍參謀長們能盡快審閱鮑爾艦長根據我的要求所撰寫的報告。此報告提出了節省時間的方法，該方法認為協助「霸王」戰役準備登陸艇是可行的。今晚參加會談的所有人都認為，鮑爾的報告顯示出他對形勢有深刻的理解，他的建議應該是可行的……

起初，三軍參謀長們對這一點持懷疑態度。他們提及許多細節，而這些細節往往極為重要。他們還「誠摯地希望」我會同意他們提交給聯合參謀長委員會的局勢說明文稿。我認為我們必須在所有關鍵問題上先達成共識，因此，我的答覆如下：

迦太基遺址與安齊奧戰線

首相致三軍參謀長

1943 年 12 月 26 日

　　我曾與海軍上將和蓋爾將軍及其部下深入研究了各種實際情況。若不將全部 56 艘登陸艇再延用三週至 2 月 5 日，派遣兩個師發動安齊奧戰役的行動便無望。這些登陸艇已經在地中海進行過多次突擊登陸訓練。請告知延用三週與一個月的優缺點，並詳細說明每日調回艦艇的用途……希望你們能夠妥善安排船塢，以便每月能夠改裝 25 艘登陸艇。

　　安齊奧戰役的勝負完全取決於初始登陸部隊的實力。若能夠部署兩個滿編師團，加上傘兵部隊，則將產生決定性影響，因為他們能夠切斷與第五集團軍對抗所有敵軍的交通線。因此，敵軍將不得不從第五集團軍的前線撤退以企圖消滅登陸部隊，否則就必須馬上撤退。沒有兩個師團的力量，是無法取得成功的。由於天氣多變，至少需要為登陸部隊準備 4 天的補給。我們的目標並不是讓這些師團在海灘上停留太久，而是希望戰爭在一週或 10 天內完成初步任務……

　　致電聯合參謀長委員會是徒勞無功的，除非我們在一個關鍵問題上達成共識，即 56 艘坦克登陸艇的調回延遲三週。義大利戰役的成敗皆取決於此。

　　三軍參謀長在 12 月 27 日的回覆中，理直氣壯地列舉了他們感到憂慮的諸多原因，並補充道：「我們認為不應對此隱瞞：若將我們所見的真實情況如實告知美國三軍參謀長，勢必會在他們那裡引發不少麻煩。」

　　聖誕節的整個上午，我們在迦太基的會議如常進行。艾森豪、亞歷山大、比德爾·史密斯、威爾遜將軍、特德、約翰·坎寧安海軍上將以及其他高級將領悉數出席。唯一缺席的是第五集團軍的馬克·克拉克將軍。我對此感到遺憾，因為最終負責執行戰役的將是他的集團軍，因此他理應掌握相關背景。我們一致認為，僅有兩師兵力登陸是不足的。當時，我考慮

讓第八集團軍的兩個英國師發起突擊，該集團軍將由利斯將軍接替蒙哥馬利。我認為兩棲作戰可能導致登陸部隊傷亡，我更願意讓英國部隊承擔這種風險，因為我的責任在於英國。此外，這樣一來，突擊力量將是單一國籍，而非英、美各半。

登陸艇成為了關鍵因素，幾週以來，它極大地限制了我們的整體策略。由於「霸王」作戰計畫有嚴格的時間要求，而不到一百艘的小型艦艇需要調動、修理和重新裝備，所有計畫因此受到了嚴苛的限制。我們的通訊顯示了我們如何從困境中解脫，儘管這讓我們焦頭爛額。然而，我必須承認，由於我全力專注於原則的堅持，所以未能成功爭取到「包抄」所需的足夠力量。實際上，我們擁有足夠的登陸艇可以按照計畫執行戰役，並且在我看來，如果削減各個軍事機構無節制的要求，我們將能在不影響其他義務或承諾的前提下，在特韋雷河南側部署更多兵力，並保持足夠的機動性。然而，當時的問題是按照軍隊的常規需求，以及按期歸建登陸艇參加「霸王」戰役的要求來解決的，儘管我們已經考慮到它們在比斯開灣冬季氣候下返航的狀況，以及重新裝備這些艦艇所需的時間。如果我從一開始就要求一次運輸三個師兵力的工具，我必然會一無所獲。在生活中，人們總是想滿足手頭的需求，這樣的例子實在太多了！但我認為最好還是適可而止。

56艘登陸艇延後三週返英——我們必須面對這個嚴酷的現實。與此鮮明對比的是，「霸王」行動的預定日期——5月。在接下來的電文中，讀者將首次看到6月6日這個日期的出現。

首相致三軍參謀長

1943年12月26日

我完全依據5月進行「霸王」行動的計畫來展開工作。我深信，只要我們持之以恆，就能實現這個目標，問題亦將迎刃而解。然而，我可以極

迦太基遺址與安齊奧戰線

為確定地告訴你們，艾森豪和蒙哥馬利對於目前所聽聞的「霸王」計畫深感不滿，據我所知，他們要求的首波渡海攻擊兵力遠超於目前規劃。我認為，他們在研究計畫後，很可能建議拖延。我們商定的日期是「5月間」，但若負責的將領要求在6月初的月光下展開行動，並能證明那時的機會更為有利，那麼我不確定是否能接受延期一週。空軍的預備性轟炸，無論如何必須在5月開始。

因此，務必避免為了遷就可能因為更重要的原因而拖延的日期，進一步犧牲我們在義大利的重要任務。艾森豪甚至表示，一旦他獲得實際指揮權並能負責此事，他將立即親自致電史達林，要求適當延期。我對此做法並不贊同，因為我是依據德黑蘭協定的精神來處理這個問題的，但我希望你們能協助我。然而，此事僅限於你們以及在戰時內閣國防委員會中任職的三位大臣，艾德禮先生、艾登先生和利特爾頓先生知曉。

在迦太基舉行這次具有決定性意義的聖誕節會議結束時，我向羅斯福總統發送了如下電報，並向國內發出了同樣的電報。我鄭重且坦誠地陳述了基本事實。

1943年12月25日

今日，我與艾森豪及其全體高級將領召開了會議。報告如下：

亞歷山大將軍計劃在1月20日左右於安齊奧進行登陸行動，前提是他有足夠的運輸工具來運送兩個師的部隊。此次登陸將對羅馬戰役產生決定性影響，有望殲滅敵人大部分兵力。然而，若以不足兩個師的兵力發起攻擊，可能引發災難，因為我們已經評估屆時第五集團軍和第八集團軍可能抵達的陣地。

為實現這個目標，需要88艘坦克登陸艇。我們獲取這些登陸艇的唯一途徑是延遲遣返原定於1月15日後離開地中海的56艘，並將自2月5日起，安排護航隊將它們護送回國。若登陸艇數量不足，將無法滿足需

求。從印度調來的 15 艘坦克登陸艇無法及時抵達,儘管它們在補充受損艦艇和制定「鐵砧」作戰計畫方面極為重要。

在評估多種權宜之計後,我們相信損因此失的三個星期仍有可能追回,而目前為「霸王」作戰計畫所設的兵力也能夠保持不變。

既然我們在如此長的時間內,將這 56 艘登陸艇留在地中海,而在它們能造成決定性作用的這一週卻要撤走,這顯然不合理。若義大利戰役再停滯三個月且情況惡化,還有什麼比這個現實更危險?我們無法一邊推進,一邊留下未完成的重大任務。因此,與會者一致認為,應盡全力在 1 月 20 日前後,以兩個師的兵力發起安齊奧戰役,並已指示亞歷山大將軍按此計畫準備。如果我們錯失良機,就等著 1944 年地中海戰役的失敗。因此,我誠摯希望你能同意這 56 艘坦克登陸艇延期回國,並指示所有負責人員確保不影響 5 月的「霸王」計畫。

我很遺憾地意識到,為了維護更大的利益,關於羅得島和愛琴海的政策必須暫時擱置。而且,很可能為了在法國南部集結三個師的兵力進行登陸,我們不得不將「獵野豬」計畫(即對緬甸西部若干海岸的襲擊)改為「不獵野豬」計畫。我對此感到非常痛心,但若不這樣,義大利戰局將陷入停滯,甚至可能帶來嚴重的後果,這是我不願面對的局面。

正是在這個所有問題都尚未得到解決的時刻,我懷著憂慮從迦太基飛往馬拉喀什。

迦太基遺址與安齊奧戰線

馬拉喀什的療養時光

　　莫蘭勛爵認為，我可以在聖誕節後離開迦太基，但他堅持我必須去某地療養三個星期。一年前，羅斯福總統和我在參加卡薩布蘭卡會議後，曾在馬拉喀什的一座迷人別墅中居住，現在除了這座別墅，還有什麼更理想的地方呢？幾天前，各項計畫都已經安排妥當。我到達馬拉喀什時，將在美國軍部做客。也有人認為，我在迦太基停留太久，容易被發現，因此小型艦艇在別墅前的海灣中不斷巡邏，以防潛艇突然襲擊。同時，敵人也可能發起遠端空襲。我的安全由科爾斯特里姆警備隊的一個營負責保衛。由於我病得太重，或者過於忙碌，這些事情沒有與我商討；但我認為美麗的馬拉喀什是一個理想的休養地，在此我能恢復體力。特德為了這次飛行任務進行周密的安排。醫生們不允許我在六千英尺以上的高空飛行，因此他據此安排我們越過阿特拉斯山脈的航線。12月27日清晨，我第一次重新穿上軍服時感到高興。正當我準備出門時，一封電報遞到我手中，報告了一個決定性的消息：「沙恩霍斯特」號已經被擊沉。我於是暫停出發，口授致史達林的下列電報：

首相致史達林元帥

1943年12月27日

　　1. 駛向俄國的北極運輸船隊為我們帶來了好運。昨日，敵方試圖用戰鬥巡洋艦「沙恩霍斯特」號進行攔截，但艦隊總司令弗雷澤海軍上將指揮「約克公爵」號（1艘三萬五千噸的戰鬥艦）截斷了它的退路，並在戰鬥中將其擊沉。

　　2. 病情顯著改善，計劃前往南方休養。

數日之後，我收到了一封極為熱情的回電，結尾寫道：「我與你緊緊握手。」

在別墅的外圍，科爾斯特里姆警備隊的衛兵們顯得特別威武。我從未意識到這場病已經使我的體力大幅衰退，以至於穿過衛隊上車都成了難事。天氣預報稱當天晴朗，因此決定在六千英尺的高度飛行。然而，當我們繼續飛行，前方突尼西亞的高原逐漸顯現時，我看到大片如羊毛般的雲層聚攏而來。不久之後，雲層變得略顯黑暗，再過幾個小時，我們大多的航段在雲霧中而非陽光下飛行。我一向對所謂「實心的雲層」心存厭惡，即雲層內可能隱藏高山。為了不超過六千英尺的高度，沿著複雜的航線穿越前方的山谷，我認為這對其他乘客不公。因此，我召來駕駛員，指示若在一百英里內遇到山峰，飛行高度必須至少高出最高峰兩千英尺。莫蘭勛爵對此表示贊同。一位經驗豐富的後勤人員也帶來了為此次旅程特別準備的氧氣罩。於是我們上升至晴空層。我一路感到非常舒適，下午4時左右，我們安全降落在馬拉喀什機場。另一架飛機因為嚴格遵循指示，艱難而危險地穿越峽谷和山口，途中一瞥高聳入雲的山峰。在如此低的高度下，天氣卻惡劣異常。這架飛機在我們到達之後一小時才安全著陸，沿途的颶風已經颳走它的一扇門，幾乎所有乘客都病得不輕。我對此深表歉意，他們因我而經歷了額外的痛苦與危險。他們本可以在一萬二千或一萬一千英尺的高空，在晴朗的藍天下舒適地飛行。

我的新居極為舒適，甚至稱得上富麗堂皇。相關人員也都和藹可親，這一切都非常完美，但我心中始終掛念著一件事——羅斯福總統將會如何回覆我的電報。在所有與地中海有關的計畫中，我遭到的盡是刻板僵化的抵制，完全不顧時機的配合與事情的輕重緩急，因此每每想到這些，我便以極度焦慮的心情等待答覆。我所要求的，是在義大利海岸進行一次冒險的軍事行動，並建議將橫渡海峽的進攻日期從5月1日拖延三個星

期——如果考慮到月相的變化，可能需要拖延四個星期。我已經獲得現場指揮官的全部同意。英國的三軍參謀長們在原則上始終是贊同的，並且現在對所有細節規劃也已經感到滿意。然而，美國人對於「霸王」作戰計畫需要延期四個星期的問題，會有何種回應呢？當一個人真正感到筋疲力盡時，他往往能享受沉睡的幸福。

翌日，當我收到以下電報時，我感到非常愉悅，但我承認，在那愉快的心情中也混雜著一絲驚訝：

羅斯福總統致首相

1943 年 12 月 28 日

同意將原用於「霸王」行動的 56 艘坦克登陸艇延期遣返，以便在 1 月 20 日發起安齊奧戰役，但「霸王」行動計畫仍然是首要任務，並將按之前在開羅和德黑蘭商定的日期進行。應盡一切可能措施，以消除對「霸王」行動準備的潛在影響。為此，原定參加「霸王」行動的其他 12 艘坦克登陸艇應按現行安排出發，而計劃於 1 月 14 日從安達曼群島到達地中海的 15 艘坦克登陸艇，應直接駛往英國。同意暫時放棄羅得島和愛琴海計畫，並在「鐵砧」行動（里維埃拉）前不再考慮發起羅得島戰役。鑒於蘇、英、美三國在德黑蘭達成的協定，未獲史達林同意前，我不支持將兵力和裝備用於其他地區，以免延誤或妨礙「霸王」及「鐵砧」行動的成功。

我回應道：

首相致羅斯福總統

1943 年 12 月 28 日

我要感謝上帝賜予這個令人欣慰的決定，使我們得以再次齊心協力投入一項偉大的事業。

根據我從英國三軍參謀長委員會獲得的資訊，如果按照既定數量從安齊奧計畫中調配登陸艇，海軍部將能夠滿足這些要求。三軍參謀長委員會

今日將向聯合參謀長委員會通報所有情況。同時，我們這邊的行動口號是「全速前進」。

我在 13,000 英尺的高空翱翔，沒有感到任何不適，昨日已經順利抵達我們的別墅。得益於美國方面的周到款待，我倍感舒適。馬克斯（比弗布魯克）剛從倫敦飛抵此地。我計劃繼續逗留，享受這裡的陽光，待我恢復到最佳狀態後再離開。

參謀長們，特別是海軍部，確實在國內付出了巨大的努力以實現「包抄」，我立即向他們表示祝賀。亞歷山大將軍曾請求 88 艘登陸艇；他們承諾提供 87 艘。羅斯福總統的電報讓人驚訝。我堅信這不僅源於羅斯福總統的善意，也因為馬歇爾的冷靜，艾森豪對即將離開時原先使命的忠誠，以及比德爾·史密斯的積極、精於權衡和以事實為基礎的外交手腕。

同日，亞歷山大將他的方案傳遞給我們。在與馬克·克拉克將軍及軍需長布賴思·羅伯遜將軍（即第一次世界大戰帝國總參謀長之子）磋商後，他決定動用一個美軍師和一個英軍師。裝甲部隊、傘兵和突擊隊各占一半，整個部隊將由美軍軍長指揮。進攻預計在 1 月 20 日左右進行。大約在進攻的 10 天前，他將對卡西諾發起大規模攻勢，以牽制德軍援助，隨後主力的先遣部隊將展開行動。我對此感到非常滿意。至今為止，進展順利。

然而，我仍然有一些額外的彈性想法。我致電三軍參謀長：

我正基於德黑蘭會議的決策，在「霸王」戰役開始的確切日期問題上展開考量。按照會議的決議，我們假定的日期是 5 月 20 日，而不是 5 月 5 日，後者則是一個全新的日期。只要日期在 5 月 31 日之前的任何一天，便算履行了與史達林達成的協定。在我看來，根據艾森豪所提供的情報，6 月 3 日的月光情況與 5 月 5 日相似，因此這個日期是完全可行的；尤其是如果目前內定的戰役指揮官提出這樣的要求，這個日期更是切實可

行的。目前無需深入討論這些問題，但在這一方面我們有調整計畫的靈活性。

請讓我明白，5月5日與6月3日相比，集結兵力的狀況究竟有何差異。我再重申一遍，這些想法絕不能被視為延期的決定，同時不要對外洩漏。

三軍參謀長回應道：

若要符合現任司令官設定的計畫條件，「霸王」計畫的突擊行動需在5月5日前後執行。然而，這個日期不能視為最終期限；即便登陸艇調回的時間有所拖延，或改裝計畫未按時完成，導致並非所有登陸艇能在4月13日加入突擊部隊，這也不應妨礙在5月期間選擇一個合適日期來實施「霸王」突擊計畫。

你所提議的方法，自然不排除在5月進行突襲的可能性，儘管計畫依然非常緊湊。然而，這並不牽涉我們違反德黑蘭協定的問題，我們認為此時無需與俄國人協商。

以下是我對這些意見的評價：

1943年12月30日

只要日期定在5月31日之前，我們的協定即可視為完成。我個人覺得，若在月相與5月5日相同的6月3日進行實際行動，也算是忠實履行協定。然而，最好還是爭取在5月5日，這樣可以多出一個月的時間。

此時，又出現了一個重大的新問題。

首相致迪爾陸軍元帥（在華盛頓）

1944年1月3日

1. 亞歷山大的來電內容如下：克拉克正在籌劃安齊奧戰役，經常遇到的一些困難正陸續顯現。例如，我們似乎無法讓美國第五〇四傘兵旅留下，而艾森豪也不傾向於積極爭取他們的留下。英國傘兵旅正在前線作

戰。我目前沒有部隊可以調去接替他們，同時又不能拖延時間不把他們調出來並派往那不勒斯地區。此外，他們缺乏作戰經驗，急需訓練。

2. 艾森豪目前正在與馬歇爾會面。你能否向他們提出請求，讓美國第五○四旅在調往英國參加「霸王」戰役之前，承擔這個極為特殊而艱難的任務？傘兵部隊參與關鍵的空中行動機會非常稀少，而在他們有可能做出卓越貢獻的時刻卻將他們撤出關鍵場合，似乎顯得缺乏長遠眼光。他們在事後可以迅速返回英國，及時參與「霸王」戰役，因為我們注意到，為了進行「霸王」戰役，我們國內已有的傘兵和空運部隊的數量大約是運輸機運載能力的兩倍。請讓我了解具體情況。

馬歇爾表示贊同。我們將來會看到，這次的犧牲最終是如何被白白浪費的。

我曾邀請蒙哥馬利從義大利返回國內接任「霸王」行動的新指揮職務途中，順道拜訪我。我已經委任他負責這個具有高度風險的艱鉅任務。自然，除非有特殊原因，否則任何一位將軍都必須接受國家指派的職責。然而，未成文的規則並不強求個人表達熱情。在我曾服役過的近衛步兵第一團中，接受命令時只需簡單答「是」。但這個字可以以不同的語氣表達。我發現蒙哥馬利對於我一直認為是偉大且不可避免、但同時又很可怕的任務，愉快而熱情地接受，這令我既滿意又感到如釋重負。抵達馬拉喀什後，我們乘車行駛兩小時，前往阿特拉斯山麓野餐。我在清晨將摩根將軍和倫敦英、美聯合參謀人員數個月來制定的計畫交給他。他粗略閱讀後立即表示：「這方案不行，我在初期突擊階段需要更多兵力。」在我們經過充分的討論後，按他的意見制定了一整套方案，後來證明這些方案是正確的。他對戰役表現出堅定的信念，這讓我感到非常欣慰。

此時，夫人們紛至沓來，我們在一條熠熠生輝的小溪畔共享午餐。山間空氣清爽怡人，陽光普照。與我們正艱辛參與的人類衝突形成鮮明對比，

這裡彷彿是無邊沙漠中的一片綠洲。不久之後，我驅車駛向山中。汽車沿著公路，曲折緩慢地開往我熟知的一處風景點，然而蒙哥馬利不願如此。他下車後直接步行上山，聲稱要「鍛鍊自己」。我考慮到未來的情勢，提醒他不可過度耗費精力。我強調如下真理：充沛的腦力並不依賴於體力的充沛；精力應被合理運用而非消耗殆盡；體育運動與策略截然不同。我的勸告未能奏效。這位將軍興致高昂；他在岩石間跳躍，宛如一隻羚羊，使我感到一種強烈的信心：一切都會順利進行。

新年降臨之際，我正與羅斯福總統愉快地書信往來。

首相（在馬拉喀什）致羅斯福總統

1943 年 12 月 30 日

我已經收到兄弟傑克的來信，他詳細描述了契克斯莊園那棵聖誕樹的景象。我所有的孫子都在那裡，還有許多其他孩子，大家玩得非常愉快。懷南特也在場，他承諾會寫信向你描述當時的情形。我非常感激你送來的節日禮物。也感謝你寄來的精美地圖匣子，匣子已經收到，我迫不及待想看看。我們住在這座美麗的別墅中，確實十分舒適，我的健康狀況也顯著改善。今天陽光明媚，但沒有什麼能比你的電報讓我更覺得高興，因為它顯示我們在這場大規模戰爭中的一些具體問題上總能達成一致。亞歷山大報告說，他和克拉克已經為安齊奧戰役制定了一套令人滿意的計畫，動用了英國第一師、美國第三師，以及傘兵和裝甲部隊。我對此感到非常滿意。我們彼此共同分擔痛苦、危險和榮譽，這再合適不過。

就在同一天，我亦收到了來自佛朗哥與狄托的電報，祝賀我身體康復。你認為這意味著什麼呢？

薩拉向你表示感謝，並送上她的問候。

羅斯福總統不幸因感冒而臥床休息。

馬拉喀什的療養時光

羅斯福總統致首相

1943 年 12 月 31 日

我因為感冒已經臥床兩、三天，然而病情並不嚴重。這種輕微的流感已經在全國內傳播開來。

你在別墅中平安無事，這讓我感到欣慰。我建議你在元旦那天，邀請那兩位祝賀你康復的先生，然後，把他們鎖在我們曾經一起觀賞晚霞的塔頂，告訴他們你會在下面觀察，到底是黑方還是紅方將對方推下塔頂的高牆。

首相致羅斯福總統

1944 年 1 月 1 日

聽聞你染上感冒，我心中甚為不安。我衷心地希望你能遵循麥金太爾醫生的建議，並對醫務人員保持順從的態度，正如你以往對我所教導的那樣。

這棟別墅極為理想。醫生建議我在此再逗留三週。儘管天氣清涼，但陽光明媚。廚師技藝高超。我們經常到山裡野餐。昨晚，艾森豪在回國途中經過此地與我們會面，我與他進行了長時間的交談。蒙哥馬利現在也在這裡，他是返英途中經過的。我相信我們有一個出色的團隊，他們當然樂於全力合作。

我尚無法組織塔上的角力比賽。紅方的訓練相較於黑方更為出色。

請接受我對新年的美好祝福，這一年不僅象徵著勝利，也為我們未來的合作拓展了更廣闊的道路。

克萊門汀與薩拉也向你問好。

儘管安齊奧戰役所需的登陸艇這個主要問題已經得到解決，然而關於這些登陸艇的具體使用方式，仍引發了深入的討論。

亞歷山大將軍致首相

1944年1月4日

　　從突尼西亞返回後，我曾與克拉克將軍會面，如今剛剛回到此地。發現一些因素讓我深感不安，因此我必須請求你的協助。事情是這樣的：在最初登陸後，僅保留了6艘坦克登陸艇，其餘的都被調走，使得我們無法將兩個師的兵力及其全部作戰裝備運上岸……根據我在聯合作戰中的經驗，最初的登陸突擊可以完成，但戰役的成敗在於能否及時集結全部遠征軍，以抵禦必然的反攻。就安齊奧戰役而言，為了應付德軍可能的抵抗，最低的登陸兵力為兩個師，我們願意接受這個數字，前提是這兩個師能及時全部集中在岸上……為了達成目標，我們願承擔一切風險，但若這兩個師被德軍包圍，我們顯然不能拋棄他們而不支援，特別是在地中海戰區當下還有足夠登陸艇可供支援的情況下……克拉克和我堅信，我們極有可能取得重大勝利，只要我們能獲得實現目標的必要工具。我們所需的工具是14艘登陸艇。這些艦艇將在安齊奧登陸部隊與第五集團軍會合前用於維持運輸。此外，登陸後15天內，還需額外10艘登陸艇，以運送大炮、坦克及其他支援武器，使其具備足夠實力與德軍在相等條件下作戰。即便此舉會在一定程度上影響「鐵砧」戰役的準備，但從勝利的角度看，仍然是值得的。

　　因此我召集相關負責人至馬拉喀什，並於1月7日和8日進行兩次會議。與會者包括比弗布魯克勳爵、威爾遜將軍、約翰‧坎寧安海軍上將、亞歷山大將軍、德弗斯將軍和比德爾‧史密斯將軍等。鮑爾海軍上校剛從倫敦回來，他在倫敦期間已經與三軍參謀長釐清了關於登陸艇的諸多複雜問題，如今因獲得其上級將領的全力支持，也同樣支持我們。我在1月8日向羅斯福總統報告說：

　　經過我們召開的兩次會議，英國與貴國的相關官員及三軍將領就建議採取的行動，達成了一致意見。與會人員情緒高漲，並且看起來人力與物

資供應充足。小組委員會在兩次會議之間對問題的各個方面進行了詳盡的討論……我們計劃派遣一支由兩個師兵力構成的部隊搶灘登陸進行突擊，隨後派遣一支以另一師為基礎的機動突襲部隊，目的在切斷敵方的交通線。

若無意外狀況，此事應能順利完成，並且不會與「霸王」或「鐵砧」戰役的要求相矛盾，同時也有足夠的登陸艇來支持這些部隊直至2月底。希望上天眷顧，天氣晴好。

今日，威爾遜將軍正式履職為地中海盟軍最高統帥，已經指示其下屬將領貫徹執行上述決策，並已告知聯合參謀長委員會。

這些計畫都基於5月分的某個日期（即X日）繼續「霸王」戰役。然而，我個人一直認為，6月3日（Y日）的月相可能更為理想。當艾森豪將軍途經馬拉喀什時，我欣喜地得知他傾向於這個方案，因為這樣可以讓他和蒙哥馬利有更多時間，按照現有計畫部署更大規模的初期進攻部隊。我已經致電羅斯福總統，詳細陳述了所有問題，並提醒他注意我們在德黑蘭的會談和協定。

首相致羅斯福總統

1944年1月6日

5日清晨，比德爾·史密斯和德弗斯經過此地。比德爾向我透露，他與蒙哥馬利一致認為，在執行「霸王」戰役時，應投入更為龐大的兵力和擴大作戰規模，而不應將里維埃拉的登陸規模超出我們在德黑蘭會議前的設想。他表示，他計劃將這個觀點告知艾森豪及三軍參謀長。我一直認為，當指揮官們親自處理此事時，他們會對計畫進行調整，這些調整將成為未來決策的重要依據。你知道，我始終希望在發起「霸王」戰役的初期攻勢時，所使用的兵力能夠超過我們之前討論的規模。

據我所知，6月的滿月期似乎是最早可行的時間。如果指揮官們覺得

那時更穩妥，我不明白為何我們不能達成一致。三軍參謀長們在德黑蘭會議上建議6月1日或更早，而你我都同意將其委婉表述為「在5月間」。與約大叔交談時，我們從未提到過5月5日或8日這樣的日期，而是總說大約在20日左右。此外，我們未曾討論過在某個特定日期將戰役推進到某個具體階段。如果我們現在接受6月作為最終決定，我認為我們在任何方面都不至於失信於他。無論如何，戰役將在5月間開始，最初將進行佯攻和猛烈轟炸。我不相信約大叔會如此不近人情，以至於在乎48小時的差別。

另一方面，至6月時，約大叔為發動偉大戰役將具備更堅實的基礎。我們將進行更強烈的攻勢，勝利的機率也將增加。我正透過萊瑟斯建議，再次派遣北極運輸船隊，若你們能提供船隻和貨物，我們則能提供護航艦隻，我們實際上已經完成我們的約定數額。

我覺得暫時無需與約大叔聯繫，但幾個星期後，當艾森豪提交他的最終執行方案時，我們自然會將所有問題詳細告知他，包括對「鐵砧」作戰計畫的任何修改方案，並附上相關負責將領對我們意見的支持。

一週後，羅斯福總統對這封關鍵的電報作出了回應。關於電報中提及的事實，我們之間並無爭議。此時，他也收到了詳細的報告，了解了我們在安齊奧戰役會議上達成的結論，這些結論基於一個前提，即在必要情況下，「霸王」行動所設的較早日期依然可以保持不變。

羅斯福總統致首相

1944年1月14日

根據我的理解，我們與約大叔在德黑蘭時曾同意，「霸王」戰役將在5月進行，並且幾乎同時在法國南部以實際可能的最強兵力進行登陸作為支援，而他則承諾準備讓俄國軍隊同時在東線發動進攻。

在我看來，目前我們不應對拖延此戰役做出任何決定。在艾森豪和威

馬拉喀什的療養時光

爾遜兩位將領尚未充分研究所有可能性並提交基於事實的報告之前，我們不應如此行事，並且此事也應暫不告知約大叔。

我相信，當前關於這個議題的討論帶來了不良的心理影響，因為我們三人曾經同意在德黑蘭發布的宣告，而從那時起僅僅過去了一個多月。

在16日的回覆中，我欣然表示：「令我欣慰的是，我們的觀點完全一致。」在迦太基患病後，我來到馬拉喀什，身體依舊非常虛弱，感到無精打采。我的繪畫工具都已經送達，但我卻無法使用，幾乎無法行走。即便天氣晴朗，我在阿特拉斯山腳下從車內出來，艱難地走到野餐地點，也只能步行八十到一百碼。每天24小時中，我有18小時躺在床上。我從未感到如此極度疲憊和虛弱。同時，所有讓我臥床休息的誘惑、勸導、告誡，甚至某種程度上的強制手段，都以最吸引人的方式呈現。泰勒的別墅是一個理想的休息場所，舒適和奢華的所有需求在此都能得到滿足。我已經精疲力盡，但這裡提供了最誘人的休養條件，不僅是和藹可親的主人所提供的，也是莫蘭勛爵、羅斯福總統和戰時內閣囑咐我享受的。儘管如此，事態的發展仍無可避免地繼續分散著我的注意力。

波蘭問題在德黑蘭會議上占據了重要位置，這促使我從迦太基致電艾登。

首相致外交大臣

1943年12月20日

我認為目前你應該就波蘭的邊界問題與波蘭人進行商談，這是基於我個人的願望。若非因為暫時無法參與會談，我必定會親自與他們討論。你應該向他們說明我們所擬定的方案，並展示地圖上東部大致劃定的界線，以及西部包括沃波累區在內的奧得河界線。這將為他們帶來一片極為可觀的國土，東西南北跨越三、四百英里，海岸線也超過一百五十英里，即使這條海岸線僅從科尼希斯貝克西面開始。波蘭人當然應該理解，這些建議

只是非常概括性的規劃，但若他們不接受這些建議，將是不智之舉。所以我建議他們接受這些建議，並完全信任英、美盟友去推動這個計畫。你應該明確告知他們，只要他們接收並堅守奧得河以東的德國現有領土，就為對俄國採取友好政策和與捷克斯洛伐克保持緊密連繫奠定了良好的基礎，這將對整個歐洲作出重大貢獻。同時，這也將使波蘭民族有機會獲得新生，其未來將比以往任何時候都更為光明燦爛。

一旦我們確認他們已經接受並同意這些建議，就可以與俄方展開談判，力求將這些問題明確化。倘若他們完全忽視此問題，我無法預見英王陛下政府還能如何為他們爭取更多權益。俄國軍隊或許將在數個月內越過波蘭戰前的邊界，因此，爭取俄國對波蘭政府的友好承認，並在此之前就戰後邊界問題達成大致共識，顯得極為重要。我十分想了解他們的反應。

貝奈斯總統目前正從莫斯科前往倫敦的旅途中。長久以來，我與他之間有著長期的接觸。我們應當記得，早在1936年，他便曾警告史達林，蘇聯內部的親德分子正在策劃反史達林的陰謀，因此在這個問題上，他發揮了關鍵作用。不論如何，他與蘇聯人的關係始終非常友好和親密。我已經邀請他在返回途中順道到馬拉喀什與我會面。他對東歐的政治局勢有著深刻的理解，因此關於波蘭及俄國人對波蘭可能採取的行動，他的見解極為重要。在過去20餘年裡，貝奈斯在擔任捷克斯洛伐克外長和總統的期間，始終是法國的忠誠盟友和西方國家的朋友，同時又與史達林保持著獨特的連繫。

當英、法兩國放棄了捷克斯洛伐克，而在大戰即將來臨之際，里賓特洛甫與莫洛托夫簽訂協定時，貝奈斯變得異常孤獨。然而，隨著時間的推移，希特勒對蘇聯發動了進攻，貝奈斯與蘇聯的命運重新緊密相連，並得到了充分的認可。1938年，蘇聯原本有機會為捷克斯洛伐克而戰。無論如何，這兩個國家如今都遭受了同樣的慘痛打擊。

馬拉喀什的療養時光

在明媚的陽光下，我與這位久經沙場的政治同僚兼資深歐洲政治家，在馬拉喀什寓所的花叢中交談，感到無比愉悅。1918 年，我首次見到貝奈斯，他當時與偉大的馬薩里克同行。馬薩里克是捷克斯洛伐克的創立者，他的兒子為國家的事業獻出了生命。如今，貝奈斯自然是充滿樂觀的。

我已經向羅斯福總統彙報了我們的談話細節，其內容如下：

1944 年 1 月 6 日

貝奈斯已經抵達此地，對俄國的形勢持有極大的樂觀態度。他或許能夠在促進波蘭人與俄國人之間的和解方面做出有益的貢獻，因為他長期以來一直享有俄國人的信任。他帶來一幅新的地圖，上面用鉛筆標示出約大叔所劃的邊界線，顯示東部邊界從科尼希斯貝克延伸至「寇松線」；在北部，波蘭人將得到沃姆惹和比亞威斯托克，但南部尖端則沒有倫貝格（利沃夫）。至於西部邊界，約大叔建議採用奧得河線，包含沃波累的大部分。這將使波蘭獲得一個面積超過三百平方英里的宜居區域，並沿波羅的海擁有二百五十英里的海岸線。一旦我回國，我將全力以赴說服波蘭政府同意此方案或類似方案。如果他們同意，他們必須宣告願意承擔義務，保衛奧得河的防線，以防德國再次侵略俄國，並盡力支持這個解決方案。這是他們對曾兩度拯救過他們的歐洲大國之責任。如果我能在 2 月初完成此事，他們再派代表訪問你，就能解決這個問題了。

俄國人對貝奈斯相當關照，恢復了慕尼黑協定前的邊界，只是因為軍事考量，北部山脈某些山頂略作調整，此外東面有一小片領土與俄國相接。

由於這是我最後一次拜會貝奈斯總統，我要表達對他的敬意。他的思想和目標始終是支持並奠定西方文明基礎的主要原則，並且一直忠於他的國家。他擔任國家領袖已經超過 20 年，是行政和外交領域的傑出人物。他以耐心和毅力在困難中長期堅持。他的不足之處在於當關鍵時刻來臨時

未能果斷決策，導致他和他的國家蒙受巨大損失。他豐富的外交經驗和日益增強的政治敏銳度反而使他考慮過多，未能準確掌握時機，孤注一擲以求勝利或避免滅亡。如果在慕尼黑時期，他下令開火，第二次世界大戰或許會在對希特勒更不利的情況下爆發，因為希特勒當時仍需更多時間部署軍隊和裝甲力量。

在 1943 年 12 月，「自由法國」的領袖逮捕了佩盧東、布瓦松和弗朗丹，儘管此事導致我與戴高樂將軍的關係一度緊張，我仍然下定決心在回國前修復與他的友誼。我在元旦時邀請他於 1 月 3 日到我的別墅共進晚餐並留宿。我表示：「這樣，我們便有機會進行期待已久的會談。我的妻子也在這裡，如果戴高樂夫人願意一起前來，我和我的妻子將非常高興。」戴高樂將軍顯然覺得時間太倉促。我本該知道，他在北非期間，除了法國官邸外，不願在其他地方過夜。他推辭說還有許多其他約會。因此我暫時擱置此事。但後來我得知他將在 1 月 12 日抵達馬拉喀什，於是邀請他當天來共進午餐，他接受了。我們的其他客人包括達夫・庫珀先生和黛安娜夫人、比弗布魯克勳爵，以及英國駐當地領事奈恩先生夫婦。戴高樂將軍興致勃勃地到來，用英語與我的妻子寒暄，並在餐桌上一直用英語交談。禮尚往來，所以我便使用法語交流。

午餐過後，女士們前往市場購物，而戴高樂、我以及其他男士則留在花園中進行長時間的交談。我需要與他商討許多棘手的問題，我認為若以法語交流，這些問題會顯得較為輕鬆。奈恩先生後來作了一些紀錄，他寫道：「我聽到邱吉爾先生用一種清晰可聞的語調，用英語對達夫・庫珀先生低聲說：『我的法語講得不錯吧，是不是？戴高樂將軍的英語如此流利，他完全能理解我的法語。』大家聽後，由戴高樂將軍帶頭鬨笑起來。首相繼續用法語交談，而戴高樂將軍那顆敏感的戒備心也因此消除，開始以一種友好合作的態度接受了邱吉爾先生的評論。」

馬拉喀什的療養時光

評論的主題廣泛且嚴肅。他為何要對在他管轄範圍內的法國名人進行逮捕？難道他不明白，這在美國為他製造了多少麻煩？羅斯福總統對他的憤怒有多深？我們多麼依賴美國的援助及其友好態度？為何他要透過這種麻煩事及其他不必要的摩擦，使他的任務複雜化？他沒有這些大國政府的支持是無法生存的，既然如此，為什麼他卻一再惹怒這些政府？另外，還有一個小問題：為了便於處理事務，我特意將喬治將軍從法國請來，他為何要將喬治將軍逐出委員會？此時戴高樂表示，他已經邀請喬治將軍擔任榮譽退伍軍人委員會主席。我問他得到了什麼答覆。他說：「我沒有得到任何答覆。」對此我表示並不意外。戴高樂真的有這樣的職位供人擔任嗎？不過，談話在愉快地交流中結束了，最終戴高樂將軍建議我參加次日早晨為我特別舉行的閱兵式，我欣然接受了邀請。於是，次日，戴高樂和我站在一個小型檢閱臺上，檢閱從我們面前經過的眾多法國和摩洛哥部隊。閱兵式在馬拉喀什這片綠洲居民的歡呼聲中持續了一個小時。

德黑蘭會議引發的另一個問題也造成諸多困難。眾所周知，史達林曾要求分得部分義大利艦隊，而羅斯福總統給人的印象是，他在談話中曾提到三分之一的比例。英國的三軍參謀長對此提法不滿，他們在與俄國同僚會談時常用其他依據。羅斯福總統因提及「三分之一」而不安，因此坦率地向我說明了整個情況。

羅斯福總統致首相

1944 年 1 月 9 日

我曾告知你，哈里曼希望了解我們如何履行關於 2 月 1 日移交義大利艦隻給蘇聯的承諾，以便他在被問及時能與莫洛托夫討論。我向他表示，我計劃將繳獲的義大利艦隻三分之一分配給蘇聯，以增強其作戰能力，並從 2 月 1 日起盡快移交可分配的艦隻。

哈里曼後來提醒我，史達林在德黑蘭會議上所提的要求不過是重申蘇聯在10月莫斯科會議上最初的要求（即1艘戰鬥艦、1艘巡洋艦、8艘驅逐艦、4艘潛艇，計劃用於俄國北部沿海，四萬噸商船將在黑海使用），無論在莫斯科還是德黑蘭，都未曾提到俄國人要求額外船隻，使總數達到被俘艦隻的三分之一。因此，哈里曼認為，我在12月21日發給他的電報只是為了提供情況，他因此未與莫洛托夫討論三分之一的問題。

哈里曼同樣強調，兌現我們關於移交這些艦隻的承諾極為重要。他認為，若我們不履行承諾，或採取拖延策略，只會引發史達林及其同僚對我們在德黑蘭承擔的其他義務是否堅決執行的質疑。

另一方面，參謀長聯席會議對移交計畫表示諸多反對，理由是此舉可能對即將展開的戰役產生影響。他們擔憂，這樣做可能導致失去義大利海、陸軍的合作，並且可能導致許多關鍵艦隻被鑿沉或遭到破壞，而這些艦隻對「鐵砧」和「霸王」戰役極為重要。他們預測，這個舉措對當前俄國的作戰能力無實質性益處，因為這些軍艦目前不適合在北方海域航行，而黑海也不對商船開放。

由海軍上將坎寧安談判的修訂協定中，一些條款被認為非常明智，因為這些條款賦予盟國在適當情況下處理任何或全部義大利艦隻的權力。關鍵在於，我們必須贏得並維持盟國的信任。我認為我們應盡一切實際努力，以便找到解決方案，使蘇聯要求的義大利艦隻能在2月1日左右開始移交給他們。

如果我們向約大叔解釋，我們的參謀長們認為此事可能影響「霸王」和「鐵砧」戰役，並建議在這兩次戰役後再將義大利艦隻移交給俄國，你覺得這種做法是否合理？考慮到英國當前在地中海戰場的指揮地位，並為了在我們計畫的行動上達成完全一致，我非常希望聽到你的意見。在這個問題上，顯然我們任何一方都無法單獨採取行動，但我相信你會同意，我們不應推翻已經對約大叔所作的承諾。

馬拉喀什的療養時光

這封電報的意義不甚明確。我認可我們在 10 月協定中提到的船艦，但對「三分之一」這種模糊的表述不予認同，因此我回覆道：

首相致羅斯福總統

1944 年 1 月 9 日

我完全贊同你的看法，關於艦艇的議題，我們不應該讓史達林失去信任。過去一週，我一直在與艾登就此事交換意見，並希望能在一、兩天內向你提議，以便我們聯名發出電報。

我本人完全贊同大西洋兩岸三軍參謀長的看法。我認為，立即移交這些義大利艦艇會對義大利與盟國之間的合作造成極大的負面影響，因為這些艦艇曾堅定地駛向馬爾他，主動等待我們的指示。整個 1943 年，我的目標不僅是令義大利投降，還希望它能在戰爭進行及未來解決歐洲問題時站在我們這邊。因此，我準備敦促戰時內閣和海軍部讓英國做出重大犧牲，將一些英國艦艇提供給俄羅斯，而不是在此刻傷害義大利人的感情。因為在我看來，現在傷害義大利人會對未來產生不利影響。我與國內頻繁通訊，確實很高興地得知，我的國內同僚和三軍參謀長完全同意我的觀點。由於美國承擔了太平洋戰爭的全部重任，我們不能再度要求他們做出重大的貢獻。另一方面，我們在地中海，因為擊沉「沙恩霍斯特」號而在國內和北極海域，擁有充足的海軍力量。我與國內的朋友們達成一致後，立即將以下建議提交給總統：

首相致羅斯福總統

1944 年 1 月 16 日

1. 我清楚記得，在德黑蘭期間從未提及「三分之一」，只同意滿足俄國人在莫斯科會議上的要求，即移交 1 艘戰鬥艦、1 艘巡洋艦、8 艘驅逐艦、4 艘潛艇和四萬噸商船給他們。

2. 反觀之，三軍參謀長們所提及在地中海戰區面臨的困境同樣是無可爭辯的。我認為，一旦史達林對我們的意圖和誠意深信不疑，他極有可能允許我們以最理想和最快捷的方式解決此問題。

3. 因此，我提議我們立即聯合向他闡明以下事實。

聯合三軍參謀長委員會認為，當前若執行軍艦移交或向義大利人透露此事，將不利於三國的共同利益。然而，若您經過深思熟慮後仍然希望我們推進，我們將與巴多格利奧祕密協商以完成必要的安排。這些安排需基於以下原則：選定的義大利艦隻應駛向適當的盟國港口，隨後由俄國船員接管，駛往俄國北方的港口，因為目前只有這些港口開放，並且只有在那裡才能進行任何必要的裝備。

然而，我們深知此方法的潛在風險，於是決定提出以下替代方案：

英國戰鬥艦「皇家君主」號近日在美國完成了重新裝備，配備了適用於偵查各種火炮的雷達。此外，英國還有1艘巡洋艦可供使用。英王陛下政府已經同意於2月在英國港口讓蘇聯船員接收這些艦隻，並駛往俄羅斯北部港口。隨後，你們可以進行必要的改裝以適應北極條件。這些艦隻暫時以租借形式交給蘇聯政府，並懸掛蘇聯旗幟，直至能在不影響軍事行動的情況下安排義大利艦隻的移交事宜。

「倘若局勢變化促成我們與土耳其的關係改善，並且達達尼爾海峽得以開放，那麼這些艦艇在必要時也能在黑海航行。我們期望你們能認真考慮這個替代方案，我們認為這個方案在各個方面都遠勝於第一個建議。」

4. 若貴方能直接提供巡洋艦，而無需我們自行設法，那麼我們將感到輕鬆。至於8艘驅逐艦的問題，我們目前無能為力，或許貴方能滿足這項需求。否則，我們只能表示，在展開「霸王」和「鐵砧」戰役之前，我們絕無可能提供。至於四萬噸商船，我認為由於貴方儲備充足，且船舶沉沒情況顯著改善，或許貴方能滿足這些要求，但我們願意承擔一半的責任。

5. 親愛的朋友，我希望你能審慎評估這些可能性，並告訴我你的看

法。在我看來，史達林會因為這種大度的提議而樂於接受。不管怎樣，這展現了我們的信譽和誠意。我懷疑在我們給出這個折中方案後，他仍會在時機未成熟時提及義大利艦隻的問題，但至少我們採取了恰當的措施。

羅斯福總統同意了這個變通方案。美國負責提供 1 艘巡洋艦。因此，根據我的提議，1 月 23 日，羅斯福總統和我共同發出電報，將整個問題按我的建議提交給史達林。隨後，我們收到史達林的回電，內容如下：

史達林元帥致首相和羅斯福總統

1944 年 1 月 29 日

首相與總統閣下，關於將義大利艦隻移交蘇聯使用的聯合電文，已於 1 月 23 日接獲。

我必須指出，自從我在德黑蘭會議上提出將義大利艦隻於 1944 年 1 月底轉交給蘇聯的提議並得到你們一致肯定的答覆後，我便認為此事已成定局，從未想過我們三人共同作出的決定還需要重新審議。此外，由於我們當時一致同意只需與義大利方面商談，我更是認為此事並無任何障礙。如今我才發現，情況並非如此，甚至根本未向義大利人提及此事。

為避免問題複雜化（這在我們共同對抗德國人的戰爭中極為重要），蘇聯政府願意採納你們的建議：在英國港口派遣戰鬥艦「皇家君主」號及 1 艘巡洋艦前往蘇聯；這些艦隻將由蘇聯海軍最高指揮部暫時使用，直至適當的義大利艦隻能夠移交給蘇聯。同樣，我們也願意從美國和英國接收四萬噸商船供我們使用，直至等重量的義大利船隻交付給我們。此事不應再拖延，所有上述艦隻必須在 2 月分移交給我們，這一點極為重要。

然而，在你們的回覆中，並未提及將義大利的 8 艘驅逐艦和 4 艘潛艇於 1 月底移交給蘇聯的事宜，而這項移交是首相先生和總統先生在德黑蘭會議上達成的共識。對於蘇聯而言，驅逐艦和潛艇的問題極為重要，缺乏這些艦艇，移交 1 艘戰鬥艦和 1 艘巡洋艦便失去意義。正如你們所知，沒

有驅逐艦的護航，巡洋艦和戰鬥艦都無法發揮作用。既然義大利的整個艦隊在你們掌控之下，執行德黑蘭會議的決定，從艦隊中挑選出 8 艘驅逐艦和 4 艘潛艇供蘇聯使用，應無困難。我也贊同以相同數量的英、美驅逐艦和潛艇替代義大利的艦艇，移交給蘇聯。此外，驅逐艦和潛艇的移交問題不能延遲，必須與戰鬥艦和巡洋艦的移交同步解決，這是我們在德黑蘭已經明確決定的。

最終，問題以我期望的方式得到了解決，儘管期間我們與蘇聯盟友之間交換了大量函件，其中一些內容不甚愉快。「皇家君主」號和美國巡洋艦按原計畫移交給了蘇聯。至於驅逐艦，不可避免地需要拖延到「霸王」戰役結束後再進行移交。為使俄方更容易接受這個安排，海軍部從我們的現代化潛艇中抽調 4 艘借給他們使用。眾所周知，戰後蘇聯信守承諾，將這些艦隻歸還給我們，隨後我們妥善安排，將義大利艦隊的一部分艦隻以各方都能接受的方式移交給蘇聯。

儘管我非常渴望在這個愉悅的療養地多停留兩週，且眾人也極力挽留，但我仍決意在對安齊奧發起突襲前返回國內。1 月 14 日，我在極佳的天氣條件下飛抵直布羅陀，「英王喬治五世」號正於此處待命。當日下午，我早早抵達，再次前往修道院。

威爾遜將軍和海軍總司令約翰・坎寧安海軍上將，已就任地中海最高統帥，二人乘飛機從阿爾及爾抵達。我們就共同努力的重大軍事行動進行了緊張但樂觀的討論。15 日，我與同行的其他成員在「英王喬治五世」號上會合。這艘軍艦駛離阿爾赫西拉斯灣，進入浩瀚的大西洋，隨後駛向普利茅斯。航行順利結束後，戰時內閣成員和三軍參謀長們熱烈歡迎我歸來，確實十分高興。我離開英國已有兩個多月，他們一直為我的健康和動向擔憂。如今終於回到家，我對這些忠誠可靠的朋友和同事們心懷感激。

馬拉喀什的療養時光

狄托元帥和南斯拉夫

　　現在要跟讀者談論在歐洲大陸之中，先前未曾提及的一個激烈而陰暗的故事。自從 1941 年 4 月希特勒入侵並征服南斯拉夫後，該地便成為眾多可怕事件的發生地。南斯拉夫的幼王，帶著曾公開反抗德軍進攻的保羅親王等大臣們及其他政府成員，逃至英國尋求庇護。在南斯拉夫的山區，激烈的游擊戰再次爆發，幾個世紀以來，塞爾維亞人一直以這種方式抵禦土耳其人。米海洛維奇將軍是游擊戰的領袖，聚集在他周圍的是南斯拉夫倖存的社會名流。然而，在國際事務的漩渦中，他們的奮戰過程幾乎未被關注。他們的處境是「人類極大苦難」之一。米海洛維奇的許多部屬都是知名人士，他們在塞爾維亞有親友，而在其他地方則有財產和各種可觀的人際社會網絡與資源，這種背景使得游擊隊領袖米海洛維奇遭受不少損失。德軍採取了一種殘酷的恐嚇策略，對游擊隊的活動進行報復，在貝爾格勒曾經成批的槍殺菁英，每次多達四、五百人。在此壓力下，米海洛維奇逐漸改變了立場；他的一些指揮官與德、義軍隊妥協，約定他們留在某些山區不受襲擊，作為回報的交換條件是，他們很少或不進行反抗德軍的活動。那些成功經受住嚴峻考驗的人或許在當時會玷汙米海洛維奇的聲譽，但歷史更能明辨是非，因此不會將這些名字從塞爾維亞愛國者的名單中抹去。到了 1941 年秋季，塞爾維亞人對德國恐怖行為的抵抗幾乎名存實亡。這場民族奮戰只能靠普通人民固有的英勇精神支撐，而這種精神在民間並不缺乏。

　　為了保衛民族和抵抗德國侵略者，一場如烈焰般激烈的戰爭在游擊隊員之間爆發。狄托在這些游擊隊中很快取得領導地位，他是一位非凡的人

狄托元帥和南斯拉夫

物,不久便鞏固了他的影響力。狄托(這是他的化名)是一名接受過蘇聯訓練的共產主義者;在希特勒入侵蘇聯之前以及南斯拉夫遭襲後,他根據共產國際的指示,在達爾馬提亞海岸地區推動政治罷工。然而,當信仰共產主義與對拯救苦難中祖國的強烈熱情在他的內心深處結合後,狄托乘勢崛起為領袖。他的追隨者是一些除了生命以外一無所有的人,他們隨時準備獻出生命,而在犧牲之前,他們會先消滅敵人。這使得德軍無法透過屠殺菁英或重要人士來解決問題。這群人是無所畏懼的,只有徹底消滅才能制伏。在狄托的指揮下,這些游擊隊員從德軍手中奪取武器,迅速擴充力量。儘管德軍對人質或村莊進行殘酷報復,也無法遏制他們的行動。對他們而言,不是犧牲生命,就是贏得自由。就這樣,他們不僅對德軍造成了重大損失,並且還控制了大片地區。

真正的游擊運動與那些對敵人三心二意抵抗,或與敵人勾結以換取豁免傷害的南斯拉夫人之間,不可避免地爆發激烈衝突。游擊隊故意破壞「採特尼克斯」(Cetniks)——米海洛維奇部屬的稱謂——與敵人簽訂的任何協定。德軍因此處決「採特尼克斯」的人質,而「採特尼克斯」為了報復,向德軍提供有關游擊隊活動的情報。這些情況在荒山野嶺中頻繁發生,而且無法控制。這是時代悲劇中的悲劇。

我在專注處理其他事務的同時,也盡量關注這些事態的發展。我們除了空投一些援助物資外,無法提供額外的支持。我們的中東總部負責該戰區的所有軍事行動,並籌組了一個情報員和聯絡官團隊,以保持與米海洛維奇部隊的聯繫。1943年夏天,我們攻入西西里島和義大利時,我對巴爾幹半島國家,特別是南斯拉夫,始終心繫不忘。在此之前,我們派遣的人員僅與米海洛維奇的部隊聯繫,他們代表抵抗德軍的正式組織和當時位於開羅的南斯拉夫政府。1943年5月,我們實施新政策,決定派遣少數英國軍官和士兵與南斯拉夫游擊隊建立聯繫,儘管游擊隊和「採特尼克斯」之

間正發生激烈衝突,而狄托以共產主義者身分進行的戰爭,不僅抵抗德國侵略者,還反對塞爾維亞王朝和米海洛維奇。1943 年 5 月底,曾任牛津大學特別研究員並在戰前協助我著述 5 年的迪金上尉,透過空降傘降落至目的地後,建立了與狄托的聯繫管道。其他英國派遣人員緊隨其後,到 6 月,已經收集到大量證據。三軍參謀長於 6 月 6 日報告稱:「根據陸軍部獲得的情報,顯然,『採特尼克斯』已經與黑塞哥維那和門的內哥羅的軸心軍隊達成了不可逆轉的妥協。在最近的戰鬥中,擊敗軸心國軍隊的不是『採特尼克斯』,而是組織良好的游擊隊。」

6 月底前,我意識到如何透過在南斯拉夫對抗軸心國的地方性抵抗運動獲取最佳成果。在收集所有情報後,我於 6 月 23 日在唐寧街主持了一次三軍參謀長會議。在討論過程,我強調了盡一切可能支持南斯拉夫反軸心運動的重要性,因為該運動在其附近地區牽制了約三十三個軸心師。此問題極為重要,因此我指示增加對南斯拉夫的援助,包括在必要時減少對德國的轟炸和反潛艇戰,以提供更多的資源至當地。

7 月 7 日,在我們即將於西西里島登陸的前夕,我請亞歷山大將軍留意這些可能性。

首相致亞歷山大將軍

1943 年 7 月 7 日

我相信你已經了解南斯拉夫近期的激烈衝突,以及希臘開始出現的普遍罷工潮與游擊戰。阿爾巴尼亞同樣應被視為一個潛力巨大的地點。所有這些行動僅在英國空投少量補給的支持下得以發展。如果我們能夠控制亞得里亞海的出口,只需幾艘船進入達爾馬提亞或希臘的港口,便可能在整個巴爾幹半島西部點燃戰鬥的火焰,產生深遠影響。然而,這些目標與我們在其他地區追求的目標一致。

狄托元帥和南斯拉夫

兩週後，我在以下關鍵電報中闡述了我對義大利和巴爾幹戰場之間重要連繫的看法：

首相致亞歷山大將軍

1943 年 7 月 22 日

在 8 月 15 日之前，我將帶領參謀團隊前往加拿大與羅斯福總統會面。因此，當西西里島的敵人很可能被徹底清除之際，我們將齊聚一堂……

我已將一份報告委請一位軍官轉交給你。這份經過我整理的報告，詳細描述了狄托的游擊隊在波斯尼亞進行的卓越抗戰，以及米海洛維奇在塞爾維亞強悍而冷酷的活動。此外，阿爾巴尼亞和最近的希臘也有游擊隊的反抗行動。德軍不僅派遣師團增援巴爾幹半島，還不斷提升這些師團的能力和機動性，同時加強訓練當地的義大利部隊。敵人無法將這些軍隊調往其他地區；如果義大利崩潰，甚至連德軍本身也難以承受這種壓力。如此發展下去，我方在巴爾幹半島方面，將會取得巨大的戰果。

任何目標皆無法與占領羅馬的目標媲美，而攻克羅馬將為後續階段帶來預期從解放巴爾幹半島過程中獲得的諸多利益……義大利的崩潰及其在德國其他衛星國中引發的效應，以及由此導致出現德國完全孤立的可能性——這一切，不難想像會在歐洲產生決定性的影響，尤其是考慮到俄國軍隊展現出的強大力量。

此電文充分傳達了我的所有想法，我深信這與三軍參謀長的看法一致。

在動身前往魁北克之前，我決定為在巴爾幹半島的進一步行動做好準備。我指派了一名高級軍官，率領一個龐大的代表團與戰地游擊隊接觸，並授權他直接向我建議我們未來對游擊隊的行動方案。

首相致外交大臣

1943 年 7 月 28 日

　　菲茨羅伊・麥克萊恩先生（下議院議員）是一位勇氣非凡的人物，兼具議員身分和外交部的背景。他即將前往南斯拉夫，與狄托合作。我們計劃未來派遣一名准將擔任指揮官。我認為應全力支持麥克萊恩，使其成為擬議中任何代表團的領袖，並安排一名優秀的陸軍參謀供其調遣。我們需要一位兼具大使和領袖才能的勇者，與這些頑強且不斷被追擊的游擊隊員合作。

　　1943 年 9 月，代表團在南斯拉夫傘降後，發現局勢已經徹底改變。義大利投降的消息僅透過官方電臺傳達至南斯拉夫。儘管沒有任何預先通知，狄托迅速採取了有效行動。數週內，游擊隊繳械了六個義大利師，另有兩個師投降並與游擊隊聯合對抗德軍。南斯拉夫現可利用義大利裝備武裝的部隊超過八萬人，並成功占領亞得里亞海岸線的大部分。我們現在有絕佳機會加強在亞得里亞海與義大利前線相關的陣地。南斯拉夫游擊隊總人數達二十萬，雖然主要從事游擊戰，但也廣泛參與對抗實施越加凶狠報復措施的德軍。

　　在南斯拉夫，隨著戰鬥的逐步白熱化，狄托與米海洛維奇之間的對立越加激化。狄托的軍事實力日漸增強，使得南斯拉夫君主制及流亡政府的最終地位問題更加尖銳。在戰爭結束之前，倫敦和南斯拉夫國內進行了真誠且持久的努力，試圖在雙方之間達成可行的妥協。我曾經期望俄國人對此問題進行調解。1943 年 10 月，艾登先生赴莫斯科時，南斯拉夫問題被納入會議議程。在 10 月 23 日的會議上，他對我們的立場進行了坦率而公正的闡述，希望能實現盟國對南斯拉夫的共同政策，但俄國既無意交換情報，也不願討論行動計畫。

狄托元帥和南斯拉夫

即便數週之後，我仍然意識到，在南斯拉夫敵對黨派間達成任何可行協定的希望依然渺茫。

前海軍人員致羅斯福總統

1943 年 10 月 23 日

儘管南斯拉夫的狄托派與米海洛維奇派之間，以及希臘游擊隊的兩個派系彼此出現了令人不安的紛爭，巴爾幹半島的局勢仍然讓敵人感到棘手……我們英國大約有八十個獨立的派遣單位，在威爾遜將軍的指揮下，分布在九百英里長、約三百英里寬的廣闊山區，與游擊隊和愛國部隊合作。我們派駐當地的一些准將級軍官表現出色，許多人已經在那裡駐紮兩年……

戰鬥展現出極端的殘酷與血腥，而德軍則以殘暴的報復行動和槍殺人質作回應，敵方亦遭受重大損失。當前在該戰區投入的兵力不少於二十五個德軍師和八個保加利亞師，然而仍無法控制主要城市以外的區域，並且維持鐵路交通的暢通日益困難。我們期望能夠盡快調解希臘方面的爭端，但狄托游擊隊與米海洛維奇所帶領塞爾維亞人之間的分歧卻極為深刻。

我對未來的預見是悲觀的，事實證明我是對的。11 月底，狄托在波斯尼亞的亞伊策召開了一場關於他所領導運動的政治代表大會，不僅成立了一個「代表南斯拉夫民族的唯一權力」的臨時政府，還公開剝奪了在開羅的南斯拉夫王國政府的一切權利。在國家解放之前，南斯拉夫國王被禁止回國。游擊隊無疑已經成為南斯拉夫抗戰的主力，尤其是在義大利投降之後。然而，在國家被占領、內戰肆虐以及政府流亡國外的背景下，關鍵問題是：關於南斯拉夫未來政權的任何政治決定不應該是不可逆轉的。米海洛維奇，這個悲劇性人物，已經成為主要的障礙。我們必須與游擊隊保持緊密的軍事連繫，因此勸說南斯拉夫國王解除米海洛維奇的陸軍大臣職務。1943 年 12 月初，我們終止了對米海洛維奇的正式支援，並召回在他

控制地區內活動的英國代表團。

在德黑蘭會議上,南斯拉夫問題的討論是基於上述背景進行的。儘管三大盟國決定給予游擊隊最大支持,但史達林卻認為南斯拉夫在戰爭中的角色僅是次要的,俄國人甚至質疑我們所提出駐紮在巴爾幹半島軸心國師團數量的統計。不過,在艾登先生的推動下,蘇聯政府同意派遣代表團前往狄托處,同時也願意與米海洛維奇保持聯繫。

我從德黑蘭返回開羅後,會見了南斯拉夫國王彼得,並向他說明了游擊運動的力量和重要性,同時建議他考慮免除米海洛維奇在內閣的職務。南斯拉夫國王返回祖國的唯一希望在於,透過我們的調解,迅速與狄托達成某種臨時協定,且要在游擊隊進一步控制國家之前達成。俄國人也表示願意為達成妥協而努力。12月21日,蘇聯大使將以下函件交給艾登先生:

蘇聯政府意識到,目前狄托元帥及南斯拉夫民族解放委員會與南斯拉夫國王彼得及其政府之間的關係極為緊張。雙方之間的互相攻擊和嚴厲譴責,特別是最近發生的一些事件,已導致公開的敵對行為,妨礙了南斯拉夫的解放鬥爭事業。蘇聯政府同意英國政府的觀點,為了南斯拉夫人民抵抗德國侵略者的利益,必須努力尋求雙方合作的基礎。蘇聯政府意識到在實現這個目標時將面臨巨大的困難,但願意竭盡全力尋找雙方的共同點,以便聯合所有南斯拉夫人民的力量,為盟國的最大戰爭利益而努力。

在如此不利的局勢下,我幾乎獲得了一致的策略建議。曾與狄托共事的軍官,以及負責駐紮在米海洛維奇地盤的代表團軍官,意見大致相同。英國駐南斯拉夫王國政府大使史蒂文森先生也持有類似觀點。12月25日,他致電外交部表示:「我們的政策必須基於三個新因素:游擊隊員將成為南斯拉夫的主導力量。他們在軍事上對我們具有重要價值,因此我們必須讓政治服從軍事,並給予他們全力支持。我們是否還能將這個君主政權視為南斯拉夫的統一因素,令人極度懷疑。」

狄托元帥和南斯拉夫

在我於馬拉喀什臥病之際，南斯拉夫事件的危機令我憂心忡忡。與我曾在開羅共事的麥克萊恩，現正籌劃返回南斯拉夫。他希望我的兒子能與他同行，因此商妥倫道夫將以跳傘方式加入代表團。

首相致外交大臣

1943 年 12 月 29 日

倫道夫目前正等待機會傘降至南斯拉夫。於本月 25 日，他向我提交了以下備忘錄。我認為這些意見是可行的，並大體上反映了你我的觀點。他將在近日啟程。

1. 三週前在開羅的時候，史蒂文森並沒有意圖反駁麥克萊恩和迪金的以下觀點：在南斯拉夫進行任何有效政治行動的首要條件是解除米海洛維奇將軍的職位。儘管雙方曾激烈辯論，然而今天採取這個措施和三週前一樣正確，儘管也許因為南斯拉夫國王的拖延，我們只能獲得軍事而非政治上的利益。

2. 在開羅期間，麥克萊恩強調，南斯拉夫國王免去米海洛維奇的職務，不會因此獲得任何直接利益，但這種行動可能為國王的未來營造一種有利的氛圍。儘管這個觀點已經受到某種程度的影響，但在一定範圍內，如今依然成立。

3. 因此，務必要實現以下兩項：

（1）英王陛下政府應立即拒絕承認米海洛維奇，並盡可能促使南斯拉夫國王彼得解除其職務。

（2）麥克萊恩應立即返回狄托總部，努力實現以下兩點：一是從這個局勢中爭取最大的軍事利益；二是調查因米海洛維奇被罷免而引發的新局面，將為南斯拉夫國王帶來何種好處。

我附上個人見解以及致狄托的回信草稿。

首相致外交大臣

1943 年 12 月 30 日

目前無法要求狄托承認彼得國王，以此作為撤換米海洛維奇的交換條件。一旦米海洛維奇被免職，國王的處境將顯著改善，我們也能在狄托的總部為他辯護。我憶起在開羅討論時，大家一致同意建議彼得在年底前解除米海洛維奇的職務。迪金和麥克萊恩所描述的情況，以及我收到的所有報告，都表明他曾積極與德軍勾結。不僅我們本身，以及南斯拉夫國王也必須與他斷絕關係，隨後才能促成雙方的和解。

我是否應該發送以下電文，還是僅僅表達友誼上的感謝，請告知你的看法；若選擇後者，我擔心會錯失與這位重要人物建立個人關係的良機。

我不希望這份私人電報驚動美國和史達林，因為那樣可能會延誤時間。如果你沒有異議，我計劃將其作為信件透過航空郵寄給在巴里的麥克萊恩，由他轉交。他和倫道夫將在幾天內空降前往南斯拉夫。請告知你將如何終止與米海洛維奇的關係，並請國王採取相同行動。我相信，這是彼得唯一的機會。

在 1 月 2 日致外交大臣的電報中，我再次提到：

我已經深信我所了解且信任之人的言論：米海洛維奇是懸於幼王頸上的磨石，若不將其驅逐，幼王將無任何機會。

外交大臣表示同意，於是我致函狄托。他曾來信祝賀我恢復健康。

1944 年 1 月 8 日

我深感謝意，承蒙您本人及南斯拉夫英勇的愛國游擊隊對我健康的親切問候。經由我的友人迪金少校，我已經知悉你們所付出的所有英勇努力。我最迫切的願望是透過海上補給、空中支援以及派遣遠征隊來協助你們在島上作戰，盡一切人力所及為你們提供援助。麥克萊恩准將是我的朋友，同時也是下議院的同僚。我的兒子倫道夫・邱吉爾少校不久將與他一

狄托元帥和南斯拉夫

起在你們總部工作，他同樣身為議員。

我們目前的首要任務是清除納粹和法西斯在歐洲的殘餘勢力。請相信，英國人絕不打算對南斯拉夫未來的政府形式作出武斷的決定。與此同時，我們希望所有力量能團結一致，共同擊敗敵人，之後再根據人民的意願決定政府的體制。

我已經下定決心，不再對米海洛維奇提供任何軍事支援，轉而援助你；若南斯拉夫王國政府解除他在各委員會的職務，我們將感到欣慰。然而，國王彼得二世在少年時成功逃離了攝政王保羅親王的控制，作為南斯拉夫的象徵和受難的年輕君主來到了我們這裡。若將他棄之不顧，對大不列顛而言，這將不是一項光榮或正義的行為。我們也不能要求他與自己的祖國完全斷絕現有的連繫。因此，我希望你能理解，我們在任何情況下都將維持與他的正式關係，同時向你提供一切可能的軍事支持。我也希望雙方的爭端能夠得到解決，因為持續這種情況只會使德軍得利。

請相信，在我的工作中，我與史達林元帥和羅斯福總統始終保持著最緊密的連繫；我衷心希望，蘇聯政府派遣到你總部的軍事代表團，能夠如同麥克萊恩准將領導的英、美代表團一樣順利合作。你的來信請透過麥克萊恩准將轉達給我。任何你認為我能夠協助的事宜，請告知，我必將全力以赴。

願你們的痛苦終結，願全歐洲從專制的束縛中解脫……

大概一個月後，我才收到回信：

狄托元帥致首相。

1944 年 2 月 3 日

1. 我已經收到麥克萊恩准將轉交的來信。這是一份珍貴的例證，顯示出在我國人民為自由和獨立奮戰時，我們身邊有一位深刻理解我們需求和願望的真正朋友和盟友。對我個人而言，你的來信是一種殊榮，因其表

明你對我們民族解放軍的戰鬥給予高度讚賞。我衷心感謝你贈送附有題詞的德黑蘭會議照片。閣下可以確信，我們將努力保持你在我們國家歷史上最艱難時刻所給予的珍貴友誼。由於國家遭受破壞，人民飽經憂患，因此我們不僅在戰時，也在未來的和平時期需要偉大盟國的援助，以治癒無恥法西斯侵略者帶來的嚴重創傷。我們希望，作為與我們共同敵人作戰的盟友，我們將全力履行我們的責任。盟國給予我們的援助對緩解戰爭局勢產生了巨大影響。我們還希望能依靠你的幫助獲得重武器（坦克和飛機）；這些武器在戰爭現階段對我們民族解放軍極為重要。

2. 我深知您對彼得二世國王及其政府的職責。在符合我們民族利益的前提下，我應盡力避免無謂的政治紛爭，並在此議題上不為盟國製造困擾。然而，閣下，我明確地告訴您，這場艱苦的解放鬥爭所引發的國內政治局勢，不僅僅是某些個人或政治團體的工具，而是所有愛國者、所有參與戰鬥並與此鬥爭有深厚淵源之人士不可抗拒的願望。這些人在南斯拉夫各族人民中占據絕大多數，因此，人民為自己設下了艱難的任務，我們有責任去完成這些任務。

3. 目前，我們所有的努力都集中在以下幾個方面：

（1）團結所有愛國和正直的人士，以便最大限度地展開對侵略者的鬥爭；

（2）促進南斯拉夫各民族之間的團結與友愛，這種團結與友愛在戰前是缺乏的，導致了國家的災難；

（3）創造條件建立一個讓南斯拉夫所有民族都感到幸福的國家，即一個真正民主、實行聯邦制的南斯拉夫。

我深信，你能理解我們，並會在我們的人民鬥爭中給予寶貴的支持。

南斯拉夫元帥狄托謹啟

我立即回覆：

狄托元帥和南斯拉夫

首相致狄托元帥（在南斯拉夫）

1944年2月5日

  1. 前函已經安全送達，甚感欣慰；收到回信，倍感快慰。我理解你對國王彼得持保留態度。過去幾個月，我一直主張建議他解除米海洛維奇的職務，並面對所有現任顧問因此而辭職的問題。我在行動上猶豫不決，因為有人認為這等同於建議他放棄身邊僅有的支持者。你會理解，我對他有個人責任感。他若撤職米海洛維奇，是否能促進與您及運動之間的友好關係，並使他未來加入你們的運動，若能告知你的看法，我將不勝感激。關於未來君主政體的問題，應待南斯拉夫完全解放後再行討論。若你與國王之間能達成可行協定，必將團結更多力量，特別是目前被疏遠的塞爾維亞派，這將提升你們政府和運動的威望並獲取更多資源。在這樣的情況下，南斯拉夫才能在這個多變的初創時期，在盟國會議上以一致的聲音發言。我希望你能提供我所請求的答覆。

  2. 英王陛下政府期望你們召集所有愛國且正直之士，盡可能有效地繼續反抗侵略者的戰鬥；其次，促進南斯拉夫各族人民的團結和友愛；最後，為實現真正的民主和聯邦制的南斯拉夫創造條件。在上述這些方面，你必定會得到英王陛下政府的支持。

  3. 我已經要求地中海盟軍最高司令立即組織一支具備兩棲作戰能力的突擊隊，在空軍和小型艦隊的支援以及你們的合作下，進攻達爾馬提亞海岸一帶德軍占領的島嶼守軍。如能使用即將調來的部隊，則沒有理由不能消滅這些守軍。此外，我們必須努力從海上建立一條直達你們那裡的交通線，雖然可能需要隨時調整其路線。僅憑這條交通線，就能按照你們部隊的需求，將坦克、反坦克炮、其他重型武器及必要補給運送給你們。關於這一切，你可以與麥克萊恩准將商談。他是我信任的人，並可直接與我和最高司令聯繫。

狄托的回信：

1944 年 2 月 9 日

　　我需要與南斯拉夫民族解放委員會及反法西斯民族解放委員會的成員討論你信中提到的各項事宜。經深入分析，我們得出了以下結論：

　　1. 正如所知，1943 年 11 月 29 日，南斯拉夫反法西斯民族解放委員會在其第二次會議上堅定地表達了對南斯拉夫民族聯盟的支持。然而，只要南斯拉夫和開羅各有一個政府存在，全面團結就難以實現。因此，必須解散開羅的政府並阻止德拉扎·米海洛維奇的活動。該政府需向南斯拉夫反法西斯民族解放委員會的政府報告其浪費的鉅額國家資金。

　　2. 南斯拉夫民族解放委員會應被同盟國認可為南斯拉夫唯一的政府；若國王彼得二世支持該委員會，他便應遵從南斯拉夫反法西斯民族解放委員會的法規。

　　3. 若國王彼得接受這些條件，並同意南斯拉夫的君主制問題將在南斯拉夫解放後，由人民自由意志決定，則反法西斯民族解放委員會願意與其合作。

　　4. 國王彼得二世應發表宣告，表明他只關注祖國的利益，希望祖國獲得自由，並讓人民在戰後依其自由意志決定國家組織形式；在此之前，他將全力支持南斯拉夫各族人民的艱苦奮鬥……

首相致狄托元帥

1944 年 2 月 25 日

　　我完全理解你的困境，並欣賞你面對這些挑戰的勇氣。我感激你對我困難的理解。我們的首要行動是安全撤回我方駐紮在米海洛維奇那裡的聯絡官。該命令已經下達，但可能需要幾週的時間才能完成。現在，你能否向我保證，如果國王彼得與米海洛維奇及其他不良顧問斷絕關係，並且確

狄托元帥和南斯拉夫

保南斯拉夫各族人民在戰後能夠自由選擇自己的憲法,這個原則始終不變,他是否能得到你的邀請與他的同胞們一起抗擊敵人?如果我對這位青年人的判斷正確,他最渴望的就是與所有抵抗共同敵人的南斯拉夫各族人民站在一起。但此時你需要理解,在尚未確定他是否能依賴你的支持與合作之前,我無法要求他解除米海洛維奇的職務,放棄他的政府,以及切斷目前與塞爾維亞人的所有聯繫。

我已經建議彼得國王返回倫敦與我商討此事。因此,我希望你經過深思熟慮後能調整你的要求,以便我們共同努力實現南斯拉夫的統一來對抗共同的敵人。請向我提出明確而肯定的要求,不要猶豫不決。如果現在我無法完全滿足你的願望,請相信,這並非出於對你和你的國家的善意不足。

1944年2月,我向國會詳細闡述了所有情況,所述各節如下:

游擊隊依據游擊戰的原則組成,他們在極為精妙的指揮下,能夠神出鬼沒,給予敵人致命打擊。他們時而出現在南方,時而現身北方,蹤跡飄忽不定。儘管德軍曾對他們展開大規模圍剿,游擊隊每次即便被重重包圍,仍能在重創敵人後成功撤離。不久,游擊隊的人數便超過了米海洛維奇將軍的部隊。投奔狄托元帥的,不僅有克羅埃西亞人和斯洛維尼亞人,還有大量塞爾維亞人,如今狄托麾下已有二十五萬人,並從敵軍或義大利軍隊繳獲了大量武器,這些人目前已經編成多個師和軍極不對了。

整個運動已經形成一定勢力並且明確組織起來,但它仍保留了游擊隊的特色;倘若沒有這種特色,運動是不可能成功的。以這些英勇的部隊作為中心和基礎,一個民族的、產生統一作用的運動發展起來了。共產黨幸運地成為創始者,但當運動在實力和數量方面增強後,便產生了一種調整和統一的過程,並且增加了民族觀念。游擊隊認為狄托元帥是一個傑出的領袖,而他在爭取自由的戰鬥中獲得了顯赫的聲譽。不幸的是,而且也許不可避免的是,這些部隊與米海洛維奇將軍所指揮的部隊發生了衝突。米

海洛維奇所屬士兵的活動打亂了他部下的指揮官們與敵人的妥協。他企圖鎮壓他們,於是在同種、同國的人們中間,引起了許多悲慘的鬥爭和深仇大恨;而他們之所以不幸,則完全是因為有了共同的敵人。

「在過去相當長的一段時間裡,我對狄托元帥的動向給予了特別關注,並一直竭力採取一切可能的措施來援助他。我的一位年輕朋友,牛津大學的特別研究員迪金上尉,即現已獲得功勳勳章的迪金中校,大約在一年前經由跳傘進入南斯拉夫境內,在狄托元帥的總部工作了八個月。有一次,他們兩人被同一枚炸彈炸傷,並因此成為朋友。當然,這是人民之間的友誼,我相信這種友誼在我們的私人交往中是無法建立的。迪金中校的報告為我們提供了關於整個游擊隊奮鬥過程及其人物的生動畫面。」

在倫敦流亡的南斯拉夫人士中,關於南斯拉夫事件的政治爭論已經持續了兩個月。隨著時間的推移,雙方達成互利和解的機會逐漸減少。

首相致外交大臣

1944 年 4 月 1 日

我主張盡力促使南斯拉夫國王擺脫他當前的顧問團隊,因為他們已經成為他的負擔,並使他遭逢更多不幸的狀況。你知道,我曾預期這件事應在去年年底前完成。我不明白現在這樣拖延下去有什麼好處……我始終認為,國王應該與米海洛維奇斷絕關係,接受普里奇政府的辭呈或將其撤職;而且即使數週內沒有政府也不會有太大影響……我同意彼得國王應該發布適當的公告。我想我們目前只能做到這一步。

……我從某個消息來源獲悉,德軍已經命令三個師團撤離南斯拉夫,調往匈牙利以鎮壓局勢;顯然,對於狄托的部隊而言,首要任務是與匈牙利游擊隊建立聯繫,並充分利用其北部當前的局勢。

所有這些進展對狄托而言都是有利的,然而對南斯拉夫國王及其聲名狼藉的政府來說,卻顯然無甚益處。若不迅速採取行動,我認為他將失去

狄托元帥和南斯拉夫

恢復王位的良機，你在備忘錄中也已經表達了類似的看法。自從我們在開羅就這些問題進行討論以來，我們已經看到蘇聯派出一個龐大的代表團前往狄托總部，毫無疑問，蘇聯人將毫不掩飾地建立一個由狄托掌控的共產黨南斯拉夫，並指責所有與此相悖的措施為「不民主的」。

因此，我期望你迅速採取行動，為南斯拉夫國王起草一份恰當的宣言，促使他驅逐普里奇及其黨羽，斷絕與米海洛維奇的所有聯繫，並籌組一個既能應對當前局勢又不致引起狄托反感的臨時政府。這樣一來，我們或許在未來五、六週內還有機會改善他們之間的關係。我們沒有理由因為塞爾維亞政治的複雜性而抑制那些願意或有可能被激勵起來與游擊隊並肩作戰的軍事力量。

到了5月底，米海洛維奇才被解職。舒巴西奇博士，這位穩健的政治人物，受邀籌組新政府，他曾擔任克羅埃西亞總督，是馬切克博士的農民黨成員。

首相致狄托元帥（在南斯拉夫）

1944 年 5 月 17 日

在英方建議的影響下，國王彼得二世今晨解散了由米海洛維奇將軍擔任陸軍大臣的普里奇內閣。他目前正計劃由克羅埃西亞總督伊凡·舒巴西奇博士領導，籌組新內閣或成立國務會議。這個舉措無疑會得到英王陛下政府的熱烈支持。

我們無法預見這將在南斯拉夫－塞爾維亞地區引起何種迴響。米海洛維奇身為總司令，在當地無疑處於強勢地位。他不會因被解除陸軍大臣職務而失去影響力。我們無法預測他的行動。當地還有一大批塞爾維亞農民，總數約為二十萬人；他們反對德國人，但持有強烈的塞爾維亞民族意識，並且自然地秉持與卡爾·馬克思理論相悖的農民有產階級觀念。我的目標是促使這些力量與你合作，實現一個統一且獨立的南斯拉夫，以便徹

底驅逐希特勒的劊子手和侵略者離開南斯拉夫的土地。

這些變動應當獲得適當的機會,以便朝著有利於整體目標的方向演進,這對於共同的事業以及我們與貴方的關係極為重要。若你倉促地對這些變動進行公開批評,我將感到非常遺憾。歐洲即將發生具有決定性意義的事件。義大利的戰事正向著有利於我們的方向發展。威爾遜將軍向我保證,他決心給予你大力支持。因此,我認為有理由要求你至少在幾週內不發表任何不利於這次新事件的言論,直至我們能夠就此交換電文為止。

麥克萊恩准將在我這邊,目前正與我共事。他將在三週內攜帶他在此期間收集的所有意見前往你處,我希望你至少等到他返回。

同時,我對你在各個戰線上成功牽制了敵軍多個師團再次表示祝賀。狄托元帥,你將會明白,戰爭很快就要達到最為激烈的階段,英、美和俄國的部隊將對共同的敵人發動猛烈攻勢。在這個關鍵時刻,你必須全力以赴。我雖然不能保證敵人的力量會迅速瓦解,但這種可能性確實存在。

5月24日當天,我再次寫信並表示:

國王已經將普里奇及其追隨者驅逐,我相信前克羅埃西亞總督會在他周圍凝聚某種勢力。依我看,政府此刻應採取不干涉的立場,讓局勢自然而然地演變。我認為這確實吻合你在我們最初電報交流中所表達的觀點。我正持續向俄國和美國方面通報我們之間交流的所有看法。

如果倫道夫踏足你的區域,請代我表達對他的問候。麥克萊恩即將返回你那裡。我本也希望能親自前往,只是年事已高,體重過重,無法進行跳傘。

關於這方面的情況,可以就此打住。接下來探討一下同樣變化多端但範圍更為廣泛的其他方面之情況。

狄托元帅和南斯拉夫

安齊奧突擊行動

在 1944 年 1 月的前兩週，我們緊鑼密鼓地為「海濱沙石」——安齊奧戰役的代號——做準備。同時，第五集團軍發動初步行動，以分散敵軍注意力並誘使其後備軍遠離灘頭堡。為此，第五集團軍展開一系列攻勢，試圖跨越加里利亞諾河和拉皮多河，而法國軍團則從右翼迂迴，威脅卡西諾北面的高地。戰鬥異常激烈，因為德軍顯然決心阻止我軍突破古斯塔夫防線；這條防線以卡西諾為中心，是其縱深防禦的最後堡壘。德軍在這些重巒疊嶂的山中，利用大量鋼筋水泥，構築了一個堅固的防禦工事。從高處的觀察哨可以用炮火掌控山谷中的一切動向。

第五集團軍在隆冬的嚴酷氣候中完成了初步的襲擊後，於 1 月 12 日展開了主要攻勢，與此同時，法國軍團從北部側翼推進了 10 英里。三天後，美國第二軍攻下了前進利里河的最後屏障特羅基奧山，並在渡河後建立了橋頭堡，但未能維持。這時，英國第十軍渡過了加里亞諾河下游，攻占了明圖爾諾和卡斯特爾福特的外圍，但在嘗試繼續向北推進時遇到了阻礙。其右翼部隊也未能拿下聖安布羅吉奧。

然而，這一系列行動對敵軍產生了我方預料中的效果，使其未能關注靠海端脆弱側翼面臨的威脅，並迫使其從後備部隊中抽調出三個精銳師以企圖扭轉局勢。敵軍進攻英國第十軍，但未能使其後撤。1 月 21 日下午，駛往安齊奧的船隊在我方飛機的掩護下順利啟航。此時的天氣對船隊的隱蔽行進極為有利。我們對敵人機場，尤其是佩魯賈的德國空軍偵察機基地進行了猛烈轟炸，導致許多敵機無法起飛。凱塞林的參謀長維斯特法爾將軍生動地描述了當時德軍總部的情形：

安齊奧突擊行動

1月21日，德國情報署署長卡納里斯海軍上將親臨集團軍群總部，我們敦促他分享關於敵軍可能企圖進行登陸的任何情報。我們尤其關注航空母艦、戰鬥艦和登陸艇的相關消息。卡納里斯沒有提供具體的細節，但他認為近期內無需擔心新的登陸行動。他的判斷似乎是正確的。此時，不僅空中偵查幾近停滯，德軍的反間諜活動也幾乎完全中止。卡納里斯離開總部幾個小時後，敵軍在安齊奧發起了登陸。

我懷著既緊張又自信的心情，期待這次關鍵行動的結果。

我撥通了給史達林的電話：

1944年1月21日

我們已經對保衛羅馬的德國軍隊展開了大規模進攻，關於這次行動，我在德黑蘭時曾與你討論過。天候似乎有利於我們的行動。我期望能很快傳達捷報給你。

不久之後得知，由盧卡斯將軍指揮的美國第六軍於1月22日凌晨兩點在安齊奧海灘成功登陸。美國第三師在該城南部展開行動，而英國第一師則在北部登陸。他們幾乎未遭到抵抗，實際上沒有任何傷亡。至午夜時分，已有三萬六千名士兵和三千多輛車輛完成登陸。在現場的亞歷山大發來電報稱：「我們的進攻完全出乎敵人的意料。我強調派遣具有強大打擊能力的機動巡邏隊大膽推進並與敵軍接觸的重要性，但至今尚未收到有關它們活動的報告。」對此我表示完全贊同，並回電道：「感謝您發來的各項消息。您採取攻勢而非固守灘頭堡，這讓我非常欣慰。」

然而，此時卻發生了一場災難，導致突擊的主要目標徹底受挫。盧卡斯將軍全神貫注於確保灘頭堡的占領，並成功將裝備和車輛登陸。英軍第一師的彭尼將軍急於向內地推進，但他的後備旅卻仍與第六軍團滯留後方。1月22日和23日的戰鬥僅是對奇斯泰爾納和康波萊奧尼兩地的小規模試探性進攻。這支遠征軍的指揮官並無整體前進的計畫。截至23日

晚，兩個整編師及其附屬部隊，包括兩個英國突擊隊、美國突擊隊和傘兵部隊，連同大量輜重已經成功登陸。雖然灘頭堡的防禦工事在不斷增強，但我們曾經努力爭取的這個機會卻已悄然流逝。

凱塞林迅速回應了他所面臨的危險局勢。他的大部分後備力量已經被派遣至卡西諾前線與我軍交鋒，但他動員了所有可能的部隊，在48小時內集結了約兩個師的兵力用以阻止我軍的進一步推進。

德國將軍維斯特法爾對上述部署措施的評論極為深刻。

當敵軍在羅馬以南登陸之際，我們僅有附近的某些海岸炮兵及兩營兵力可用……當天，周圍並無其他部隊可調以抗敵。通往羅馬的道路完全開放。若有一支敢冒險的先鋒部隊欲進入這座聖城，實在無人能擋。敵軍登陸後的前兩天，局勢異常緊張。直至兩天後，德軍的反擊才顯現成效。原因何在？1943年12月，德國集團軍群發布了一項適用於整個義大利的全面緊急計畫，明確規定了應調動哪些部隊和縱隊前往敵人可能登陸的地點進行阻擊，並確定了他們的行進路線、調動時間及任務。只需發出「理查案件」的代號，便可執行這些計畫。儘管亞平寧山脈的道路已經結冰，大部分軍隊仍在規定日期前抵達指定地點。德國最高統帥部還從法國、南斯拉夫及本國調遣軍隊增援……敵人卻意外地按兵不動，顯然忙於建立橋頭堡。如此一來，我們得以建立一條面對敵軍的新戰線。此戰線由第十四集團軍總部指揮；該集團軍此前駐紮於義大利北部，指揮者為馮·馬肯森將軍。

儘管凱塞林的側翼構成了威脅，但他抵抗我們在卡西諾進攻的決心絲毫未減。從1月24日截獲的希特勒命令可以清楚看出，德軍的意圖是明確的：

無論付出何種代價，都要堅決捍衛古斯塔夫防線。此役的徹底勝利將帶來政治效應。元首期望以最猛烈的戰鬥守護每一寸土地。

他的指令確已執行。

1月25日，亞歷山大通報稱，灘頭堡已經相當穩固。美軍第三師距奇斯泰爾納四英里，而英軍第一師距康波萊奧尼二英里，雙方在整個戰線上頻繁接觸。27日傳來不利消息。兩地均未取得進展。警衛旅擊退了步兵和坦克的反攻，繼續向前推進，但仍距康波萊奧尼約一英里半，美軍則仍位於奇斯泰爾納南面。亞歷山大表示，他和克拉克將軍對推進速度不滿，克拉克準備立即前往灘頭堡。我覆電說：

首相致亞歷山大將軍

1944年1月28日

得知克拉克將會親臨灘頭堡，感到非常欣慰。如果你們的部隊被困在那裡，而主力部隊無法從南方推進，情況將會非常不利。

然而，事情的進展正是如此。

與此同時，我們繼續對駐守卡西諾的德軍發起攻擊。英國第十軍將敵方的主要增援力量吸引到他們的前線，然後決定向更北的方向進攻，以奪取俯瞰卡西諾的高地，進而包圍該陣地。進展非常順利。美國第二軍成功在卡西諾上方渡過拉皮多河，而法國軍團則在其右翼並肩前進，占領了卡斯特隆山和科勒馬約拉。他們從那裡向南攻擊修道院山，但德軍已經獲得增援，頑強抗擊。到2月初，第二軍的力量已經耗盡。亞歷山大將軍決定需要增援以恢復攻勢。他命令從亞得里亞海岸的第八集團軍調出三個師，組成一個紐西蘭軍，由弗雷伯格將軍指揮。事實上，原計畫透過反攻將敵軍困於前線的第八集團軍，不得不調遣至少五個師的兵力來支援西海岸的激烈戰鬥，並在接下來的幾個月中維持防禦態勢。

在雙重戰線中，激烈的戰鬥顯然已經迫在眉睫，急需增援部隊。波蘭的第三喀爾巴阡師計劃於2月初抵達主要戰線。威爾遜將軍已經準備好駐

紮在北非的第十八步兵旅和第一警衛旅。1月30日，美國第一裝甲師已經在安齊奧登陸，而美國第四十五師正在途中。這一切均需在障礙重重的海灘上進行，或透過狹窄的漁港。海軍上將約翰・坎寧安電告：「目前的情況與在馬拉喀什時設想的用兩、三個師進行快速突進相差甚遠，但你可以相信，海軍將全力為勝利鋪路。」後來的事實證明了這個承諾得到了充分兌現。

在卡西諾戰役達到頂點之際，1月30日，安齊奧的第六軍首次發起猛烈進攻，取得了一些進展。然而，美國第三師未能奪取奇斯泰爾納，英國第一師也未能攻占康波萊奧尼。灘頭堡已經迎來四個師以上的部隊登陸。然而，儘管空軍轟炸了敵方交通線，德軍仍能迅速有效地增援。八個師的主力駐紮在他們鞏固的陣地上與我方對峙。我們占領的營地過於擁擠，遭受敵軍炮火困擾，海灘旁停泊的船隻也在夜間空襲中受損。2月2日，亞歷山大再次視察戰場，並向我詳細報告。德軍的抵抗增強，特別是在奇斯泰爾納和康波萊奧尼，美軍第三師和英軍第一師分別面臨的抵抗變得尤為激烈。在攻克這些據點之前，無法進一步推進。過去兩、三天，第三師為奪取奇斯泰爾納奮戰不懈，但士兵已經疲憊，距城仍有約一英里。第一師的一個旅堅守康波萊奧尼火車站，但他們處於一個狹長的突出陣地，遭受「三面射擊」。亞歷山大總結道：「我們將很快進行周密協調的全力突擊，以切斷敵軍主要補給線，我已經下令準備計畫。」

在亞歷山大的命令尚未執行時，敵軍於2月3日發起反攻，突入英軍第一師的突出陣地，顯然這是未來更激烈戰鬥的序幕。威爾遜將軍在報告中表示：「突出陣地的沿線已被封鎖，我們的軍隊無法再推進了。」

從以下電文中，我對安齊奧戰役的若干特徵表現出相當的擔憂：

安齊奧突擊行動

首相致信威爾遜將軍（駐阿爾及爾）及地中海總司令

1944 年 2 月 6 日

1. 在戰事正酣之時，我不願給亞歷山大將軍帶來額外的精神負擔，同時也對美國三軍參謀長們的詢問並不感到意外。你應解釋以下三點：

第一，為什麼沒有按照規定，在安齊奧使用第五〇四團傘兵；為何現有的英軍傘兵旅在前線被用作普通步兵？

第二，為什麼未在無抵抗登陸後的 12 或 24 小時內嘗試占領高地，或至少控制韋萊特里、康波萊奧尼和奇斯泰爾納等城市？

第三，是美國三軍參謀長提出的問題，為何在德軍撤退等待支援時，沒有在主要戰線上採取猛烈的攻勢？

2. 先前，我在發給亞歷山大將軍的電報中，已經將這些要點提供考量，尤其反對繼續以營、連甚至排的兵力進行小規模攻勢。然而，我要重申，我不希望亞歷山大將軍因回應和解釋已成往事的問題，而對當前正酣的戰爭分心。

威爾遜將軍回應稱，由於克拉克將軍在最後時刻的決策，第五〇四傘兵團選擇了海運而非空運。此外，由於步兵短缺，英國傘兵被派往前線參戰。針對我提出的第二個問題，他表示，上級並非沒有採取行動，亞歷山大和克拉克在最初的 48 小時內曾親臨灘頭堡，推動進攻。盧卡斯將軍雖然成功完成了突襲，但未能充分利用有利局勢。這是他的「薩勒諾心理」在作祟，認為勝利的前提是抵禦敵方不可避免的反擊。在美國第一裝甲師的戰鬥隊抵達之前，他對此任務沒有信心。威爾遜指出，進攻行動進展過於緩慢。他還對在拉皮多河和卡西諾附近突破主要防線的困難進行了說明。

馬歇爾將軍同樣感到憂慮，因此我將該報告連同以下意見一併遞交至華盛頓：

首相致迪爾元帥（在華盛頓）

1944年2月8日

這份報告是否應該轉交給馬歇爾將軍，由你自行決定……我認為，上級指揮官不該「督促」，而應該「下令」。

所有這些戰報讓我感到失望，然而，如果大量敵軍進軍義大利南部作戰，進而遠離其他戰場，這也是非常有利的，我們極需不斷地與他們交戰，即使是消耗戰也好過袖手旁觀俄軍的戰鬥。關於如何避免上述情況，我們也應汲取許多教訓，這對「霸王」作戰計畫是有益的。

坎寧安海軍上將在登陸艇上的實際行動甚至超越了他的承諾。現在我直截了當地向他提出一個問題。

首相致地中海總司令

1944年2月8日

請分別計算7天和14天內安齊奧登陸的車輛總數。如果條件允許且不會耗費過多時間精力，請分別統計卡車、大炮及坦克的數量。

回應迅捷且令人驚訝。截至第7天，共有12,350輛車輛登岸，其中包含356輛坦克；到第14天，共有21,940輛車輛，其中坦克數量為380輛。這些資料顯示坦克登陸艇的運輸總共進行了315次航行。值得注意的是，除了隨著坦克登陸艇往返的4,000輛卡車外，至第14天，約有18,000輛車輛在安齊奧灘頭堡登岸，用以服務於約七萬人的軍隊，其中包括駕駛員及車輛維護和保養人員。

2月10日，我回電說道：

我對您所提供的資料深表感謝。

在這片狹小的區域裡，我們到底有多少人負責駕駛或維護這18,000輛卡車？顯然，我們的駕駛員數量必定相當龐大。令我驚訝的是，敵軍步兵的數量竟然超過了我們。請盡快報告我軍最近在橋頭堡的補給情況。

當天稍晚，收到更多報告。威爾遜將軍表示，因天氣原因，空襲未能執行。英國第一師在極大壓力下被迫後撤，亞歷山大正努力施以援助。

這些情況在國內和美國都引發了極大的失望。我不確定盧卡斯將軍接到了什麼命令，但基本原則是要果斷與敵人交鋒，而他的策略似乎從一開始就違背了這個原則。正如我當時所言，我原本希望我們登陸的是一隻凶猛的野貓，但結果卻是一隻擱淺的鯨魚。到第 14 天為止，我們為七萬人的補給在岸上集結了 18,000 輛車輛，即便包括駕駛員和維修人員，每輛車平均也不到 4 人，而其推進距離僅 12 到 14 英里 —— 這實在令人震驚。在戰鬥力上，我們顯然仍然比德軍強。然而，敵軍在現場從容地調動部隊，迅速填補了因南線戰場而暴露的危險缺口，這令人印象深刻。所有這些都為「霸王」作戰計畫提供了反面教材。

我撥通了亞歷山大的電話：

首相致亞歷山大將軍

1944 年 2 月 10 日

……我認為你可能因為頻繁與美方人員接觸，而不願堅定地行使你的權力，所以選擇建議而非命令前進。然而，你完全有權對他們發布指令；我從美國的最高當局得知，他們希望軍隊接受直接命令。他們表示，美國陸軍是依據普魯士原則組織的，而非較溫和的英國原則，美國指揮官希望接到明確的指令，他們會立即執行。因此，在下達命令時，你應該如同對待我們自己的士兵一樣，不必猶豫。美國人非常好相處，無論環境如何，他們都不會介意。

在 2 月 11 日，亞歷山大回覆電報稱：

戰役的第一階段原本充滿希望，此刻已然結束，因為敵方迅速集結了足夠的兵力來穩定其岌岌可危的局勢。目前，戰役已經進入第二階段，在此階段，我們必須不惜一切代價擊潰敵人的反攻，隨後重整部隊，恢復攻

勢，深入內陸並切斷從羅馬通往南部的敵人交通線。我將全力以赴實現這個目標。第六軍三十五個營的傷亡如下：截至 2 月 6 日，英軍陣亡 285 人，負傷 1,371 人，失蹤 1,048 人。截至 2 月 9 日，美國陣亡 597 人，負傷 2,506 人，失蹤 1,116 人。這些數字包括九個突擊營的損失。人員損失總計 6,923 人。對於你在電文末尾給我的誠懇指示，我深表感謝。你和國內人士的失望，我完全理解。我切望實現我們所期望的目標。

2 月 16 日，敵軍展開了預期中的大規模反攻，試圖在安齊奧將我們驅逐入海。當時敵軍動用了超過四個師的兵力，配備了 450 門火炮，從康波萊奧尼直接向南推進。進攻前，德軍向其部隊宣讀了希特勒的特別命令，要求在三天內剿滅我們灘頭堡的「膿瘡」。敵軍的進攻時機對我們極為不利，因為從卡西諾前線調來的美國第四十五師和英國第五十六師正在支援我們英勇的第一師，而第一師不久將能全力參戰。我方防線被撕開了一個深且危險的楔形缺口，我們的陣地被迫退回到原有的灘頭堡。自從我方防守灘頭堡的部隊全部登陸後，敵軍的炮火持續騷擾，現在更是達到了前所未有的猛烈程度。情勢岌岌可危，已無退路。若敵軍再進一步，不僅能用遠端大炮對碼頭和船隻進行騷擾性轟擊，還能用野戰炮形成一個真正的火力網，封鎖所有交通運輸。我對於這種局勢不抱幻想，生死存亡在此一舉。

之前我們坎坷不已，但隨後因英、美軍隊的英勇反擊而迎來轉機。在希特勒設下的三天期限前，德軍被迫停止進攻。此時，敵軍的突出陣地遭到我軍側面攻擊；我們動用所有火炮進行轟擊，凡是能飛的飛機也參與轟炸，將敵軍的突出陣地削平。戰鬥激烈，雙方損失慘重，但我們贏得了這場關乎生死存亡的戰役。

2 月底，希特勒試圖再次發起攻勢 —— 這完全出於他的堅定決心。東翼的美國第三師遭到德軍三個師的攻擊，而這三個師在先前的失敗中已

經元氣大傷。美軍頑強的防守陣地，德軍的攻勢在一天內被擊潰，傷亡超過 2,500 人。3 月 1 日，凱塞林承認失敗。他的確使安齊奧的遠征受挫，卻未能將其摧毀。我致電羅斯福總統：

在安齊奧灘頭堡戰役中，你們的部隊，尤其是美國第三師，取得了輝煌的戰果，我向你表達最誠摯的祝賀。每當我想到我們的軍隊在多次激烈的戰鬥中並肩作戰，而這些著名的戰績將為我們的歷史增添激勵人心的一頁時，我總是感到深深的感動。當然，我曾因灘頭堡缺乏退路而感到緊張。現在雙方都已經投入大量兵力，僵持局面也可能持續，但我堅信，我們將在此地和卡西諾獲得勝利。

1944 年 2 月 22 日，我在下議院進行了報告，對安齊奧的戰況進行了適當的描述。我提及了當時能夠討論的各種情形。

「在無法預料冬季氣候狀況以及不清楚敵方防空力量的情況下，派遣這支龐大的軍隊出海——首批有四、五萬人——確實不易。這次戰役本身是聯合作戰的一個典範。登陸時實際上未遭到任何抵抗，然而，後來的事態並未如我們所願或計畫般發展。大軍終於成功登陸，配備大量火炮、坦克及數千輛車輛；我們向內陸推進的部隊與敵軍接觸了。

德軍對這次突襲的回應令人震驚。希特勒顯然決意以史達林格勒、突尼西亞以及近期在聶伯河彎曲地帶展現出的頑強抵抗來捍衛羅馬。從法國、義大利北部和南斯拉夫快速調動的德軍不下七個師，他們誓言要消滅橋頭堡並將我們趕入海中。雙方展開了持久且異常激烈的苦戰。與此同時，南面的美、英第五集團軍也全力推進，那邊同樣爆發了一場激烈的戰鬥。

希特勒決定向義大利南部派遣多達十八個師的德軍及其支援部隊，總計約五十萬人，並計劃在義大利開闢一個龐大的第二戰場。從廣泛的戰略視角來看，盟軍並不反對他的這個決定。除非我們對俄國人袖手旁觀，否

則我們總要在某些地方與德軍作戰。這次在義大利的消耗戰牽制住一批部隊，使他們不能用於其他較大戰役中，這對於其他大型的戰役來說，是一個有效的序曲。

次日，史末資將軍發來電報，字裡行間盡顯其廣博見識。

史末資將軍致首相

1944 年 2 月 23 日

你對於英國在大戰中的努力作了很精闢的報告，這將使世界輿論得到深刻的印象。報告提供了許多鮮為人知的新事實，與俄國的輝煌戰績相媲美。它也減弱了我們的宣傳所造成的一種片面印象：相較於俄國勢如破竹的勝利，我們在緬甸和安齊奧的表現顯得遜色。我自己不了解我們在安齊奧灘頭堡的策略，我認為這個陣地應與卡西諾戰線相連繫，其目的在於粉碎義大利南部山區德軍的抵抗。現在我方處於一個孤立的袋形地帶，並未接觸到敵軍的南部主要戰線，而本身卻四面受敵，不能緩和我們在南方所受到的壓力。

您強調了我們空軍在摧毀德國戰爭資源的基地及為未來西方戰場奠定最佳基礎方面所付出的巨大努力，這使得該戰場恢復了其應有的重要性。然而，我個人不打算對該戰場進行過度宣傳，因為這可能帶來不愉快的意外。東線德軍的撤退，不僅因為俄軍的英勇抵抗和我們將德國空軍吸引到其他地方，還可能是由於德軍調回大量戰略後備軍以對抗我們在西方的威脅。在敵人嚴陣以待的戰場上，即使不受挫敗，我們也會遇到嚴重的阻礙，並且難免會有令人失望的事件發生。德方的計畫可能是在西方有效地阻擊我們，然後迅速回到東線以阻止俄軍突入德國，俄軍突入德國無疑是敵人最為恐懼的。如果德軍的計畫並非如此，我便無法理解他們的策略——在義大利，對我們頑強作戰，寸土必爭，而在東線，卻讓俄國取得這樣的勝利。

我們當前的宣傳應聚焦於報導空軍對德國的攻勢，而不必過度強調西

方戰場。我堅信，這將比俄羅斯在陸上的勝利產生更為深遠的影響。

如需徵召任何後備軍，請記得現駐紮於埃及的第六南非裝甲師已經受過良好訓練。只需配備額外的運輸工具，他們便能在合適的戰場上表現出色。

至今，我在此信中表達的觀點依然未變：

首相致史末資元帥

1944 年 2 月 27 日

感謝您的來電。在我於迦太基和馬拉喀什參與會議期間，竭盡所能地克服障礙，以確保安齊奧的大規模兩棲作戰能夠有效組織。我的個人努力並未涉及具體的戰鬥指揮，這些事務在指揮官們安全登陸後，自然應由他們全權負責。在與我進行的多次會談中，亞歷山大強調戰役的關鍵在於迅速奪取阿爾本山。為此，我設法從美國調來第五〇四傘兵團，儘管他們因「霸王」計畫已經被命令撤回。但最終時刻，克拉克將軍決定不動用這支傘兵團；而曾在薩勒諾因指揮軍隊而聞名的 55 歲美國盧卡斯將軍，似乎信心滿滿，認為必須不惜代價抵禦反攻。結果，雖然我在收到成功登陸的消息後立即指示亞歷山大採取攻勢而非固守橋頭堡，但整體計畫卻未能推進。無需多言，後勤估算被證明過於寬鬆，所需物資的數量預估過高。原本為五萬人準備的補給現可供應十七萬人使用，這種好運實在無法否認。

由於幸運的機緣和精心的籌備而獲得的良好開局似乎被輕易放過，這無疑讓我感到極為失望。然而，我對已經發生的事毫不懊悔。如此一來，德軍至少已將八個師調往義大利南部，使那裡的總兵力達到十八個師。我們盡力將更多的德軍師團從「霸王」行動的戰場調離，並在其他地點牽制住他們，這樣，今年整個春季在義大利的艱苦戰鬥便成為主要戰役理想的序幕和配角。這對「霸王」行動的勝利具有極為重要的意義。

我們曾經計劃著要從卡西諾前線向北發動大規模進攻以配合登陸。這樣的策略曾在我們的考量之中，但最終未能實現，因為要沿著卡西諾的利里河谷推進顯然困難重重。當然，我們正全力以赴地促使這兩支部隊會合，下一幕的帷幕隨時可能拉開。一位備受尊敬的年輕美國指揮官特拉史考特現在已經接替了盧卡斯的職位。我對亞歷山大的信任依舊不變。

在國內，這段時間一切安然無恙，儘管小人物們更加活躍，但他們的竊竊私語不久將被雷鳴般的炮火聲所掩蓋。

我真心渴望與你相見。未來的重要時刻，你會陪伴在我身旁，這讓我感到愉悅。

安齊奧戰役的全過程展示了機會與失望、精心的策劃與失地的快速收復，以及雙方的英勇精神。在1月初，德軍最高統帥部曾計劃將五個精銳師團從義大利調往歐洲西北，但凱塞林表示反對，稱此舉將使他無法繼續在羅馬南部作戰，必須撤退。就在爭論激烈之時，盟軍在安齊奧登陸，這改變了局勢。德軍最高統帥部不僅放棄了調兵計畫，還採取了相反的行動。希特勒對第十四集團軍未能將盟軍趕入海中感到憤怒。2月16日反攻後，他要求在義大利作戰的二十名軍官組成的特選團親自向他彙報前線情況。這是二戰期間唯一的一次。維斯特法爾將軍評論道：「他最好親自到前線，那樣他會相信盟軍在空中和火炮方面確實占有優勢。」

關於當時改變計畫的具體情況，我們一無所知。然而，事實證明，我們軍隊在義大利的攻勢，尤其是安齊奧的攻勢，對「霸王」作戰計畫的成功，確實發揮了重要作用。後文將展示其在解放羅馬中的貢獻。

安齊奧突擊行動

卡西諾山地攻防戰

　　義大利政局的動盪和不穩定在新年後越加惡化。墨索里尼的傀儡政權承受著來自德國日益增大的壓力。在義大利南部，巴多格利奧的統治勢力不僅面臨國內陰謀的威脅，還遭受英、美輿論的輕視。在如此複雜且紛亂的狀態下，首先進行反擊的是墨索里尼。

　　他逃離羅馬，抵達慕尼黑，見到了他的女兒埃達和女婿齊亞諾伯爵。他們在義大利投降時從羅馬逃亡。儘管齊亞諾在法西斯黨大委員會的關鍵會議上投票反對岳父，但仍希望透過妻子的影響與岳父和解。在慕尼黑期間，這個願望得以實現，希特勒對此感到憤怒，因為他在齊亞諾一家抵達時就已經將他們軟禁。墨索里尼對那些背叛法西斯的人，尤其是對齊亞諾遲遲不願懲罰，可能是希特勒在此危急時刻鄙視他的主要原因。

　　當「薩洛共和國」的力量逐漸式微至無法挽回的地步，而它的德國盟友也忍無可忍時，墨索里尼才決定展開精心策劃的復仇行動。那些在1943年7月間反對他舊法西斯政權的領導者，只要在德軍占領的義大利境內被捕到的，都在1943年底於維羅納的中世紀城堡中接受審判，包括齊亞諾在內。他們無一例外地被判處死刑。儘管埃達反覆懇求並進行威脅，墨索里尼仍無法給予赦免。1944年1月，這些人，包括齊亞諾以及曾與墨索里尼一起向羅馬進軍的德·邦諾元帥，因叛徒的罪名被處決——他們被綁在椅子上，背後遭到槍擊，無奈地走向死亡。

　　齊亞諾的結局，與文藝復興時期悲劇中的諸多特徵完全相符。墨索里尼屈從於希特勒的報復要求，徒勞地成為眾人的笑柄，而這個崩潰的軸心殘餘——淒涼的新法西斯共和國，仍在加爾達湖邊勉強維持殘局。

在義大利南部，巴多格利奧繼續面臨早期反法西斯主義者遺留下來反對勢力的困擾。自從去年夏季以來，這些反對者組成了若干政治組織，急切希望建立一個他們能夠參與且更廣泛的政府，並試圖廢除君主制；他們聲稱，原先的制度因長時間默許墨索里尼攫取權力而失去公信力。在美國和英國社會，這些活動逐漸獲得民眾支持。1944年1月，六個義大利政黨在巴里召開代表大會，並通過了具有這個意圖的決議。

因此，我撥通了羅斯福總統的電話：

首相致羅斯福總統

1944年2月3日

我迫切地期盼，至少在我們兩國軍隊在當前大戰尚未使我們占領羅馬之前，允許現有的義大利政權繼續執政。我堅信，若此時改變義大利的現行政權，並嘗試從沒有實力的政治黨派中組織新政權，將極大地增加我們的困難。此外，這些黨派一旦進入政府，為了贏得義大利民眾的信任，可能會採取比義大利國王和巴多格利奧更為強硬的手段來維護義大利的利益。我認為，屆時巴多格利奧的介入將更為不利。此外，根據我們的情報，反對義大利國王的行動可能對義大利海軍造成重大影響。大量英、美軍隊正在流血犧牲，因此請著重從軍事角度考慮這個問題。

他的回信再次提供了保證。

羅斯福總統致首相

1944年2月11日

我已經命令國務院，暫時對義大利現有政府不採取行動，以免改變其現狀。待我們在義大利戰役中的軍事局勢顯著改善，並能應付當前協助盟軍的義大利人可能出現的反叛時再行決策。

然而，在我看來，我們應該僅僅將此步驟視為給予這兩位老先生最後一搏的可能性。

我進一步闡明了我的觀點：

首相致羅斯福總統

1944 年 2 月 13 日

  關於我們應在占領羅馬之後再研究全國的部分，我完全贊同。我們目前尚未抵達那裡。紀念林肯誕辰的慶祝活動讓我想到，在到達福克斯河之前，不要談論渡河的問題。

  義大利現有政權系該國的合法政府，與我方簽訂停戰協定後，義大利海軍已經投降，並有部分陸軍和空軍與我方並肩作戰。此政府在接受我方指揮方面，較之我方可能艱難組織的任何其他政府更具優勢。此外，它對艦隊和陸軍軍官的掌控能力，也優於由那些腐敗無能的政黨所組成的政府。而且，這些政黨無論經過選舉還是任命，均無立足之地。新政府若想在義大利人民中建立威信，勢必與我方對立，可能拒絕履行停戰條款。若要求其在不引發叛變的情況下，將部分艦隊交給俄國，我難以想像他們會同意，即便同意，其命令也不會在義大利海軍中生效。因此，我建議屆時再行討論。我全力支持國務院對達爾朗事件的處理。儘管國務院現在似乎對此表示遺憾，回顧過去，我認為當初的處理是正確的。此事件使數千名英、美士兵得以倖存，並讓我們獲得了達卡，而當時若要攻占達卡，我們無力調集大量軍隊。

  我收到了霍普金斯的來信。他展現出一種頑強的精神。聽聞他的身體狀況不佳且需要再次接受手術，這讓我感到非常擔憂。如能告知他的任何近況，我將不勝感激，因為我認為他在十二武士中占據著重要位置。剛剛獲悉他的兒子在馬紹爾群島戰役中陣亡的悲訊。由於我不清楚他的健康狀況是否允許他得知這個消息，因此請您代為轉達。

  鑒於總統與我在關鍵問題上已經達成共識，我於 2 月 22 日在下議院的演說中對義大利的政治局勢進行了闡述：

「義大利的戰爭注定將是一場艱難而漫長的戰鬥。我尚不敢斷言，當前在義大利能建立的任何其他政府能夠同樣有效地指揮義大利的武裝力量。如果我們在當前的戰役中，如我堅信的那樣，取得勝利並進入羅馬，我們將可以自由地討論義大利的整個政治局勢，並且屆時會有許多目前尚不具備的有利條件。只有在羅馬，才可能最妥善地組織一個基礎更廣泛的義大利政府。然而，這樣的政府是否能像當前的政權一樣對盟國有利，我難以預料。當然，這種政府可能會在其能力範圍內盡量抵制任何有利於盟軍的要求，以鞏固其在義大利人民中的立場。然而在戰爭正酣、勝負未定之時，進行不穩定的變革並非我的意圖。當你必須握住一個滾燙的咖啡壺時，若沒有另一把同樣合適的咖啡壺或者至少沒有一塊抹布在手，最好還是不要折斷壺把。」

兩週前，義大利主要政黨的代表齊聚巴里，顯然迫切希望組織新的義大利政府。然而，在現任國王退位或其繼承者邀請他們執政之前，他們既沒有經由選舉產生的權力，更無憲法賦予的合法性。至於他們是否對目前與我們並肩作戰的義大利武裝部隊擁有任何實質性的權力，也難以斷言。義大利在貧困與災難的重壓之下已經近乎崩潰。糧食短缺，而運送糧食的船隻因我們的軍事行動不斷擴展而被全面徵用。我估算，今年盟國方面增加了一千二百萬噸船隻，但由於重要的軍事行動，所有調來的船隻都被徵用，導致運輸資源仍然不足，運糧困難重重。

「若認為義大利的政治狀況或勢力能如同在未遭受戰敗、未受戰爭損害或未經歷法西斯長期統治的國家中那樣正常運作，則是誤判。唯有在我們占領這個首都之後，才能更清楚地了解如何應付該局勢，並取得更多手段以靈活應對。因此，英國政府與美國政府暫時執行的政策是爭取在羅馬戰役中獲勝，待占領後，再決定後續行動。」

2月15日，卡西諾的第二次大規模攻勢始於對修道院的轟炸。修道

院坐落於高地之上，俯視著拉皮多與利里兩河的交會，成為德軍防線的核心。此地已經被證明為一個堅固的防禦屏障，不易攻克。修道院位於被炮火洗禮的峭壁頂端，這座著名的建築在過往戰爭中多次遭受劫掠和破壞，隨後又重建。是否再度摧毀此建築，引發爭議。儘管修道院內無德軍駐守，但由於該建築與敵方修築的堡壘密不可分，控制著整個陣地。在此指揮的弗雷伯格將軍自然希望先以空軍猛烈轟炸，再由步兵進攻。集團軍司令馬克·克拉克將軍勉為其難的向亞歷山大將軍請求批准，並獲得許可，亞歷山大將軍將對此負責。因此，2月15日，經過對僧侶的充分警告後，投下四百五十多噸炸彈，修道院遭受重大破壞。外部高牆與正門仍屹立不倒。轟炸效果不佳，德軍得以藉助廢墟，利用斷壁殘垣，獲得比建築完好時更優越的防禦條件。

近日，位於修道院北側山脊的第四印度師接替了美軍，承擔起進攻的重任。經過兩天兩夜的激戰，他們試圖奪取位於陣地與修道院山地之間的丘陵，然而未能成功。2月18日晚，發動了第三次攻勢。戰鬥異常激烈，攻占小山的士兵全部陣亡。深夜時分，一個旅透過小路直接向修道院發起進攻，卻發現那裡是一個布滿地雷的深谷，並且被敵方機槍近距離控制。該旅損失慘重，不得不停止前進。與此同時，當激烈的戰鬥在紐西蘭師前方的高地上進行時，這個師成功渡過了卡西諾鎮下方的拉皮多河；但在他們的橋頭堡尚未穩固之際，遭到德軍坦克反擊，被迫撤回。正面進攻卡西諾的行動宣告失敗。

3月初，由於氣候的緣故，戰事暫時停滯。導致拿破崙失敗的第五個原因——泥濘的道路——使雙方都陷入僵局。我們無法突破卡西諾的主要防線，而德軍也無法將我們從安齊奧趕入海中。雙方的兵力相當。截至目前，我們在義大利擁有二十個師，但美軍和法軍均遭受了嚴重損失。敵軍在羅馬南部部署了十八或十九個師，在義大利北部約有五個師，但他們

也已經筋疲力盡。

我們目前已經無望突破安齊奧灘頭陣地繼續推進，且在卡西諾的敵軍防線被突破之前，我們的兩支獨立部隊也無法提前會合。因此，首要任務是鞏固灘頭陣地，加強部隊的休整與增援，儲備物資，以抵禦實際的包圍並積蓄力量以便發動最後的進攻。由於許多登陸艇必須在本月中旬轉用於「霸王」行動計畫，時間已經不多。登陸艇的調撥雖然已經適當拖延，但再無可能延緩。海軍已經全力以赴，其成果值得稱讚。此前每日平均靠岸的船隻噸位達三千噸；3月上旬，這個數字又增加了一倍多。我正密切關注這個進展。

3月12日，我詢問道：「當前橋頭陣地領取口糧的人數是多少？自最初登陸以來，上岸的車輛累計有多少？現有的糧食與彈藥儲備能維持多長時間，這個計算是基於什麼基礎？」

亞歷山大將軍回應稱，口糧人數為：美軍共計九萬零二百人，英軍為三萬五千五百人。各種車輛已在岸上的約有二萬五千輛。他還詳細列出了糧食、彈藥及汽油的供應數目。儘管存量有限，但情況正在好轉。

幾天後，維蘇威火山劇烈噴發。那不勒斯機場的國際交通部分中斷了幾日，然而港口運輸依舊忙碌運轉。3月24日，海軍總司令收到報告：「儘管那不勒斯港口年運輸量為一千三百萬噸，維蘇威火山每日噴出的熔岩估計達三千萬噸。我們只能讚美上帝的這種作為。」

在我描述的戰鬥進行之際，巴多格利奧面臨政治攻擊。由於輿論激烈反應，羅斯福被迫出面支持義大利政府的重大調整。他建議我們可以對輿論壓力做出讓步。

我向他發了一封電報：

首相致羅斯福總統

1944 年 3 月 8 日

來電令我感到極度不安。你在 2 月 11 日時已經同意我的看法,但電報內容卻與之完全相悖;在你之後的電報中,曾鄭重重申「事情已經確定」。我基於這個承諾,已經向議會作出宣告。

經過深思熟慮,我依然難以相信是否出現了任何新的重大事實,或是盟軍在根據「義大利無條件投降」而占領的地區無法維持秩序。如果對區域性的煽動做出妥協,特別是對那些政治野心家們的威脅讓步,那將是一個嚴重的錯誤。在這種情況下,我們在義大利設立的政府可能無法獲得武裝部隊的支持,卻能與盟國對抗,以此立場努力贏得義大利人民的信任。事實上,我們將面臨另一個更難以駕馭,類似戴高樂委員會的政府。同時,在進行一場激動人心的戰鬥之際,我們將不得不放棄那些力圖將功贖罪並盡可能支持我們的義大利國王和巴多格利奧的有效政府。

我願意承認,你所建議的方針更易受到歡迎,至少能帶來暫時的成功,但我堅信,如此令勝利的征服者被部分失敗者強迫採取行動,是不幸的。同樣,在你我之間及我們兩國政府之間出現明顯公開分歧,也是令人遺憾的。關於達爾朗事件,我曾給予你和國務院忠誠且強而有力的支持。鑒於我們當前及未來的重要戰鬥,我們兩國政府更需在此時採取一致行動。

他當天回電鼓勵我相信我們之間並無分歧。他說:「我的最高願望是在此問題上,與在所有其他問題上一樣,你我能完全協調地繼續合作。我們在時機上的看法或許不同,但這類問題是可以解決的。在重大目標上,例如自決問題,我們的意見完全一致。」

儘管如此,民眾的壓力仍未減弱。與六個反對黨派進行談判的建議得到了阿爾及爾最高總部的支持,威爾遜將軍將這項建議通知了華盛頓和倫

敦的聯合參謀長委員會。由於他為兩個國家效力，因此有權採取這樣的行動。然而，我的觀點並未改變；戰時內閣的同僚在了解事件全貌後，大體上也同意我的看法。

首相致羅斯福總統

1944 年 3 月 13 日

我擔心，如果我們此時驅逐義大利國王和巴多格利奧，只會使目前在義大利軍隊的任務更加複雜化。據我了解，蘇聯的看法也是如此。他們當然極具現實主義，他們的目標顯然是建立一個共產主義的義大利，但在具備所有條件進行激進解決方案之前，利用一下義大利國王和巴多格利奧或許符合他們的利益。我可以明確地告訴你，我也意識到了這種風險。我的觀點依然是，我們應建立一個廣泛基礎的政府，同時考慮到義大利北部地區人士的意見，並從中挑選代表人物。當然，如果我們無法在幾個月內占領羅馬，我們將不得不提前採取行動，但提前行動就不具備我們在占領義大利首都後所擁有的有利條件。占領羅馬後，我們才有更佳的機會尋找真正具代表性人選的基礎。

我對羅斯福總統的回電感到失望。

羅斯福總統致首相

1944 年 3 月 13 日

若先前的通訊未能充分表達，深感歉意。我從未打算在占領羅馬之前，暫緩作出各類政治決策。自上次書信往來以來，義大利的政治情勢已經迅速發生變化，但軍事狀況未能同步。占領羅馬依然遙不可及，此刻必須作出重大的政治決斷。

若無充足理由，我並不樂意被迫對我們的義大利朋友採取嚴厲措施。在現階段，總司令及其英、美政治顧問建議我們立即支持六個反對黨的計畫。因此，我們在政治和軍事問題上的考量，此次恰好完全一致。

我們只需通知行政會議，我們同意他們的計畫，必要時向義大利國王詢問他的意見，其餘的問題無需我們介入。義大利人會把解決方案提交給義大利國王，並自行執行這項計畫。

　　為何我們至今沒有支持這樣一個契合我們軍事與政治目標的政策，令我百思不得其解。我們對維克托・伊曼紐爾的持續寬容和顯然的支持，實在難以為美國輿論所理解。

　　俄國人如今未與我們磋商，便向巴多格利奧政府派遣了一位正式代表，導致局勢更加複雜。

首相致羅斯福總統

1944 年 3 月 14 日

　　俄國人宣布，他們已經向現任的義大利政府派遣了一位全權大使，而我們與該政府在名義上仍處於戰爭狀態。我認為，在沒有進一步深思熟慮的情況下，接受所謂六個政黨的提議，立即要求義王遜位，並任命克羅切勳爵為攝政，是不明智的。然而，我會將你所正確稱為「一項重要的政治決定」提交戰時內閣徵求意見。自 1940 年 6 月以來，我們與義大利的戰爭仍在繼續，英帝國士兵的傷亡人數已達二十三萬二千人，此外還有船舶的損失。我確信，在這個問題上，你會考慮我們的意見。我們應盡力採取共同行動。請勿忘記，我已經向民眾承諾，任何分歧必將公之於眾。

　　在戰時內閣對這些電報進行了討論後，我將所得結論告知羅斯福總統：

1944 年 3 月 15 日

　　今日清晨，我已就英、美政府應立即接受六個政黨的提議向戰時內閣徵詢意見。戰時內閣明確表示，他們完全贊同你在義大利建立更廣泛基礎政府的願景；至於義大利人民未來的政府形式，則應依據自決原則來解決。他們同時同意需要討論時機問題。對此，他們堅信，最好是在我們占領羅馬之後，再與義大利國王和巴多格利奧斷絕關係，因為以羅馬為基

礎，更可能建立一個更具代表性且基礎穩固的政府。他們認為，設立一個軟弱且最終失敗的民主政府對於我們的共同利益和義大利的未來來說是最不理想的選擇。即便在羅馬達成的解決方案，也不能作為最終結論，因為在北部各省以及對我們有利且在民主解決中發揮重要作用的大工業中心如米蘭和都靈等地獲得解放後，問題需要重新審視。他們並不認為那六個政黨真正代表義大利民主政治和民族，或能在目前替代現存這個忠誠而有效地為我們利益工作的義大利政府。

戰時內閣在得出這些結論時，自然參考了盟軍總司令威爾遜將軍的電報，但他們並未採納他的意見。同時，我們應立即討論外交大臣向國務院提出的建議。顯然，我們也意識到，如果對羅馬的占領拖延太久，比如延遲兩、三個月，那麼時機問題將需重新審議。

最後，對於我們兩國政府之間可能存在的任何分歧，他們要求我特別強調保持保密的重要性。當俄國不同於其他盟國採取獨立行動，直接與巴多格利奧政府建立外交關係時，這一點尤其關鍵。再過幾個月，三國政府可能會採取一致行動，而在此時，如果我們的不同觀點在議會和報刊上公開爭論，那將是非常不幸的。

此問題暫時告一段落。

儘管安齊奧現已不再成為威脅，但整個義大利戰役依舊處於停滯不前的狀態。我們原本期望此時德軍已經被逐退至羅馬以北，而我們則能調動精銳部隊前往里維埃拉海岸執行大規模登陸行動，以支援橫渡英吉利海峽的主力戰鬥。此戰役被稱為「鐵砧」作戰計畫，並在德黑蘭會議上原則達成一致。然而，不久後，這個計畫成為我們與美國盟軍之間的爭論焦點。在這項爭論出現之前，義大利的戰役顯然已經持續了相當長的時間，而當前的首要任務是打破卡西諾前線的僵局。2月分的進攻失敗後，隨即開始籌劃卡西諾的第三次戰役，但由於不利的氣候條件，進攻直至3月15日才得以展開。

這場戰役的主要目標是卡西諾鎮。最初進行了猛烈的轟炸和炮擊，幾乎使用了一千噸炸彈和一千二百噸炮彈。隨後，我軍步兵發起了進攻。亞歷山大表示：「經過 8 小時如此猛烈的轟擊後，若還有軍隊毫髮無損，我認為是不可思議的。」然而，軍隊的確仍然存在。德國第一傘兵師，或許是德國陸軍中最頑強的戰鬥部隊，在廢墟中與紐西蘭和印度軍隊展開激烈戰鬥。黃昏之前，我軍已經占領該鎮大部分地區；第四印度師從北向南推進，也取得了顯著進展，次日，他們已經抵達修道院山三分之二的高度。然而，戰場上局勢開始不利。我方坦克無法越過轟擊留下的大彈坑，未能緊隨步兵的衝鋒。幾乎兩天後，坦克才得以發揮作用。敵軍獲得了少量增援。天氣驟變，風雨交加。我軍取得了一些進展，但沒有再現早先的勝利，未能在激戰中壓制敵軍。

我不明白，為何我們不採取側翼攻擊，將敵人從經過兩次戰鬥驗證為堅固且難以攻破的陣地上驅逐出去。

首相致亞歷山大將軍

1944 年 3 月 20 日

我希望你能向我說明，為何由卡西諾和修道院山等地構成的通道，成為你反覆進攻的唯一目標。約有五、六個師的兵力在這些關鍵地帶發起攻勢，已然疲憊不堪。儘管我不熟悉當地地形或戰鬥狀況，但從遠處來看，若能在此牽制敵人，為何不對其兩翼進行側擊，這讓我不解。同時，也難以理解為何這個防守最堅固的據點成為我們前進的唯一路徑；若此據點已經處於飽和狀態（軍事角度而言），為何不能在其任何一側取得突破。我對你抱有極大信任，並決定在困難情況下給予支持，但請解釋不採取側擊的原因。

他的回覆既明確又具有說服力，以當時的言辭闡述局勢，對於軍事歷史學者而言，極具研究價值。

卡西諾山地攻防戰

亞歷山大將軍致首相

1944 年 3 月 20 日

　　謹答覆你 3 月 20 日來電。在沿亞得里亞海至南部海岸的所有主要陣地中，唯有利里河河谷直通羅馬，並適合發揮我方炮兵和裝甲部隊的優勢。主要公路，即第六號公路，是我們所在山區穿越拉皮多河至利里河谷的唯一通道，除了騾馬車道。通往平原的出口被卡西諾山封鎖和控制，山巔矗立著那座修道院。我們曾多次嘗試從北面包圍修道院山的兩翼，但所有襲擊均告失敗，軍事行動因深谷和懸崖峭壁的限制，人數有限的步兵小隊很難一起通過。他們的補給只能依賴挑夫，少量補給依靠騾子馱運。這些騾道是我們曾克服巨大困難才建成的。

　　修道院山的北側幾乎完全被一個深邃陡峭的山谷隔絕，目前已經確認該山谷無法通行。若採取更廣泛的迂迴路線，則需穿越凱羅山，難度更高。凱羅山是一個險峻的山峰，覆蓋著厚厚的白雪。美軍嘗試從南方渡過拉皮多河攻擊卡西諾堡壘的側翼，但正如所知，此次進攻也未能成功，第三十四師和三十六師損失慘重。在卡西諾以南渡過拉皮多河困難重重：每年此時，洪水暴漲，泥濘的沼澤地使得架橋困難重重，並且沒有途徑運輸橋梁材料，再加上敵軍從遠處河岸的阻擾。此外，已經證明，從卡西諾南部越過拉皮多河時，還會遭受來自卡西諾附近後方、西側山麓，以及利里河谷南面山麓丘陵中德軍炮兵陣地猛烈火力的襲擊。

　　弗雷伯格所擬的攻勢計畫是直接對該稜堡發起攻擊，依靠出其不意的襲擊以及集中優勢火力來摧毀敵軍的抵抗。計畫的核心是突襲卡西諾鎮，然後向修道院山的南坡和東坡推進，從敵軍無法有效干擾我方行動的地方攻陷稜堡。這個計畫在初期階段幾乎奏效，我方損失輕微。我們已經成功奪取並繼續控制拉皮多河上的兩座橋梁：一座位於第六號公路，另一座是鐵路橋。兩座橋均可供坦克通行。廓爾喀部隊已經占領並仍然控制著修道院附近二、三百碼的區域。我們未能在最初 48 小時內達成目標，原因可

總結如下：

在卡西諾，由於轟炸對道路和行軍造成了嚴重破壞，因此坦克及其他作戰車輛的使用受到了極大限制。德軍傘兵表現出極端的頑強，他們不僅承受了整個地中海空軍的轟炸，還在八百門大炮中最精良的火炮集中攻擊下經受了長達六小時的猛烈炮轟。我懷疑，世界上是否還有其他軍隊能夠在遭受如此打擊後繼續勇敢作戰。明天，我將與弗雷伯格及陸軍各司令會面，討論當前局勢。

如果我們停止當前行動，我們將保住這兩座橋梁，並重新調整陣地，以維持已有的戰略優勢。第八集團軍在重組後，將開始實施大規模進軍利里河河谷的計畫。根據該計畫，進攻將覆蓋更廣泛的前線，所需兵力也將超過弗雷伯格在當前戰役中所指揮的部隊。不久之後，隨著山上積雪的融化，河水將會下降，地面也將變得更加堅實，當前無法通行的區域將變得可行。

首相致亞歷山大將軍

1944 年 3 月 21 日

承蒙詳盡解釋，深表謝意。你已經抵達此階段，切勿「止步」。敵人確實已經被逼至末路。祝願一切順遂。

當前，大家對這場戰爭都感到非常擔憂。

在卡西諾廢墟上激烈的攻防戰一直持續到 23 日才結束。紐西蘭和印度部隊已經無法繼續作戰。我們占領了鎮的大部分割槽域，但由於山地陡峭，即便透過空運補給也無法送達，導致廓爾喀部隊不得不從修道院山上的據點撤退。

在我的請求下，威爾遜將軍提供了紐西蘭軍在此戰役中的傷亡統計：第二紐西蘭師共計 1,050 人；第四印度師中，英國士兵 401 人，印度士兵

759 人，合計 1,160 人；英國第七十八師 190 人，總計 2,400 人。

上列數字，換取了看起來似乎極為微小的成果，確實是一個巨大的代價。然而，我們已經在卡西諾地區的拉皮多河上建立了橋頭堡，這與 1 月間第十軍在加里利亞諾河下游建立的深度突出點一起，在最終勝利的戰鬥中將具有巨大價值。在此地及安齊奧橋頭堡，我們將約二十個精銳的德國師困於義大利中部，無法行動，否則其中許多師可能已經被調往法國。

我們的軍隊需要先行整頓，再次進攻古斯塔夫防線才能有勝算。第八集團軍的主要部隊必須從亞得里亞海一帶調來。兩支陸軍需要集中力量為下次戰鬥做好準備，英國第八集團軍應集結在卡西諾區域，而美國第五集團軍則在加里利亞諾河下游集結。為了如此調動及整休部隊，亞歷山大將軍幾乎需要花費兩個月的時間。

這意味著，地中海部隊在 6 月初也只能經由在羅馬南部的戰鬥來支援英吉利海峽的戰役。美國三軍參謀長仍然希望在法國南部發動輔助登陸，但我們在對威爾遜將軍下達何種命令的問題上已經爭論數週。

此處必須敘述英、美之間關於軍事計畫的爭論經過，起初圍繞「霸王」和「鐵砧」兩個作戰計畫展開，隨後則是關於「鐵砧」計畫與義大利戰役的分歧。讀者或許記得我在 12 月 31 日於馬拉喀什與蒙哥馬利的談話，他提到在橫渡英吉利海峽的初期進攻中需要更多兵力；1 月 6 日，我致電羅斯福總統，指出比德爾·史密斯和蒙哥馬利深信，應該策劃更為充實和廣泛的「霸王」作戰計畫，而非擴大「鐵砧」計畫，以免超出我們在德黑蘭會議前大致確定的範圍。

剛抵達英國不久的艾森豪將軍於 1 月 21 日召開了一次會議，此事在會議上引發了激烈的討論。他堅信「鐵砧」計畫的重要性。他認為，若因強化「霸王」作戰計畫而削弱「鐵砧」計畫，將是一個錯誤。會議結束後，他致電在華盛頓的聯合參謀長委員會表示：

「霸王」和「鐵砧」須被視作一個整體。理想情況下，若有充足的人力、物力可用，「霸王」應以五個師進行初攻，「鐵砧」則以三個師展開。但若資源有限，我必須強調，我們應以五個師規模對「霸王」進行初攻，而「鐵砧」僅以一個師規模展開。「鐵砧」暫時僅對敵方形成威懾，待敵軍勢力削弱後，再積極實施此計畫。

關於此電文，英國三軍參謀長向華盛頓表達了他們的意見，包括：

(1)「霸王」作戰計畫的初期攻勢應增加至五個師，無論「鐵砧」戰役計畫需要多大兵力進行初攻。

(2) 應盡力以兩個或更多師的兵力發動「鐵砧」計畫的初攻。

(3) 如果無法運送如此多的師參戰，地中海的登陸艇規模必須縮減至一次登陸一個師。

美軍參謀長們對此持不同意見。他們認為單靠威脅而非實際軍事行動是不足夠的，主張動用兩個師的兵力發動進攻。關於這份電報，我做了如下總結：「動用兩個師登陸以執行『鐵砧』計畫，顯然優先於『霸王』計畫。這直接違背了艾森豪和蒙哥馬利兩位將軍的觀點。」

2月4日，英國三軍參謀長在與我充分討論後，向他們的美國同僚發出一份詳盡的電報，強調首先必須確保「霸王」計畫的成功。為此，最佳解決方案是根據最高司令的要求為「霸王」提供足夠的兵力，然後將任何可能獲得的額外資源分配給地中海區域。鑒於義大利戰事的進展，他們對執行「鐵砧」計畫的合理性提出質疑，並指出在德黑蘭會議上支持「鐵砧」計畫的原因是預期德軍會撤至羅馬以北的防線。然而，現在顯然可以確定，德軍正在全力抵抗我們在義大利的攻勢。他們還指出，法國南部和諾曼第海灘相距約五百英里，而從義大利或其他據點，如透過羅納河谷，可以發動牽制性進攻。「鐵砧」計畫的地點實際上距離過遠，無法與「霸王」計畫形成呼應。

美國三軍參謀長對此提出建議，主張這個問題應由艾森豪將軍以他們代表的身分和英國三軍參謀長舉行會議求得解決。對此我們欣然同意，但協定在數星期後才達成。艾森豪將軍仍舊不願放棄「鐵砧」計畫，但開始懷疑從義大利撤回那些久經戰鬥的師團是否仍有可能。3月21日，他徵詢威爾遜將軍的意見。後者答稱，他強烈反對在占領羅馬之前從義大利撤回軍隊。他還建議取消「鐵砧」計畫，只有在德軍崩潰後我們才應在法國南部登陸。

　　這使局勢迅速惡化。英國參謀長委員會向華盛頓發電，指出由於無法從義大利戰場撤出部隊，也無法從安齊奧橋頭堡撤回登陸艇，「鐵砧」計畫顯然無法按期執行。美國參謀長聯席會議對此表示贊同；他們同意威爾遜將軍準備在7月於法國南部登陸，並在義大利展開決戰以盡量牽制和消滅德軍；並認為到6月初時機將成熟，屆時可以決定執行哪個計畫。

　　我個人堅定支持在義大利持續進攻，以下電文可茲證明：

首相致馬歇爾將軍（在華盛頓）

1944年4月16日

　　1. 我們在地中海新獲得的珍貴登陸艇即將被調撥，這無疑令我們感到極為痛心。這些登陸艇是經過若干困難後才得以獲得，是在特定情況下由你慷慨提供給我們的。我無法接受的是，在經過長期努力和重大犧牲後，正當勝利即將到來之際，卻必須提前同意停止對戰爭的支援，或者被迫中止戰爭。在義大利的我方部隊人數並未大幅超越敵軍。我方部隊由七、八個不同種族組成，而敵方則全為德軍。持續的雨季使我們無法充分利用炮兵、裝甲部隊和空軍的優勢。亞歷山大向我報告，他計劃在主力部隊渡過拉皮多河後，從安齊奧灘頭陣地向東北推進，而非向東南。如此一來，我們未必能找到停止進攻的時機，無法宣稱：「在此停止進攻，轉為防禦。全員登船參與『鐵砧』戰役。」同時，也未必能準確預見時機，依據猜測提

前決定中止對義大利戰役的補給，以滿足「鐵砧」計畫的需求。一支目標分散、顧慮重重的軍隊，必然會出現離心離德的暗流。這種狀況也將波及所有後勤人員，他們不可能對局勢一無所知。請勿忘記，當七個最精銳的師被調去參與「霸王」戰役之際，正是義大利作戰部隊承受重大犧牲的時刻。

2. 當然，如果義大利戰役早就出現不利形勢，而我們在其他敵軍的防線前陷入僵局，被迫全面轉入防禦，那麼在這種情形下，調出精銳部隊自然是可行的。然而，橋頭陣地的補給依然龐大，急需使用我們的登陸艇進行支援。如果沒有你們的太平洋登陸艇，無論是「鐵砧」還是其他兩棲戰役，都無法同時進行兩師部隊的登陸行動。

3. 鑒於此，我主張我們應全力以赴地投入義大利戰役，因為眾多美、英士兵已為之獻出生命，並將其視為與「霸王」行動同等重要的關鍵戰鬥。到5月31日，我們可能會發現許多當前尚未顯現的事態。我對必須放棄如此絕佳的機會深感遺憾。

4. 迪爾向我透露，你曾希望我更加積極地支持「鐵砧」計畫，因為當你在德黑蘭首次提出這個建議時，我是熱情贊同的。然而，請你客觀地考慮一下，形勢已經發生了巨大的變化。11月間，我們曾預期在1月攻占羅馬，當時許多跡象顯示，敵人正計劃撤退至義大利半島北部。然而，事實卻並非如此，儘管我們發起了大規模的兩棲遠征，我們依然被阻擋在原地，而敵人則投入了八個機動師參與羅馬南面的戰役，這正是我們希望在「鐵砧」戰役全面展開時牽制住的八個師。因此，這個情況既令人振奮，也令人失望。

5. 如此棘手的問題之所以出現，完全緣於嚴重缺乏坦克登陸艇。英、美這兩個大國的策略，竟因缺少一、兩百艘此類艦艇而受限，甚至無法實施，實在讓歷史學家難以理解。美國政府甚至不願全力生產坦克登陸艇，以便充分供應我們；若能得到充足的供應，我們便能在後續對日戰爭中給

予支援。對此情形，我感到深切憂慮。由於缺乏這種特殊類型的艦艇，我們在你們左翼的整體戰鬥力將受到限制；我擔心我們會被不公正地指責——指責我們不努力，而實際上我們是決心全力以赴的。

威爾遜收到了與我觀點相符的指示。我在4月24日發給羅斯福總統的電報中如此表達：

我對義大利的局勢感到非常欣慰。我相信，雙方都已經成功實現了各自的目標。現在唯一缺少的便是勝利。亞歷山大在此與我進行了幾天的會談，我們展開了數次深入的對話。他極力為自己的行動或不作為進行辯解，指出他的部隊人數相當有限；部隊構成複雜，包含至少七種不同國籍的士兵，相較於單一的德軍；天氣惡劣；地理條件也極為困難。他承諾最遲在5月14日發起進攻並全力推進。如果這場戰役取得勝利，或僅是猛烈的進攻，也將很好地與其他計畫形成協同效應。

義大利南部的政治局勢再次緊張。根據憲法制定的妥協方案已經達成，規定義大利國王將他的權力授予他的兒子——翁伯托王儲，由王儲任攝政。君主政體的命令將在獲得最後勝利後等待公民投票決定。皇室的命令已於4月12日簽署，當盟軍進入羅馬後生效。本月底，巴多格利奧重組了他的政府，吸納了南部的主要政治人物，其中聲望最著的是克羅切和斯福爾扎。

當我們的部隊準備發動攻勢時，威爾遜將軍指揮所有空軍力量實施干擾並削弱敵軍，而敵軍同樣利用這段喘息時間進行修整和補給，為再度作戰做準備。強大的盟軍空軍參與轟炸敵軍的陸地交通線，希望這些通道能被頻繁切斷，迫使敵軍在補給不足的情況下撤退。這個軍事行動，我們樂觀地稱之為「絞殺」，目的在封鎖通往義大利北部的三條鐵路主幹線，主要目標為橋樑、高架橋及其他鐵路交會點。盟軍空軍試圖使德軍陷入糧彈短缺，從義大利中部撤退。

這項努力持續了超過六週，導致了德軍巨大的損失。在羅馬以北的遙遠地區，鐵路運輸經常中斷，然而這次行動未能完全達到我們的期望。敵人將海岸航運發揮至極致，隨後經由汽車轉運物資，並充分利用夜間運輸來確保供應。然而，敵人無法建立足夠的物資儲備以應付長期的激烈戰鬥，在 5 月底的陸地戰中，他們的力量已大大削弱。我們各支獨立部隊的會合及對羅馬的占領，比我們預期的要迅速得多。德國空軍試圖保護其交通線，但遭受了嚴重損失。到 5 月初，他們僅能集結七百架戰鬥機來對抗我們的一千架飛機。

　　在此，我們可以暫時放下正在醞釀中的義大利戰局，轉而敘述那場橫跨英吉利海峽的關鍵戰役。

卡西諾山地攻防戰

空中攻勢全面升溫

在整個作戰計畫中，轟炸機司令部越發顯示其關鍵作用，並在最終對勝利做出決定性貢獻。在本章中，需對其行動進行若干描述。

直到 1943 年，我們才具備足夠且合適的飛機來執行猛烈且連續的轟炸任務。這一年，美國的第八空軍也加入了我們的空軍戰略攻勢。從 1940 年起，我便一直推動增強我們的轟炸機力量。然而，困難重重。生產進度落後於計畫；其他戰場以及反潛戰都需要大量的飛機；美國參戰後，其生產的飛機最初自然主要滿足本身需求。我們的新型四引擎飛機數量雖成長緩慢，但其攜帶的炸彈重量顯著提升。1942 年初，每架飛機的平均載重量為 2,800 磅；到年底，提升至 4,400 磅；1943 年，增至 7,500 磅。

在大戰初期，我們與德方皆已經意識到，即便是密集編隊飛行的轟炸機，也無法在白晝突破堅固的戰鬥機防線而不遭受巨大損失。因此，如同敵人一樣，我們被迫轉向夜間轟炸。起初，我們對本身轟炸的精準性過於自信，但在 1940 年至 1941 年冬季，我們試圖摧毀規模雖小但極為重要的德國煉油廠，結果卻宣告失敗。至 1941 年春，轟炸機司令部奉命參與大西洋戰役，直到 7 月，方能重啟對德攻勢。此時，選定的目標為工業城市和鐵路樞紐，尤其是魯爾、漢堡、不來梅、漢諾威、法蘭克福及斯圖加特。然而，我們的飛行員、飛機及作戰策略皆未能滿足需求。損失不斷增加，迫使我們在冬季減少空軍活動。1942 年 2 月，開始使用前述名為「前進」的新式方位探測器，我們依賴其功能，將魯爾作為主要攻擊目標。在哈里斯空軍中將的強力指揮下，轟炸取得了顯赫戰果。他的作戰計畫包括：對呂貝克和羅斯托克進行火攻，5 月中旬對科隆發動千架次轟炸機攻

空中攻勢全面升溫

擊,以及白晝轟炸奧格斯堡的潛艇內燃機製造廠,此次行動使內特爾頓空軍少校榮獲維多利亞十字勳章。

8月中旬,在貝內特空軍准將的指揮下,導航隊正式成立。雷達在航行及目標探測中扮演著越發關鍵的角色;最佳的策略是將這種稀有且複雜的裝置交由專家管理,由他們為他人探尋路徑及指示目標。

儘管在這種情勢下,逐步實現了長久未能達成的精確夜襲,但在1942年,轟炸機的攻勢未能削弱德國的軍事生產,也未能打擊平民的士氣。對德國經濟力量的估計過於保守。德國在被占領國家中廣泛挖掘生產力和勞動力,因此,其軍火生產實際上有所增加。在戈培爾嚴格施行的救濟措施下,民眾的意志相當堅定,區域性地區的災難未對全國產生重大影響。然而,德國領導人已經大為恐慌,被迫採取空中守勢。德國的飛機生產逐漸以戰鬥機為重點,而非轟炸機。這象徵著德國空軍挫敗的開端,也是我們在1944年獲得空中絕對優勢的轉捩點。沒有這個優勢,我們無法贏得戰爭的最後勝利。其重要性僅次於在西線建立第三條空中戰線,這對俄國和地中海方面的我方軍隊均有利。

於是,我們就這樣邁入了1943年。這時,美國空軍也開始參與轟炸歐洲軸心國的占領區。對於轟炸策略,他們持有不同的看法。我們採用了夜間轟炸的戰術,這個戰術如今已經被證明有效。然而,美國人卻堅定地認為,他們的重型飛行堡壘一旦組成密集編隊,便能在白晝深入德國境內,無需戰鬥機護航。我對這個體系的實際可行性持懷疑態度。我曾在卡薩布蘭卡與美國駐英空軍司令埃克將軍討論了我的疑慮,但最終撤回了反對意見。1943年2月4日,發給駐在英國的卡薩布蘭卡英、美轟炸機隊的指示,明確了它們的任務如下:

你們的首要任務是持續地破壞和擾亂德國的軍事、工業以及經濟系統,並削弱德國人民的士氣,直至其喪失武裝抵抗能力為止。

在上述總體框架內，你們當前的首要目標依次為：

（1）德國的潛艇製造設施。

（2）德國的航空工業。

（3）運輸系統。

（4）煉油設施。

（5）敵軍戰時工業的其他目標。

美國第八航空隊的埃克將軍嘗試透過白天精準轟炸的策略摧毀這五類目標。他請求增援，但在援軍抵達之前，他已經進行了多次英勇且代價高昂的轟炸。哈里斯空軍中將則專注於夜間轟炸，從 1943 年 3 月至 7 月，主要目標是魯爾區，並以 3 月 5 日至 6 日夜間對防禦嚴密的埃森進行轟炸為開端。8 架蚊式飛機投下目標照明彈，使用了「歐波」（「雙簧管」）雷達瞄準器；隨後，22 架導航重型轟炸機進一步照亮目標，令 392 架飛機進行猛烈攻擊。埃森在此役中首次遭受嚴重破壞。隨著轟炸機隊力量和活動的擴展，戈培爾對轟炸結果越發沮喪，他在日記中嚴厲指責德國空軍未能阻止英國轟炸機的襲擊。德國最能幹的生產部長施佩爾在 1943 年 6 月對納粹地方長官的演講中，提到煤鐵和機軸生產遭受的嚴重損失，並決定加強魯爾區的防空措施和徵集十萬人進行修復工作。

英國空軍在摧毀魯爾區軍火工業中心的行動終於取得了成功，然而，美國的飛行堡壘卻遭到了德國白晝戰鬥機的頑強抵抗。埃克將軍迅速意識到，要確保他的計畫成功，必須先擊敗德國空軍。在反潛戰局勢顯著改善後，聯合參謀長委員會已經批准調整轟炸目標的優先順序。在 1943 年 6 月 10 日發布的「直截了當」指示中，該委員會修訂了卡薩布蘭卡會議的決議，優先攻擊德國的戰鬥機部隊和航空工業。

7 月 24 日和 25 日夜間，英國的轟炸機對漢堡展開了極為猛烈的空襲。

空中攻勢全面升溫

由於漢堡位於「歐波」測量範圍之外，轟炸機充分利用了裝備在飛機上的「硫化氫」雷達瞄準器，而不依賴於國內訊號指示。這種裝置能夠將地面主要特徵的輪廓投影到飛機內的螢幕上，這種螢幕類似於現代電視機的螢光幕。如果地面被水道分隔開來，如同漢堡船塢區，影像便會特別清晰。自從1月首次使用雷達瞄準器以來，轟炸機隊已經累積了豐富經驗，而在轟炸漢堡時首次使用了一種名為「窗戶」的新發明。這種技術實際上是由轟炸機投下的金屬製紙條。這些飛舞的紙條總重量僅數磅，特別將其尺寸調整至符合德國雷達偵測的波長，宛如一架飛機在敵方雷達螢幕上顯現。因此，敵人難以有效地引導夜間戰鬥機迎擊我們的轟炸機，或用高射炮和探照燈瞄準我方飛機。

從7月24日至8月3日，漢堡遭受了四次轟炸，這座大城市在短短時間內經歷了前所未有的嚴重破壞。第二次襲擊主要投下了燃燒彈，並夾雜著烈性炸藥，使整個城市陷入火海，到處充斥著恐怖的呼叫聲。所有人為的消防措施都無法撲滅這場大火。許多德國人將該次漢堡的空襲稱為「大災難」。施佩爾在戰後承認，他曾估計，如果對德國其他六個主要城市進行同樣的連續空襲，德國的戰備生產早已崩潰。1943年德國之所以避免這種命運，部分原因在於：如果目標區域內沒有顯著的水面特徵，即使進行區域轟炸，使用「硫化氫」雷達瞄準器也存在辨識困難；同時，也因為勇敢的德國夜間戰鬥機進行了頑強的抵抗。

1943年，我們發動的第三次大規模空襲目標是柏林。從1943年11月持續至1944年3月的這波襲擊，若能令這個主要工業中心如同漢堡般癱瘓，德國的戰備生產與士氣或將遭受毀滅性打擊。

轟炸機司令部面臨著巨大的挑戰，以無畏的勇氣和堅定的決心力求在空襲中打擊敵人的要害。氣候極為惡劣，我們的多次轟炸行動必須依賴「硫化氫」雷達瞄準器進行盲目轟炸。轟炸機在投彈時進行的夜間攝影僅

能記錄下一片煙霧。攝影偵查隊白天飛越柏林也同樣一無所獲。德國人戰後承認轟炸對柏林造成了重大破壞，但由於我們無法比較每次轟炸的攝影記錄，因此無法評估十六次大轟炸的相對成效。我們一直等到 1944 年 3 月，才獲得清晰的照片來評估對柏林損害的程度。在柏林造成的破壞不如漢堡嚴重。

在此期間，第八空軍司令部遵循「直截了當」的命令，在攻擊敵方戰鬥機部隊和航空工業時，遭受了德國白晝戰鬥機日益嚴重的威脅，因為敵機以更強大的力量和更高效的方式迎擊。1943 年 10 月 14 日成為關鍵時刻。當美軍轟炸施魏因富特這座生產對德國飛機工業極為重要的滾珠軸承廠所在城市時，291 架巨型飛行堡壘中有 60 架被擊落。由此，他們終於意識到，沒有護航的白晝轟炸無法在德國上空取得制空權，於是暫停攻勢，等待遠端戰鬥機的製造完成，以便為轟炸機提供充足的掩護。

關於英國轟炸機司令部是否應以本身的方式攻擊施魏因富特這個問題，各方意見幾乎陷入僵局。最終決定由英、美空軍分別在晝夜進行打擊。1944 年 2 月 24 日，美國第八空軍在久候的遠端戰鬥機全力支援下，出動 266 架轟炸機於白天實施攻擊，當晚，英國轟炸機司令部派出 734 架飛機襲擊。這次行動是對共同目標的真正聯合進攻。不幸的是，由於討論耗時過久，這次大規模轟炸的效果大打折扣。施佩爾早在四個月前因遭到美機白晝轟炸已有防備，已將該地工業分散。

英、美空軍就夜間和白晝轟炸政策的技術問題進行了長期的爭論，各自堅持己見，並在實踐對立的理論中，以極大的犧牲精神和英雄氣概展開了不惜代價的競爭。這種情況在上次轟炸柏林以後，達到了頂點。1944 年 3 月 30 日至 31 日夜間，英國轟炸機司令部派出 795 架飛機轟炸紐倫堡，其中 94 架未能歸來。這是我們在單一次空襲中的最大損失，因此轟炸機司令部重新審查其戰術，然後繼續進行深入德境的夜襲。這也證明在

空中攻勢全面升溫

我方猛烈的進攻下，敵方夜間戰鬥機隊因從其他重要戰線調來最優秀的飛行員而得到加強，其防禦力量已經有所增加。然而，西方盟國因迫使敵軍集中力量防衛德國內部，獲得了進行橫渡英吉利海峽進攻所需的全部空中優勢。

在此期間，美國始終致力於確保飛行堡壘轟炸機在獲得遠端戰鬥機護航後，能夠在白天執行任務；這些遠端戰鬥機需要具備在空中追擊並摧毀敵方戰機，或低空襲擊敵方機場戰機的續航能力。經過長時間的研究，這個關鍵問題終於得到解決。轟炸機最初由「霹靂」戰鬥機護航，隨後是「閃電」，最終是「野馬」式戰鬥機。這些戰鬥機加載了副油箱，航程從475英里增加到850英里。1944年2月23日，美國對德國航空工業展開了一週的白天集中轟炸。這些遠端戰鬥機成功的壓制了敵方戰機，同時白晝轟炸機也能進行精確轟炸，而不受到嚴重干擾或損失。

這是對德空戰中的一個關鍵時刻。從此，美國第八空軍在白天能夠以極高的精確度轟炸德國目標，行動也越發自如。德國因為失去白天的空中優勢，無法在我們的戰略攻勢下保衛其關鍵地區。儘管擁有頂尖飛行員的德國夜間戰鬥機在戰爭結束前仍是一股不可忽視的力量，但白晝戰鬥機作用的削弱，推動了美國空軍的新進展。因此，我們在1944年取得了白天在德國空中的優勢。到4月，英國空軍採用了新的欺敵措施以及擾亂敵方防禦的新戰術，重新對德國城市展開全面的夜間攻勢。美國第八空軍在掌握敵方白晝戰鬥機弱點後，計劃實施「全天候」轟炸以完成這次攻勢。這就是在「霸王」作戰計畫實施前夕的情勢。

我們對德軍空襲日益增強的優勢，因為我們炸彈的爆炸威力得到顯著提升而進一步加強。關於這種新型炸藥，最初是1943年我們在緊張的討論德國發展火箭和飛彈對我方領土的威脅時偶然想到的。當時，專家們對

於我們所面臨的危險，持更加悲觀的看法，他們在比較我們投向德國的炸彈與射向英國的火箭預期效果時，做出了一些悲觀的假設。他們指出，德國建築比英國的更為堅固，因此可以推測，每噸炸彈在英國的破壞力是德國的兩倍。在討論這個情況時，他們突然提出敵方炸彈的破壞力可能比英國炸彈高出近一倍，因為德國使用鋁粉與烈性炸藥混合。徹韋爾勛爵將此觀點告訴我，我便下令在他的指導下展開全面研究。研究結果令每位相關人士都感到震驚。

首相致生產大臣

1943 年 10 月 12 日

近日，我請求徹韋爾勛爵對德軍與英軍所使用的烈性炸藥效果進行比較研究，並撰寫報告。他的初步報告顯示，德國炸彈的優越性毋庸置疑。

三軍參謀長極力倡導我們立即採用鋁化炸藥，無需等待額外實驗結果。我對此表示贊同。在下週內，請就使用該炸藥可能引發的問題向我提交報告。

為何容許此等情形發生而未加以糾正，這個問題應由國防大臣許可權內進行調查。請推薦三位人員，並說明他們的經歷。所有工作需要絕對保密。

因此，他們展開了一項調查。結果顯示：在鋁短缺時期，曾決定將所有節省下來的鋁粉用於製造深水炸彈，然而，即使如今鋁的供應已經較為充足，這個習慣依然未變。我們立即下達命令，要求增加鋁粉的使用來改進炸彈，尤其是重磅炸彈。在戰爭後半期，這些炸彈的效率提高了大約 50%。我認為這些原本意料之外的情況值得引起同事們的關注，因此在 1944 年 2 月發布了以下文件。

空中攻勢全面升溫

鋁化炸藥

1944 年 2 月 17 日

1. 1943 年 9 月底，關於德國發射遠端火箭的討論中，有人將我方烈性炸藥的效能與德國炸藥進行對比後，對我方炸藥產生了質疑。主計大臣迅速與空軍參謀長協商此事，後者向參謀長委員會建議採取緊急措施以查明真相；若英國炸藥確實不如德國，則應要求相關部門解釋並提出改進方案。參謀長委員會對此建議表示強烈支持。

2. 主計大臣依照參謀長委員會的建議展開調查，並於 10 月 6 日向委員會提交報告，明確指出我們的炸藥不如德國的炸藥；若改用鋁化炸藥替代現有炸藥，根據不同權威的估算，可提升 40％至 100％的效果。徹韋爾勳爵主張採取最緊急的措施進行改革，無需等待進一步試驗結果。參謀長委員會和我對此意見表示贊同，並立即下令著手進行改革。

3. 我進一步指定由華特·蒙克頓爵士（主席）、艾倫·巴洛爵士和羅伯特·羅伯遜爵士組成的委員會，負責「審核有關我軍炸彈效能的報告，研究在當前戰爭中圍繞此問題進行的試驗和發展工作的程序，並報告是否存在無法研究成功或實際應用研究成果的情況，如有，則分析原因。」

4. 簡而言之，1941 年的一次不幸試驗導致了誤解，其主要原因在於當時用於測量爆炸壓力的方法不夠理想。此外，負責人員認為鋁粉無法大量獲得，因此在 1943 年仲夏之前，他們一直不願進行新的試驗。正如前述，直到傳說中德國炸藥的優越性引起主計大臣的關注，我們才採取必要措施進行並應用新試驗的成果。

5. 鋁化炸藥的威力顯然遠超之前使用的炸藥。我相信應該讓我的同事們了解主計大臣的重大貢獻。他讓大家注意到這種極為不理想的狀況。若非他的介入，這種情況可能會持續更久，進而嚴重妨礙我們的軍事行動。

這事件突顯了在龐大的組織工作中，定期派專人檢查各方面狀況的益處及必要性。

截至目前為止，英、美聯合轟炸機隊的行動對德國的戰時經濟和軍火生產究竟造成了多大的損害，仍難以明確判斷。轟炸機隊在 1943 年對魯爾區、漢堡和柏林的進攻，在德國全境引發了廣泛的災難，並讓德國民眾，尤其是其領導層感到極度恐慌。然而，他們能夠利用被占領國家的工廠和強制勞動力；在施佩爾的卓越管理下，這些資源得到了迅速且高效的動員。在被轟炸的城市中，儘管人心惶惶，但局勢並未惡化到全國性大恐慌的地步。

　　德國軍方向希特勒提交的各類報告中聲稱，德國的軍火生產在 1942 年增加了一倍。我們對這些報告自然持懷疑態度。考慮到我們在經歷了遠不及此的轟炸之後所遭受的生產損失，這種說法令人難以置信。德國人戰後承認，1943 年的生產幾乎停滯。這個事實證明了我方轟炸機部隊力量的不斷增強。1944 年春，盟軍的戰略轟炸機被轉用於「霸王」作戰計畫，攻擊德國本土的力度難免有所減弱。然而，此時我們已經在空中戰場上占據主導地位。艱苦的戰鬥使得德國空軍承受了無法忍受的巨大壓力。德國空軍被迫集中力量於戰鬥機的製造，進而喪失了對我們進行轟炸的戰略反攻能力。它已經失去平衡，空中力量耗盡，既不能自衛，也無法保護德國免受我們的重擊。我們的空中優勢在 1944 年底達到了絕對的程度。隨著美國第八空軍獲得遠端戰鬥機，所有的榮譽都應歸於該部隊。

　　隨著「霸王」計畫的逐漸逼近，我們面臨一個重大挑戰：在這場極為重要的戰役中，強大的空中力量將扮演何種角色？經過漫長的技術爭論後，兩國空軍當局最終達成一致：在登陸法國北部的前三個月內，投下六萬六千噸的炸彈，目的是摧毀德國在法國、比利時和德國的鐵路交通，進而在諾曼第德軍附近形成一個「鐵路沙漠」。這項計畫已經進入初步實施階段。主要目標包括通往諾曼第的多處維修和保養站，以及九十三個鐵路樞紐的機車。空軍戰術部隊被賦予協助執行這個整體計畫的任務，並在即

空中攻勢全面升溫

將進攻法國北部之前，承擔起摧毀橋梁和鐵路車輛的特殊職責。4月3日，我致信艾森豪將軍：

內閣對於大規模轟炸法國鐵路樞紐的建議，今天表現出一種嚴肅且總體上不贊成的態度，因為這將導致大量法國平民，包括男女老少的傷亡。鑒於他們都是我們的盟友，此舉應被視為極為嚴重的行動，並可能引發對盟軍空軍的強烈敵意。我們決定，國防委員會應在本週內對這個問題進行審議，隨後由外交部向美國國務院提交意見，我本人將向羅斯福總統發送一封私人電報。

從軍事角度分析，針對這些特定目標實施集中轟炸的策略是合理的。

艾森豪將軍於4月5日回電表示：

我們絕不可忽視，促使我們決定執行「霸王」作戰計畫的關鍵因素之一，是我們堅信我方無敵的空軍將確保戰役的勝利，否則進行此類戰役，即使不被視為魯莽之舉，也是一場巨大的冒險……反對轟炸德國占領區交通樞紐的論點壓力確實沉重。但我和我的軍事顧問堅信，轟炸這些中心地點將在這次關鍵的戰役中提升我們獲勝的機率……我個人認為，對於可能造成的傷亡數字之估計被過度誇大了。

隨著對鐵路空襲的討論，儘管法國和比利時的平民傷亡較先前的預估減少，但仍令英國戰時內閣感到不安和憂慮。

首相致羅斯福總統

1944年5月7日

1. 過去三週，戰時內閣對我方空襲法國鐵路中心預計將導致大量的法國人民傷亡深感憂慮。我們與參謀人員多次商議，我也與艾森豪和比德爾・史密斯將軍討論此事。兩國空軍對「鐵路計畫」作為短期措施的效果存在巨大分歧，這種分歧並非局限於兩國空軍之間，而是廣泛存在。最終，艾森豪、特德、比德爾・史密斯和波特爾都決定改變方針。我個人並

不認為這是初期使用空軍的最佳策略，我仍然認為德國空軍應該是主要目標。

2. 在最初提出計畫時，據稱受難的法國平民，包括受傷者，共計八萬人，其中兩萬人死亡。戰時內閣對這些數字感到震驚，因為我們的空軍，尤其是執行這類任務的主要力量，皇家空軍，顯然存在濫用問題；同時，夜間不精確的轟炸也受到譴責。然而，最初轟炸結果顯示，占總數七分之三的平民死傷人數遠低於指揮官們的預估……

3. 令我感到欣慰的是，空軍已經盡其所能地減少對友好平民的屠殺。然而，戰時內閣和我同樣擔心這種屠殺將對法國平民產生不良影響，因為這一切都發生在「霸王」計畫開始日尚遠的時期。這種屠殺容易引發法國人民對即將到來的美、英解放者的情感發生重大轉變，並可能對美、英軍人種下仇恨。在進攻開始的當天及其後，法國人的傷亡可能會更多，但在戰事如火如荼時，也許英、美軍隊的傷亡甚至更大，人們心中將會有新的比例。我感到最憂慮的是當前這個過渡時期……

4. 戰時內閣請求我從最高政治立場來審視此事，並將你的看法作為政府間交流的意見提交給我們。我們必須牢記，這種屠殺發生在未曾對我們犯下罪行的友好人民中，而非那些犯下種種凶殘罪行的德國敵人。同時，我們也意識到「霸王」行動計畫的冒險性，並迫切希望能成功。我在向你說明此事時，採用了謹慎的態度，只使用了最溫和的措辭，但我必須讓你知道，戰時內閣對法國人的屠殺表示一致的憂慮，儘管情況已經不如一開始的決定嚴重，並懷疑是否可以透過其他方法達到幾乎同樣有效的軍事效果。無論我們之間的問題如何解決，我們都願意與你們共同承擔責任。

在 11 日，羅斯福總統回信給我：

你對我們空軍在執行「霸王」作戰計畫準備工作時導致法國人民死傷的憂慮，我也深有同感。

我亦如你般，對現行及未來為最大程度減少平民傷亡所採取的各類措

空中攻勢全面升溫

施感到滿意。我們不應忽略任何能緩解法國人對我們反對的機會，只要它在關鍵時刻不影響我們對敵人的打擊效果。

儘管空軍的準備工作導致了平民死傷，這令人遺憾，我不會從如此遙遠的地方對負責指揮官的軍事行動施加任何限制。這些限制可能被認為會妨礙「霸王」計畫的成功，或增加盟軍在歐洲大陸進攻時的傷亡。

這具有決定性意義。與此同時，法國平民的傷亡數量比我們所擔憂的持續減少。諾曼第戰場被封鎖，鐵路無法運送援軍，這可能是轟炸機隊對「霸王」行動計畫的最顯著直接貢獻。轟炸所產生副作用的代價已經得到了完整的考量與心理預期。

本章主要探討技術性議題。英、美之間關於夜間與白天何時空襲為優的相互矛盾，已在經過嚴峻考驗後的結果中有所描述。我相信，對於炸藥的改進以及所有與雷達相關裝置的複雜性，我們的敘述是以一種能夠被普通讀者理解的方式進行的。然而，如果僅止於此，而不向在這恐怖的空戰中奮戰和犧牲的官兵致以敬意，那是不對的。這場空戰是前所未聞的，甚至無法準確想像。轟炸機人員所承受的精神考驗，達到了人類勇氣和奉獻精神的極限。這種冒險超越了其他所有冒險的最高和最激烈的程度。駕駛員無法連續參與超過30次空襲而不中斷，這已經成為一種定律。然而，許多人在進入最後十幾次激烈的空中戰鬥時，便感受到失敗的可能性越發增加。在人機結合的情況下，怎能有人參與30次空戰而不出事？倫敦警察廳的偵探警官麥克斯威尼，曾在大戰初期擔任我的衛士，之後決意在轟炸機上服役。在他受訓和作戰期間，我見過他幾次。有一天，他的態度和平常一樣愉快和輕鬆，但面露沉思之色，他說：「下次將是我的第29次了。」但那卻是他的最後一次。在我們深刻了解這些苦難後，對這些英勇的人們不僅感到同情和欽佩，更深感動容，正是憑藉對國家和事業的責任感，他們才能承受這種非凡的考驗。

我已陳述過以下事實，例如「在美國的 291 架巨型空中堡壘中，有 60 架被擊落」，以及「英國轟炸機司令部派出 795 架飛機襲擊紐倫堡，其中 94 架未能返回」。每一架美國空中堡壘配備十名飛行員，而英國夜間轟炸機則有七名飛行員。在這方面，我們每小時損失了六、七百名技藝精湛、訓練有素的戰士。這的確是烈火的考驗。在這場大戰中，英、美飛機對德國和義大利的轟炸，導致超過十四萬名空軍人員的傷亡；在本章所敘述的時期內，英、美空軍人員的傷亡，超過了渡過英吉利海峽大規模戰役中的損失。這些英雄毫無畏懼，絕不退縮。我們的勝利相當程度上歸功於他們的奉獻精神。向他們致以崇高的敬意。

空中攻勢全面升溫

希臘陷入深重苦難

希臘人與猶太人可謂是全球最熱衷於政治的民族之一。無論外部環境多麼不利，國家遭受多麼嚴重的危機，他們總是分裂成多個黨派，且眾多領袖之間展開你死我活的較量。常言道，若有三位猶太人在一起，其中兩人是首相，另一人則是反對黨領袖。另一個古老民族的情況亦然，為了生存而進行激烈且無休止的鬥爭可追溯至人類思想的起源時期。沒有其他兩個民族對世界的影響如此深遠。這兩個民族經歷了外來壓迫者帶來的無盡磨難，卻只有他們內部永無休止的爭鬥和混亂能與之相比；儘管如此，他們仍然展現出頑強的生存能力。數千年過去，他們的特性未曾改變，他們的苦難與生命力亦未減。然而，他們依然存在，並且從各自的角度為我們留下了展現其天才與智慧的遺產。沒有其他兩個城市如雅典與耶路撒冷般對人類貢獻巨大。它們在宗教、哲學與藝術上的啟示為現代信仰與文化提供了方向。即便經歷數百年的外族統治和難以言喻的壓迫，它們仍在現代世界中保持活力，內部仍然充滿爭鬥。我個人始終支持這兩個民族，堅信它們擁有無可戰勝的力量，能夠克服內部鬥爭，並抵禦威脅其生存的全球潮流。

1941年4月，盟軍撤退後，希臘被軸心國占領。希臘軍隊的瓦解，國王及政府被迫流亡，再次引發了希臘政治界的激烈辯論。希臘的國內外人士嚴厲批評君主制，因為它允許梅塔克賽斯將軍的獨裁，使其與現已崩潰的政權直接相關。希臘國王喬治二世在1941年5月離開克里特島時，隨行的政府主要成員由楚澤羅斯先生領導的保皇黨人士組成。他們經由開羅、南非前往倫敦的漫長旅程，使國外的希臘人士有充足的時間討論政治

希臘陷入深重苦難

問題。希臘憲法自 1936 年起停止實施，關於希臘在最終解放後的未來政權，必須由在盟國領土上的流亡人士進行討論。

我早已意識到這個問題的重要性。1941 年 10 月，我曾寫信給希臘首相，祝賀他從倫敦對被占領的希臘進行首次廣播演說，並對希臘被宣布為君主立憲制的民主國家感到欣慰。希臘國王在對國民的新年祝詞中也傳達了類似的情感。若要在這場戰爭中確保希臘的統一，首先需要加強流亡海外的人士與國內輿論之間的連繫。

在軸心國占領後的首個冬季，希臘面臨嚴重的饑荒，儘管紅十字會的救濟物資略微緩解了這個困境，戰爭的創傷仍然深刻。這場戰爭直到其軍隊分崩離析後才得以終止。然而，投降時他們將武器藏匿於山中，計劃以小規模分散行動繼續抵抗敵人。在希臘中部城市，饑荒促使大量民眾加入了抵抗戰鬥。1942 年 4 月，前一年秋季成立自稱為民族解放陣線（希臘文首字母縮寫為 E.A.M.）的組織，宣布成立人民解放軍（E.L.A.S.）。次年，尤其在希臘中部和北部，出現了一些小型戰鬥隊。當時在埃皮魯斯和西北山區，希臘殘餘軍隊和當地居民聚集在拿破崙·澤爾瓦斯上校周圍。民族解放陣線和人民解放軍的組織由共產黨領導人組成的堅定核心控制。澤爾瓦斯的支持者原本同情共產黨，後來則轉為專門反共。希臘對德抗戰的力量當時集中在這兩個中心周圍。兩者與倫敦的希臘政府均無直接聯繫，對其地位也不表同情。

在阿拉曼勝利前夕，我們決定襲擊德軍經希臘至比雷埃夫斯的補給線。比雷埃夫斯是雅典的港口，也是德軍通往北非途中一個關鍵基地。於是，1942 年秋，第一個英國軍事代表團在邁爾斯陸軍中校的領導下，空降至希臘並與游擊隊取得聯繫。在游擊隊的協助下，他們成功破壞了雅典鐵路幹線上的一座重要高架橋。同時，在比雷埃夫斯，希臘地下工作者透過出色且勇敢的怠工行動干擾軸心國的航運。這些成功的行動鼓舞了中東總

部，促使其派遣更多英國分遣隊，運送更多的炸藥和武器，與敵軍占領下的希臘反抗軍建立了直接聯繫。

1943年夏天，英國代表團得到加強。我們鼓勵該地區活動的另一個動機是利用它來掩護即將在西西里島展開的軍事行動。我們特別努力讓敵人相信，在突尼西亞失利後，盟軍計劃在希臘進行大規模登陸。英、希聯合分遣隊炸毀了雅典鐵路幹線上的另一座橋梁，其他怠工行動也取得成功。結果，原本可能派往西西里島的兩個德國師被調往希臘。然而，這成為希臘游擊隊在軍事上對大戰的最後一次直接貢獻，隨後局勢充滿了為戰後權力爭奪的鬥爭。

政治紛爭阻礙了游擊戰爭，我們很快意識到自己陷入了一個複雜而尷尬的局面。事實揭示，存在三種不同的派系：人民解放軍，人數達兩萬，主要由共產黨控制；澤爾瓦斯的部隊，稱為民族民主軍（E.D.E.S.），總計五千人；以及聚集在開羅或圍繞在倫敦的希臘國王身邊的保皇黨政界人士。我們對於在1941年與我們並肩作戰的盟友希臘國王，肩負著特殊的責任。這些派別如今都認為盟軍可能會贏得這場戰爭，他們之間的權力爭鬥也變得越加激烈，這種內部分裂對共同的敵人是有利的。1943年3月，雅典的一群著名政治家簽署了一份宣言，警告希臘國王在戰後公投前不要回國。關鍵在於，希臘國王應明確他的立場。因此，7月4日，他對希臘人民發表了和解性的廣播，承諾在國家解放時立即舉行選舉，同時流亡政府在返回雅典後立即辭職，以便成立具有更廣泛基礎的政府，但希臘國內輿論要求採取更直接的行動。不久，駐紮在中東的少數希臘軍隊爆發了一次小規模叛變；當時在中東，民族解放陣線的廣播正在廣泛傳播。8月間，由希臘國內主要抗戰集團選出六位領袖所組成的代表團被派往開羅，他們也極力主張在國王回國前應舉行公投，並且希臘國內政治家應在流亡政府中獲得三個職位。國王和首相都未同意這些主張。

希臘陷入深重苦難

在我前往魁北剋期間，希臘國王喬治二世發來電報，內容涉及這些進展：

希臘國王（於開羅）致信首相及羅斯福總統

1943 年 8 月 19 日

7 月 4 日，我已向我國人民宣告，解放後將邀請他們通過自由選舉方式來確定政府的形式。

我目前遇上了一種極為罕見的情形，這源於一些自稱代表各游擊隊的個人，意外地從希臘抵達此地；此外，一些舊政黨的代表試圖迫使我宣布，只有在進行關於未來政府結構的全民公投後，我才能返回……在此情形下，究竟應採取何種策略以確保希臘及聯合國家的利益最大化，我非常重視你們的看法。

如今，我個人傾向於繼續執行我們在我離開倫敦之前所達成協定的政策。我堅信，儘管我曾因國家利益而短暫離開本國前往盟國工作，但若未來局勢發展表明我率軍回國是最佳選擇，那麼我就應當採取此舉。

我為此問題撰寫了一份備忘錄：

首相致外交大臣

1943 年 8 月 19 日

若實力雄厚的英國軍隊參與解放希臘的戰役，希臘國王應隨同英、希兩國軍隊一同返國。這是最有可能實現的方案。然而，若希臘人具備足夠的力量自行驅逐德軍，我們對此問題的影響力將大幅減弱。在那種情況下，希臘國王應要求實現目前所提議的方案，即保皇黨和共產黨獲得同等代表席位。不論如何，當解放戰爭展開，而和平公投的條件尚未成熟時，若希臘國王仍決定留在國外，那將是一個重大錯誤。

史末資對希臘的前途保持高度關注，並向我提出了一些頗具前瞻性的見解：

史末資將軍致首相

1943 年 8 月 20 日

　　顯然，人們對於負責將希臘愛國人士及其他黨派代表帶到開羅的英國情報人員存有深刻的懷疑，認為他們可能反對保皇黨，並猜測這些愛國人士的代表可能傾向共產主義。國王喬治一直以來都堅定支持盟國，並為其事業作出重大犧牲，因此在這個關鍵時刻，我們必須給予支持。我認為明智之舉是：你應再次向希臘政府明確表示，至少在希臘人民能夠於穩定的全國環境下決定未來政權之前，英國政府將支持希臘國王。盟軍占領希臘後，不宜立即進行公民投票或普選來決定政權，因為在目前情緒激昂的情況下，這樣的舉動即使不引發內戰，也很可能導致內亂。在民眾情緒平息和公共安全環境恢復平靜之前，應繼續實施盟國在軍事占領下的管理。在這個過渡期內，希臘國王喬治及其王室成員最好返回希臘，以便為盟國管理提供道義支持和合法性。

　　我極為憂慮，盟軍若在占領後不採取果斷措施以掌控局勢，希臘及其他巴爾幹國家或將因民眾激憤而陷入混亂。若容許這些民族自由進行政治活動而不加以限制，混亂和大規模的共產主義活動或將席捲該地區。義大利甚至可能面臨類似危機，而希臘和巴爾幹國家則必然受到威脅。因此，我們需明確表態，在當前階段，我們計劃在盟軍的軍事管制下維持公共秩序和權力，直至局勢穩定，能夠實施地方民族自決時為止。希臘局勢正處於關鍵時刻，你或許認同此事應作為一個關乎未來政策極為重要的問題，而與總統進行磋商。一個支離破碎、滿目瘡痍的歐洲，確實有布爾什維克化的可能。只有透過提供糧食、創造就業機會和實施臨時盟國管制才能加以防止。

　　1943 年 9 月，義大利投降，改變了希臘的力量平衡。人民解放軍因此得以繳獲義大利的大部分裝備，包括整師的武器，在軍事上獲得了絕對優勢。在德軍撤退的背景下，共產黨策動政變的風險顯得更為現實，需密切

希臘陷入深重苦難

關注。9月29日，我向三軍參謀長提交了一份備忘錄：

首相致函伊斯梅將軍，轉交參謀長委員會

1943年9月29日

在這個主要具政治性質的議題上，我與外交大臣的看法完全一致。如果德軍撤出希臘，我們必須確保能夠部署五千名英軍，配備裝甲車和輕機槍車，進入雅典。他們無需運輸艦或大炮。在埃及的希臘軍隊將與他們一同前往。他們的職責是在這個全國中心城市，支持重新上臺的希臘合法政府。希臘人不會知道還有多少軍隊陸續到來。希臘游擊隊之間可能會發生一些糾紛，但希臘人會對英軍表示極大的敬意，尤其因為在獲得解放後的最初幾個月中，救濟全國饑荒完全依賴我們的努力，因此會更加尊重。只需將軍隊組織起來，足以防止在首都發生騷亂，或來自農村對首都的進攻⋯⋯一旦建立了穩定的政府，我們就應當撤離。

這是關於解放時期可能被迫干涉希臘內政的最初提議。

目前，局勢迅速演變，因為人民解放軍計劃在德軍撤退後，趁革命立憲政府尚未成立之際，立即奪取政權。這一年的冬天，他們對敵方的活動減少。10月，人民解放軍襲擊了民族民主軍（澤爾瓦斯的部隊），導致駐開羅的英軍總部完全停止向人民解放軍運輸軍火。我們派駐當地的各個代表團，正努力阻止這個被戰爭踐踏的國家內已經爆發的內戰進一步擴大，並尋求遏制局勢。

開羅和德黑蘭會議所作出的決策，對希臘局勢產生了間接影響。盟軍並無意在希臘進行大規模登陸，且在德軍撤退後，也不計劃派遣大量英軍前往希臘。因此，必須考慮採取措施以防止無政府狀態。在我們看來，雅典大主教扎馬斯基諾斯是一個超然於敵對黨派之外的人物。艾登先生在開羅期間已經使希臘國王了解設立臨時攝政的好處。同時，我們希望派遣中東的希臘旅前往義大利參戰，以提升流亡政府的聲望；如有必要，也可以

派遣忠誠可靠的軍隊到希臘西部。

希臘國王拒絕設立攝政，並返回倫敦。與此同時，民族解放陣線及其軍事組織人民解放軍已經在希臘中北部山區建立了一個獨立的實體，成為國中之國。1944年2月，英國軍官在人民解放軍和民族民主軍之間促成了一項不太穩固的停戰協定，而蘇軍正逼近羅馬尼亞邊界。隨著德軍撤出巴爾幹半島的可能性日益增加，王國政府依靠英軍援助返回希臘的機會也隨之上升。民族解放陣線的領導人預估這些變化可能在4月發生，遂決定採取行動。

3月26日，民族解放陣線的政治委員會在山區宣告成立，並向全球傳播這個消息。這無疑是對楚澤羅斯政府未來權力的公然挑釁。一個由共產黨主導的平行行政機構就此誕生，成為希臘人民團結的核心。這表示在中東的希臘軍隊和海外希臘政府之間的爭端開始浮現。3月31日，一批陸、海、空軍官員在開羅拜會楚澤羅斯，要求他辭職。局勢已然逼近緊要關頭，但身處倫敦的希臘國王尚未意識到情勢的緊迫性。英國駐開羅的希臘政府大使利珀先生於4月6日發來以下電報：「我認為必須坦誠表達意見。希臘國王正玩火自焚。他未能及時領會局勢的迅速變化，不僅危及君主制的利益，也損害了國家的利益……民族解放陣線意識到雅典政界人士與開羅希臘政府結成統一戰線對他們構成的威脅。他們也明白，雙方達成協定將增強開羅希臘政府的力量，而他們在山區建立獨立政府的努力將被終結。因此，他們在此過渡期煽動希臘軍隊的叛亂，意圖削弱希臘政府。他們的煽動已經取得部分成功，未來幾天可能更見成效。」「楚澤羅斯先生進退維谷。由於雅典的大主教和政界人士表示支持，楚澤羅斯本有良好基礎與同僚合作，但該協定以他能勸說國王批准一項任命大主教為攝政的憲法法案為前提。數週已過，楚澤羅斯尚未收到國王的最終答覆，只獲悉國王的初步反對意見。他未向同僚透露此消息，以免引發巨大波動……若

希臘陷入深重苦難

非民族解放陣線最近在軍隊中煽動，這種局面本可持續。」

這天傍晚，楚澤羅斯先生辭去了職務，並提議由內閣中的海軍大臣韋尼澤洛斯先生接任。4月4日，希臘軍隊發生騷亂，其中包括我希望能參與義大利戰役的第一旅。5日，開羅的希臘憲兵司令部被一百名叛軍占領，英國軍隊和埃及警察不得不將叛軍包圍，並成功地用卡車將他們轉移到隔離營。在亞歷山大港，希臘海員工會的一位領袖與三十名追隨者在其住所周圍設下防線，抵抗警察。希臘皇家海軍的5艘軍艦宣布支持共和國，要求現政府的各部大臣辭職。希臘政府的所有大臣都向國王提交了辭呈，但同意在獲得批准前繼續留任。

此時，由於艾登先生不在倫敦，我暫代外交部職務，因此直接處理所有外交事務。我向地中海最高盟軍司令官發去以下電文：

首相致函威爾遜將軍，同時抄送亞歷山大將軍。

1944年4月5日

我們早在三個多月前已經同意將一支希臘部隊從埃及調往義大利，以參與盟軍的進攻，即便必要時不攜帶戰車裝備。據悉，僅有一個連隊抵達義大利，其餘部隊將在本月內到達。如此少量的軍力調動，為何如此遲緩且困難？他們在埃及易被當地革命分子和共產黨分子影響。遊手好閒者總會被魔鬼引誘去做壞事。請迅速將他們從埃及轉移，在義大利北部適當城市集中。我認為這個小問題具有重大的政治意義，不應如此拖延。

4月7日，我亦以電話告知楚澤羅斯先生，內容如下：

得知你已經辭去職務，感到非常震驚。此事似乎會讓希臘在國家生死存亡的關鍵時刻陷入無所適從的境地。剛剛與國王會面，他似乎尚未批准你的辭職信。國王計劃下週前往亞歷山大港，務必請你在那裡等待他。

希臘海、陸軍的情勢越發嚴峻，韋尼澤洛斯表示無法接任。楚澤羅斯先生於4月7日回電：「根據希臘法律的要求和你的期望，我將在當前危

機獲得合法解決前繼續留任。如果國王打算回到埃及後再處理此危機，我擔心那時可能已經沒有解決的機會。」

4月7日，利珀先生撥通了外交部的電話：

希臘社會內部的動盪已經達到革命的程度。臨時性的希臘流亡政府因其流亡身分而顯得脆弱，正面臨嚴峻的困境。它竭力應付當前局勢，但已經全然失敗，而在未得到身處海外的國王批准下，無法進行合法改革，困境更加嚴峻……

然而，英國大使又希望國王不在場的狀況之下時於開羅解決此局面。「希臘國王若現在返回，必將引發新的爭端。楚澤羅斯及其同僚堅決持此看法。國王將發現自己孤立無援，無法施展，而對我們而言，這將造成嚴重的尷尬。」他請求外交部極力阻止國王回國。「在我們當前的情況下，我請求你們接受當地人士的建議。此地人士對我的看法表示認同。」

那天，希臘國王在倫敦與我共進午餐。我將大使的電報遞給他，沒有發表任何看法。他表示要立即前往開羅。我覺得他的決定非常正確。

首相致利珀先生

1944年4月7日

我已與國王商討了相關局勢。他決定於週日晚間搭乘飛機返回開羅；雖然你的電報（我已向國王展示）建議相反，我卻認為他的決定是恰當的。若開羅的事件如你所言屬希臘革命，我無法建議他置身事外，讓如此重大的問題在他不在場時被決定……應同時警告當地所有希臘政客和煽動者：我們將採取一切必要的治安措施，以防止對埃及法律和秩序的潛在威脅，以及危及希臘國王與政府地位和權力的煽動和示威……你應告知楚澤羅斯先生，我希望他繼續留任，直至當前危機獲得合法解決……

這是一個展示英國外交人員所具備的冷靜沉著和遊刃有餘特質的機會。

希臘陷入深重苦難

次日，我再度發出一封電報：

首相致利珀先生

1944 年 4 月 8 日

若天氣如常，希臘國王將於星期日晚間出發。在此期間，楚澤羅斯先生需要繼續履行職責。如能讓索福克萊斯‧韋尼澤洛斯先生與其一同留任，當然更佳。希臘國王抵達後，英國保全部門須確保其安全。或許需要幾日思考決策，切勿催促。我正要求軍事指揮官盡快將希臘旅調至義大利，他們必將清除擾亂者。希望艦隊司令能以相同方式維護其指揮的所有艦艇紀律，但如非必要，切勿動用武力。

對你個人而言，這是一場難能可貴的機遇。你應遵循我所指引的策略，無需擔憂後果。你提到如履薄冰的境地。在這樣的時刻，你究竟該何去何從呢？不過，請務必嚴格遵循我以下的指示：首先，確保武裝部隊維持秩序與紀律；其次，保護希臘國王的安全；第三，盡力說服楚澤羅斯繼續留任，直至國王返回並有時間評估局勢；第四，爭取讓韋尼澤洛斯與楚澤羅斯共同留任；第五，以虔誠且合適的方式慶祝復活節。

4 月 8 日，1 艘希臘驅逐艦拒絕執行出海命令，除非成立一個包含民族解放陣線代表的政府。譁變的希臘旅在營地周圍設立了防禦工事，而人數稀少的希臘空軍部隊預計也會出現動亂。我只得放棄將希臘旅調往義大利的計畫。隨後，我致電駐紮在埃及的柏哲德將軍：

首相致柏哲德將軍

1944 年 4 月 8 日

對於一個脅迫上級、實施叛亂的旅團，理應加以包圍，並採取切斷一切供應的策略迫使其投降。你為何不切斷水源供應？這難道不會更迅速地達到預期效果嗎？顯然，這些軍隊應被解除武裝。我同意，我們必然要放棄將其調往義大利的計畫。請不斷向我詳細報告各種繳械方案。我們不能

容忍在我們負有最終責任的外國軍隊中出現政治變革。無論如何，應動用大量英軍進行威懾，以盡量減少流血事件。

我再次向利珀先生詳細闡明我們的政策，以便他在與希臘人士交涉時加以運用。

首相致利珀先生

1944 年 4 月 9 日

我們與以希臘國王為首的合法希臘政府已經建立了明確的關係。希臘國王是英國的盟友，我們不會因為迎合那些野心勃勃、流亡的無名之輩的暫時欲望而拋棄他。同時，希臘不能透過各個游擊部隊展現憲政精神，這些游擊隊在許多情況下與土匪無異，假裝是國家的救世主，卻欺壓鄉民。如果必要，我將公開譴責這些分子及其傾向，以強調大不列顛對希臘的熱愛。希臘的苦難，我們過去分擔得很少，遺憾的是當時我們沒有現在這樣的武裝力量。我們唯一的希望和關切，是看到希臘成為地中海東部一個光榮、自由的國家，成為戰勝國所尊敬的朋友和盟友。因此，讓我們共同為這個目標而努力，並明確表示，我們不會忽視任何不當行為。

我一直在努力籌劃將希臘旅轉移至義大利。它們到達義大利後，仍有可能參與預計在今夏實現的羅馬攻占戰役。這個旅是希臘第一旅，它象徵著曾經擊退義大利侵略者的希臘軍隊，只是在德國的惡毒干涉後才失敗。該旅在過去曾為提升希臘在國際上的聲譽立下汗馬功勞，未來也將有機會繼續如此。遺憾的是，他們竟利用這個機會表現出不光彩甚至卑劣的無紀律行為，而這種行為被大多數人視為因他們無恥地害怕被調往前線作戰所致。

同樣，希臘海軍以其無數英勇的水兵和在捍衛國家榮耀中的傑出表現著稱，不應貿然嘗試干涉政治，甚至膽敢迫使希臘人民接受某種憲法。我相信，只要迅速實現勇敢的領導，並以不可抗拒的力量作為後盾，就能讓這兩支軍隊重新充分意識到民族的榮譽和責任。

希臘陷入深重苦難

我一直謀求讓希臘在勝利國的各種國際委員會中再度擁有重要地位。回想我們付出了多大的努力，才將希臘代表納入義大利諮詢委員會，並設法派遣一個希臘旅參加即將在義大利贏得的戰爭。希臘人在埃及因為我們的庇護，才得以安然無恙，他們依靠我們提供的船艦和武器裝備，或在英國中東總司令的軍事指揮下才獲得安全；如果這些希臘人竟然允許國內的紛爭，妨礙他們對祖國履行莊嚴職責，他們將在世界歷史上淪為卑賤可恥的地位。由於自私或意氣用事，他們很可能讓希臘在國內外都失去光彩，而他們自己的聲譽也將在歷史上被永遠唾棄。

希臘國王視自己為人民的僕役，並不尋求對他們的統治。待局勢恢復正常後，他將遵循人民的公投結果。無論是他本人還是王室，均完全聽命於希臘人民的決定。德國侵略者一旦被驅逐，希臘是成為共和國還是君主國，將全然依據人民的選擇。在此情況下，希臘人為何不能對共同敵人保持仇恨？這個敵人已經給他們造成極大損害，若非偉大盟國的堅定努力，希臘作為自由民族早已被敵人所消滅。

柏哲德將軍向我彙報，希臘第一旅背叛了指揮官，拒絕執行其特別命令進行繳械，他建議採取直接行動以執行命令。4月9日，我致電告知：「這些小規模事件正在迅速更新，我完全支持你當前的措施……若能無流血地使該旅屈服，那將是你的成就。但必須確保其屈服。你將獲得我的支持。」

希臘旅當前被英軍以優勢兵力包圍。希臘旅人數為四千五百人，配備五十多門火炮，全部部署在防禦陣地以抵抗我們的進攻。4月12日，我再次向利珀先生及所有相關人員下達指令：「在政治問題上，絕不可與叛亂分子談判條件。他們必須無條件地返回職位並繳械。絕不能作出任何不懲辦主謀者的保證……關於寬大處理的問題，將由國王決定。在採取任何決定性行動前，需讓我知曉具體措施。」

再度命令：

首相致函利珀先生及所有主要相關人員（位於開羅）

1944 年 4 月 14 日

在動用武力之前，必須確保切斷供應的策略在營地和港口確實生效。應充分利用封鎖這個手段，阻止任何突圍企圖。切勿過於擔心外界的反應。不要顯露出急於談判的意圖。只需用大炮和優勢兵力圍困，讓飢餓發揮作用。除非我特別指示，絕不接受來自美、俄的任何援助。你們擁有足夠的武力和時間，可以迫使叛軍遵從正當紀律，這比建立任何特殊的希臘政府更為重要。如果我們最初允許一支旅或小艦隊干涉政治問題，將會造成更大的危害。

根據我最新獲得的情報，希臘旅的局勢已經出現有所改善的跡象，他們的口糧已經耗盡。你們應充分利用這些趨勢，並持續向我彙報。

第二天：

首相致利珀先生

1944 年 4 月 15 日

請勿被當地希臘居民可能產生的反英情緒所左右。若以撫慰方式解決這個嚴重事件，將是極大的錯誤。此種方式應由希臘國王及其新政府作為寬容的舉措來執行。我們必須迫使這些人無條件放下武器並屈服，我相信不會出現流血事件。

此時，希臘國王已經抵達開羅；4 月 12 日，他發布公告，表示一個主要由希臘本土人士組成的代表性政府即將成立。次日，韋尼澤洛斯接替楚澤羅斯上任，並祕密採取措施，將希臘首都的代表帶往開羅。

我已向羅斯福總統詳細彙報了當前的全部情況，他對我的看法以及希臘國王喬治的處境表示同情。

希臘陷入深重苦難

首相致羅斯福總統

1944 年 4 月 16 日

　　民族解放陣線設立的政治委員會在希臘山區成立後，希臘陸、海軍內部隨即爆發了動盪。不容置疑，那些長期致力於削弱希臘軍隊對合法君主及政府忠誠的極端分子，藉此良機發動公開的暴力行動。叛亂者顯然反對國王，支持共和體制，但在動亂中幾乎沒有直接針對國王個人。他們唯一明確的要求是，希臘政府應採取有效措施承認並與希臘政治委員會聯合。

　　此危機恰逢不利時刻，因為楚澤羅斯先生已經邀請雅典的多位溫和派政治家迅速趕往開羅加入政府。他同樣邀請了由共產黨掌控的民族解放陣線的代表參與；該組織建立並主導政治委員會。因此，楚澤羅斯竭力推動建立一個真正具有代表性的希臘政府。

　　他獲得了同事們對這項計畫的支持；顯然，他們並未參與激起希臘軍隊中的動盪。然而，他們對楚澤羅斯的地位極為嫉妒，因而利用希臘軍隊中最初較小的動盪來逼迫他下臺。楚澤羅斯意識到自己已經無法掌控局面，於是提出辭職，並推薦韋尼澤洛斯接任首相。希臘陸軍中的動盪迅速蔓延至海軍，陸、海軍的騷亂已經更新為全面譁變。開羅的政界人士明白問題已經超越個人權力鬥爭和個人野心，他們只求找出一位以左傾思想聞名且能被軍隊中的叛亂分子接受的人物來擔任首相。

　　希臘國王拒絕接受由叛亂分子實際指定的新政府。他認為必須首先恢復希臘武裝部隊的秩序，然後才能對政府進行任何合法的調整。我完全同意他的看法，並已經指示我們駐希臘的大使，盡力勸說希臘大臣們在國王返回開羅研究局勢之前留任。我很高興地通知你，他們對此都表示同意。我還指示中東的軍事當局堅決處理他們指揮下希臘軍隊中的無紀律狀況。希臘陸、海軍中的秩序尚未完全恢復，但叛亂分子正被孤立；一旦主謀被捕，叛亂即可平息。

希臘國王現已抵達開羅，經過親自調查局勢後，他已經任命韋尼澤洛斯先生為首籌組新政府。

總統向我回覆了以下極有價值的消息：

羅斯福總統致首相

1944 年 4 月 18 日

感謝你提供了關於希臘在參與盟國作戰時近期遇到挑戰的消息。

我與你懷有相同的期望：你對這個問題的策略能夠推動希臘人重返盟國的行列，參與對抗野蠻人的戰鬥，這與希臘歷史上英雄們奠定的傳統一致。坦率地說，我的家族和我本人為希臘獨立作出的個人貢獻已有一百多年的歷史，因此我對當前狀況感到痛心。我希望各地的希臘人能夠拋棄狹隘偏見，恢復正常的情感。讓每位希臘人回憶那光輝的過去，展現出當下急需的無私精神。如有必要，你可以按上述意義引用我的話。

首相致羅斯福總統

1944 年 4 月 18 日

感激不盡。我已經告知我的團隊，將你的來電傳達給國王和新上任的大臣們，也會向反叛的希臘旅和不屈服的希臘艦隊宣讀。這或許會帶來極大的正面影響。

由於亞歷山大的事件已經達到頂峰，我撥通了海軍總司令的電話：

1944 年 4 月 17 日

你必須讓「阿韋羅夫」號的高級指揮官清楚地了解，他避免使用武力的承諾，不會得到我們的回應。我們將在必要時對叛變的士兵開火。希臘海軍的官兵沒有干涉新政府組織的權力。他們的職責是服從偉大盟國所承認希臘政府的命令。

希臘進行中的叛亂局勢，正演變成一場危機。

希臘陷入深重苦難

首相致柏哲德將軍

1944 年 4 月 22 日

如你判斷需對叛軍營地開火,可先嘗試向那些將炮口對準你們的要塞進行幾次試射。若無回擊,可在適當間隔後加大火力攻擊。同時,如果對方仍不退讓,可以告知他們你即將進行的火力準備。我們計劃動用最大武力,但若有可能,應避免造成大量傷亡。建議責任應由英方承擔,而非力量薄弱、岌岌可危的希臘政府。

我收到以下的回電:

柏哲德將軍致首相

1944 年 4 月 23 日

我的計畫依據你的指示而制定。為觀察敵方營地,需先奪取高地上希臘軍隊的兩個哨崗,該任務將在黎明前由步兵完成。天亮後,我們將在其營地上空施放十分鐘的煙幕。待煙幕消散後,再散發傳單。傳單告知將再次施放長達半小時的煙幕,藉此掩護,願意離開營地的人應迅速行動。若叛變者繼續頑抗,則對其炮壘發射幾炮;隨後暫停,給予投降機會。我們將反覆使用此策略,直至摧毀他們的全部火炮。若叛軍仍不投降,則需在大炮和坦克掩護下派遣步兵攻入營地;不過坦克僅用於狙擊,不進入敵營,因叛軍據稱已經備足反坦克武器。他們無疑糧食短缺,但已經從當地阿拉伯人手中採購一些。事實證明,嚴密圍困叛軍營地以杜絕此事仍然不可能。

當天晚上,叛變的希臘軍艦已經被忠誠的希臘水兵控制;叛軍及五十名傷員被集中並運送上岸。柏哲德將軍目前希望透過談判使希臘旅投降,避免流血衝突。此事件的處理完全成功,因此,我能在次日告知羅斯福總統,英國軍隊在希臘叛軍微弱抵抗後,已經占領俯瞰希臘兵營的主要山脊陣地。希臘叛軍無人員傷亡,但一名英國軍官陣亡。希臘旅投降並繳械,

被押送至俘虜營,並已逮捕主謀者。海軍叛兵早在 24 小時前已經無條件投降。

我對柏哲德將軍表示祝賀,讚賞他以果敢且機智的行動取得了令人滿意的結果。

總統羅斯福與我同樣感到欣慰:

羅斯福總統致首相

1944 年 4 月 26 日

我對你成功平息希臘海、陸軍叛亂感到非常欣慰。我期待你在埃及政治事務上的努力同樣取得成效。「霸王」作戰計畫希望能有強而有力的義大利行動作為支持,一旦為義大利戰役設定全面進攻敵人的日期,這個前景將更加光明。由於我們暫不實施「鐵砧」計畫,因此在義大利取得真正勝利顯得尤為重要。

在我度假的地方,一切皆如人意。醫生確認我的健康狀況已經有所改善。

我們曾透過電報聯繫莫洛托夫,或透過蘇聯駐開羅大使館傳遞信件,以確保俄方隨時掌握事態進展。蘇聯政府僅僅對我們的行動提出批評;5 月 5 日,我們正式在莫斯科請求蘇聯與我們合作應對希臘局勢。蘇聯回覆稱,關於希臘政治問題的任何公開宣告,若有蘇聯參與,將是不合適的。

叛變事件告一段落後,希臘新政府的籌組問題越發迫切。韋尼澤洛斯並不被視為合適的人選,希臘社會民主黨領袖帕潘茲雷烏在國內被推舉,於 4 月 26 日就任。次日,他發布了一項宣言;該宣言成為包括希臘山區領袖在內各黨派會議的討論焦點。這些代表於 5 月 17 日在黎巴嫩的山間度假勝地召開會議,經過三天的激烈辯論,最終達成協定:在開羅籌組一個由帕潘茲雷烏擔任首相、各派系均有代表參與的政府,而希臘山區則繼

續維持一個統一的軍事組織對抗德軍。此安排為未來開創了極具希望的前景。

5月24日，希臘新政府的公告正式發布。當日，我向下議院提交了關於這些事件的報告：

經過漫長的辯論，黎巴嫩會議終於達成全面協定；新政府將涵蓋所有黨派的代表；新政府必須專注於一個最終且唯一重要的目標，即籌組一支國民軍，整編所有游擊隊，並利用這支軍隊驅逐敵人出境，或更好地就地消滅敵人。

星期一，報紙刊登了來自希臘共產黨和極左翼黨派領袖們的喜訊。今天，報紙上又刊登了帕潘茲雷烏先生的信件；信中表達了他對政府前景的希望，並對我們協助解決這些不幸事件表示感謝；我將這些事件稱為失敗病，而希臘現在有機會徹底治癒這個病症。我相信當前的形勢——我希望並祈禱形勢會如此——表明希臘在清除其國土上外國侵略者的戰爭中，將迎來新的良好開端。因此，我向下議院報告，希臘局勢已經出現顯著有利的變化，這種變化超出了我上次報告時的預期。

這個扣人心弦的事件終於圓滿落幕。儘管與大戰的宏大行動相比，其規模相對較小，但它可能成為不斷引發爭議的問題。由於我個人在這次事件中承擔了直接責任，故對此進行了詳細記錄。發布所有電文之前，我會先在戰時內閣中傳閱，我的同僚們完全未曾限制我的任何行動。我們的軍隊指揮官們能夠以壓倒一切的力量、堅定不移的意志和耐心，平息情緒激烈軍隊中的政治性騷動，這無疑是巨大的成就；並且除了來福槍旅第二營的英國軍官少校科普蘭犧牲外，沒有發生其他流血事件，而他的犧牲絕非徒勞。

我們在歐洲和世界各個地點所遇到的種種困難和考驗，將在本書相關章節中詳細描述。然而，我相信，整體來看，我的政策經得起事變的考驗，事實證明它是正確的；不僅在戰爭期間如此，即使在我撰寫本書的當下也是如此。

希臘陷入深重苦難

緬甸戰局與周邊動態

現在讀者需要回顧大約一年前的局勢,以理解太平洋地區對日戰爭的整體形勢。目前,美國與澳洲聯邦正投入主要力量進行這場戰爭。

到 1943 年下半年,日軍已經在新幾內亞的東端失利。麥克阿瑟將軍需要先奪回新幾內亞的整個北海岸,然後才能進攻菲律賓群島。美國第四十一師的一部分部隊向薩拉毛亞推進;至 6 月底,其他部隊則從海上抵達,在附近登陸。他們與來自伍沃的第三澳洲師會合,開始向薩拉毛亞發起進攻。這次行動有明確目標,目的是為了吸引敵方增援部隊遠離作為下一個目標的萊城。1943 年 9 月 4 日,萊城進攻開始,曾在阿拉曼戰役中表現出色的第九澳洲師在該城東面 10 英里的海岸登陸。次日,美軍傘兵在馬克漢姆河谷的納德扎普著陸,並在澳軍先遣部隊的協助下迅速建成機場。第七澳洲師透過空運抵達,立即展開推進。萊城面臨兩面夾擊,於 9 月 16 日被攻占。幾天前,薩拉毛亞已被攻下,10 月 2 日芬什哈芬也已經攻陷。所有這些城市的抵抗都相當激烈。從萊城向西北延伸的馬克漢姆河谷,有多個地點適合開闢機場。第七澳洲師迅速利用勝利機會,透過一系列空襲,占領了這一地區。所有軍事行動計畫周密,執行時得心應手,陸、海、空三軍協同作戰達到高度合作。

在澳洲軍隊占領芬什哈芬之後,他們遭到了日軍的激烈反擊。在 10 月的最後兩週,雙方多次交鋒。至 11 月中旬,第五澳洲師穿越休昂半島的山脈,攻下了一系列防禦工事,而第九澳洲師則在馬克漢姆河谷的高地進行清剿。1944 年 1 月初,美國第三十二師的一支部隊在賽多爾展開兩棲登陸,2 月 11 日,第五澳洲師與其會合。清除休昂半島的敵軍耗時五個

月。駐防在那裡的 1.2 萬名日軍中，倖存者不足 4,200 人。

1944 年 4 月，麥克阿瑟將軍指揮部隊從海、陸、空三方迅速推進四百英里。他繞開駐紮在威瓦克島的五萬日軍，指派一支美軍師在艾塔佩登陸，另外兩個師則在荷蘭迪亞附近上岸。日軍空軍遭受重創，380 架飛機被擊毀。此後，盟軍在海、空力量上占據了決定性優勢，使得麥克阿瑟能夠選擇對他最有利的目標，而將日軍那些大型的袋形陣地留待以後解決。最終，他躍進至比阿克島，美國第四十一師與島上近萬名守軍展開激烈戰鬥。由 12 艘日本戰鬥艦組成的護航隊試圖運來增援，但在空軍轟炸下，或被擊沉，或遭重創；到 1944 年 6 月底，比阿克島已經在美軍的有效控制之下。這代表著新幾內亞長達兩年的戰鬥結束；由於敵軍的頑強抵抗、惡劣的自然環境、肆虐的疫病以及交通條件的匱乏，該戰役的艱辛在歷史上極為罕見。

在更遙遠的東方，1943 年 7 月初，隨著麥克阿瑟將軍發起對薩拉毛亞的攻勢，哈爾西海軍上將在新喬治亞展開了進攻。經過數週的激烈戰鬥，該島及周邊島嶼均被攻占。空戰再次成為衝突的亮點，美國空軍的優勢很快被證明是關鍵的因素。日本空軍的損失已經超過美國空軍，比例約為 4 比 1 或 5 比 1。

1943 年 7、8 月間，美軍透過一連串海戰奪取了制海權。至 9 月，日軍的主要抵抗力量已經瓦解，儘管布干維爾島及其他島嶼上仍有激烈戰鬥，但索羅門群島的戰鬥在 1943 年 12 月已經告終。敵軍仍占領的陣地現已被孤立，我們可以完全繞過它們，任其自生自滅。

在新不列顛島的拉包爾，已經成為第二個攻擊中心。11 和 12 月期間，該地連續遭到盟軍空軍的猛烈轟炸；1943 年末，麥克阿瑟將軍的兩棲部隊在新不列顛島西端的格羅斯特角登陸。後來決定繞過拉包爾。因此，需要另建基地以支持美軍進軍菲律賓，而該基地正是麥克阿瑟能掌控的，位於

阿德米勒提群島的馬努斯島。1944 年 2 月，攻占拉包爾以東一百二十英里的格林島，象徵著包圍任務的第一階段結束。隨後，成功占領了位於拉包爾西側的整個阿德米勒提群島。3 月間，拉包爾北面的埃米勞島被哈爾西海軍上將占領。於是，拉包爾完全被孤立。這樣，這些島嶼的空域和海域完全轉移到美軍的控制之下。

此時，在尼米茲海軍上將的指揮下，美國海軍的主要力量開始集結，意圖穿越赤道附近的島嶼群。這些島嶼原先形成了一系列前哨，保護著日本艦隊在加羅林群島特魯克島的基地。位於最東方的吉爾伯特群島於 1941 年被日本從英軍手中奪下，如今被選定為首個攻擊目標。1943 年 10 月，曾在中途島戰役中聲名顯赫的斯普魯恩斯海軍上將被任命為太平洋艦隊司令。11 月，哈爾西進攻布干維爾島的同時，斯普魯恩斯向吉爾伯特群島的塔拉瓦島發起攻擊。該島防禦堅固，約有三千五百名日軍駐守。儘管事先實施了猛烈的空襲，海軍陸戰隊第二師在登陸時仍遭到頑強抵抗。經過四天的激烈戰鬥，儘管傷亡慘重，最終成功占領了該島。

塔拉瓦據點一旦被清除，通往吉爾伯特群島西北方的馬紹爾群島進攻路線便暢通無阻。1944 年 2 月，針對馬紹爾群島的大規模兩棲作戰在太平洋地區展開，這是迄今為止最大規模的行動。到 2 月底，美軍已經取得重要勝利。斯普魯恩斯毫不停歇地進入攻勢的第二階段，透過空襲削弱日軍在加羅林群島和馬利亞納群島的防禦。這些軍事行動的突出特點，是部對從海上進攻的靈活性。在歐洲方面，我們正為「霸王」作戰計畫進行最後部署，集中大量部隊於英吉利海峽的狹窄海域，而斯普魯恩斯的航母則在廣闊海域展開，攻擊日軍防禦圈內的馬利亞納、帛琉和加羅林群島的各個島嶼，同時支援麥克阿瑟進攻荷蘭迪亞。在「霸王」作戰計畫實施前夕，日軍在太平洋區域各地的力量已經大為削弱；中太平洋的防禦體系已經出現多處缺口，瓦解之勢已然形成。

緬甸戰局與周邊動態

馬歇爾將軍在總結西南太平洋戰役時報告稱，盟軍在略多於一年的時間內，「已向日本帝國占領區推進了一千三百英里，切斷了十三萬五千多日軍的後路，使他們無法獲得援助。」

如今，我們必須在讀者面前描繪一幅截然不同的東南亞戰爭圖景。日軍在過去的十八個多月中，一直掌控著一個廣闊的弧形防禦區域，其中涵蓋了他們早期占領的地點。這個防禦弧線從緬甸西北部的密林山地開始，我方的英印部隊正在那裡與敵軍展開激烈戰鬥，接著越過海洋，延伸至安達曼群島和荷屬廣闊領地，包括蘇門答臘和爪哇，再向東延續，經過一系列小島直抵新幾內亞。

美軍已經在中國設立了一支轟炸機隊，對中國與菲律賓群島之間的敵方海上交通線進行有效且猛烈的轟炸。美軍計劃擴大這種空襲行動，並在中國建立遠端飛機基地，以便轟炸日本本土。由於滇緬公路被切斷，美軍正在穿越他們稱為「駝峰」的喜馬拉雅山南部支脈，透過空運提供所需的供應物資給自己的部隊和中國軍隊。這是一項艱鉅的任務。我一直主張透過空運援助中國，並改善航線和保護機場。不過，我希望這種援助可以透過類似溫蓋特型的部隊來完成，這些部隊主要依靠空運和空投補給維持，但規模應當擴大。美方不僅希望透過不斷增加的空運接濟，還希望經由陸上運輸來援救中國，因此向英國及其統治下的印度提出了重大的要求。他們要求修建一條汽車公路，從他們在利多的空運起點穿越五百英里的叢林和山地，直達中國境內，並將此視為最重要和緊迫的任務。從阿薩姆到利多只有一條單線窄軌鐵路，這條鐵路因滿足其他需求，包括為防守邊界陣地的軍隊提供補給，早已頻繁使用中。但為了修建通往中國的公路，美方要求我們首先迅速收復緬甸北部。

我們的態度顯然是支持中國持續抵抗，並從其領土進行空中作戰，但這需要全面規劃，並分析其他因素。我堅決反對在緬甸北部展開大規模戰

役。那是對日作戰中最不利的地點。從利多修建通往中國的公路，是一項艱鉅且困難的任務，而且在其建成之時，可能已經不再需要。即便能及時完工，用於支援仍在作戰的中國部隊，也不會顯著提升他們的戰鬥力。在我看來，隨著盟軍在太平洋和從澳洲推進，我們將獲得更接近日本本土的機場，因此加強美國在中國空軍基地的必要性將逐漸減少。基於這兩個理由，我們主張大量投入人力物力是不划算的，但未能改變他們的想法。他們的民族心理是如此：理想越偉大，就越全力以赴、鍥而不捨地追求成功。如果理想是良好的，這確實是一種令人欽佩的特質。

我們自然希望重新掌控緬甸，但不願意被迫選擇一條透過薄弱交通線的陸路進軍，這條路線穿越了對戰鬥而言障礙重重的區域。緬甸的南部和仰光港口較北部更具策略價值，然而整個緬甸，無論南北，都距離日本過於遙遠。若我軍陷入這條岔道而無法自拔，我們在遠東的勝利將無法充分實現。相反，我傾向於將日軍限制在緬甸，採用突破或穿越印尼外圍島嶼的弧圈向前推進策略。這樣，英國和印度的整個戰線可以越過孟加拉灣，藉助兩棲作戰的優勢，在各個階段與敵軍直接對抗。儘管雙方誠摯地嘗試控制意見分歧，進行坦誠的討論，並認真執行決議，但這些分歧仍未消除。閱讀這一段戰役歷史時，必須考慮一直影響局勢的背景：地理條件、有限的人力、物力以及政策衝突。

羅斯福總統向我清楚地表明了華盛頓方面的立場。

羅斯福總統致首相

1944 年 2 月 25 日

我的三軍參謀長一致認為，我們向太平洋前進的主要中期目標是臺灣地區、中國沿海和呂宋區域。在吉爾伯特群島和馬紹爾群島的近期勝利代表著，我們能夠加快西進步伐。我們在 1945 年夏季之前進入臺灣、中國、呂宋地區的可能性存在。在進入這個關鍵地區並在內部獲得穩固陣地

緬甸戰局與周邊動態

期間,集合現有最大空軍力量支持我們的軍事行動成為必要措施,因此需盡力擴充以中國為基地的空軍實力。

我始終主張將中國發展為支持我們在太平洋推進的基地。隨著戰局對我們越加有利,從中國得到必要的支援在時間上顯得越加緊迫。

因此,我們必須不遺餘力地向中國運送更多的物資,這是我們的責任所在。要達成這個目標,唯有增加空運的運載能力或修築一條穿越緬甸的公路。

若我們成功占領密支那,取得空運中途基地,並強化空運航線的安全保障,便能立即提升對中國的空運量。

史迪威將軍確信,假如蒙巴頓的第四軍能夠從英帕爾出發並占領瑞冒和望瀨區域,那麼由他指揮的中、美聯軍將在本年度旱季結束前攻下密支那,並且一旦占領該地便能堅守。我明白這要求頗高,但我相信,在你的有力鼓勵下,蒙巴頓部下的指揮官們能夠克服許多不可避免的困難。

日軍在緬甸的實力日益增強,這迫使我們依據能力採取最積極的行動以保持主動權,防止他們發起攻勢,進而可能越過邊境侵入印度⋯⋯因此,我極為迫切地希望,你動用最大力量支持即將在上緬甸展開的猛烈戰役。

這場戰役在 12 月開打。當時,史迪威將軍親自帶領他在印度組織並訓練的兩個中國師,從利多越過分水嶺,進入主要山脈下的叢林區域。他遭到著名的日本第十八師團的抵抗,但仍穩步推進,至 1 月初已經深入 40 英里,而築路工人則在後方辛勤修路。在南方,克里斯蒂森將軍領導的英國第十五軍於 1 月 19 日開始沿阿拉干海岸推進。同時,盟軍空軍加倍努力,並得到了新抵達的噴火式戰鬥機增援,掌握了一定程度的空中優勢,我們不久便可看出這種優勢的極大價值。

2 月 4 日,我們的進軍被突然阻斷。日軍也有他們的策略。從 11 月

起,他們在緬甸的部隊從五個師增加到八個師,意圖侵入東印度,並激起當地民眾反抗英國。他們的首次行動是在阿拉干海岸發動反攻,試圖奪取吉大港,吸引我們的注意力和後備軍至該戰線。他們在海岸正面攔截我方第五師,並派一支主力穿越叢林,包抄遠在內陸的第七師側翼。數日內,第七師被包圍,敵軍切斷第五師沿海岸的退路。他們原以為這兩個師會撤退,但忽視一個關鍵因素,即空運補給。第七師部署兵力,形成袋形陣地,堅守不退,誓死抗敵。兩週內,糧食、水和彈藥如同天降甘露般空投給他們。而敵軍卻沒有這種便利,只攜帶十天的補給,第七師的頑強抵抗又使他們無法獲得更多補給。由於無法擊潰我方挺進的部隊,且北面受到我們調來的第二十六師的壓力,他們被迫分散成小型部隊,透過叢林,邊戰邊退,遺屍五千具。

第十五軍繼續推進。他們打破了日軍在叢林中無敵的神話,為這一壯舉感到自豪。

首相致蒙巴頓海軍上將

1944 年 3 月 1 日

今日,我已為阿拉干戰爭勝利向你發出公開賀電。此次戰役的成功令我感到無比欣慰。這反映了你們軍隊的新精神,我相信這將激勵每位士兵更積極地追擊敵人。根據我在此處查看的地圖,我認為你有理由沿海岸繼續向阿恰布港推進。

1944 年 2 月期間,各種跡象明確地表明,敵軍也在中路戰線上準備對英帕爾發起進攻,企圖先發制人,阻止我們計劃向欽敦江的推進。現已聲名遠播的「欽迪特」作戰行動是我們進攻計畫的一部分。儘管日軍顯然會率先發動攻勢,但我們決定,溫蓋特旅團應繼續執行其任務。該任務主要是切斷英都附近的敵方交通線,進而擾亂敵軍,尤其是史迪威正在對抗的日軍第十八師團的補給系統。此外,敵軍將被迫分兵應付後方的威脅。一

緬甸戰局與周邊動態

支「欽迪特」旅，即英國第十六旅，已於 2 月 5 日從利多出發。它穿越了 450 英里的山地和叢林，所需補給全靠空投。

3 月 5 日，依託擁有 250 架飛機的美國「空中突擊隊」的支援，開始空運英國和廓爾喀人組成的第七十七和第一百一十一混合旅至戰地。部隊集結後，立即展開行動，截斷英都北方的鐵路。

我向羅斯福總統詳盡地陳述了所有情形。

1944 年 3 月 14 日

我相信，當你得知溫蓋特遠端突破部隊的兩個旅已經透過空運抵達戰場時，你會感到振奮。飛機降落點被選在兩個區域內；這兩支旅可以從這些區域向西推進，主要目標是切斷日軍的交通線，以支援美、中兩國軍隊在更北方的戰鬥。這些降落點位於敵占區內 100 英里處，距離運輸基地 260 英里。

最初透過滑翔機降落，滑翔機著陸後便開始準備跑道，以便運輸機可以順利降落。從 3 月 6 日至 11 日，共有 7,500 人連同他們的全部裝備與騾子成功著陸。僅損失了一些滑翔機，其中部分仍可修復。這些突擊旅現已展開推進，但有一小股留守部隊負責看守一條跑道，準備迎接「噴火」戰鬥機小隊和「旋風」戰鬥轟炸機中隊，這些空軍力量將飛來保護基地並提供空中支援。

首日晚間，唯一的重大事故發生了。北部區域的一條跑道被日軍封堵，而其他跑道的狀況比預期更為惡劣，導致飛機墜毀，殘骸堵塞跑道，阻止了當晚進一步的降落。一些滑翔機被迫在空中折返，未能抵達我方區域。該區域內迅速準備了另一條跑道，計劃在兩天後啟用。傷亡和失蹤人數合計最多為 145 人。

這次軍事行動顯然讓日軍措手不及。敵方空軍並未攻擊北部地區的跑道，而南部的一條跑道則是在我方人員於 3 月 10 日撤離後才遭到轟炸。

事實顯示，敵軍的計畫之一是在曼德勒地區的機場集結飛機。最終，我們調集了強大的空軍保護降落，取得了輝煌的戰果，在兩天內擊落了61架敵機，而我們僅損失了3架。

我們無不為溫蓋特部隊的大膽嘗試取得如此良好的開局而感到欣喜，而空運部隊向前線作戰的勝利則預示著未來的光明。你們的人員在運輸中隊以及空戰支援方面發揮了重要作用。

翌日，羅斯福回應道：「得知我們在溫蓋特指揮下的部隊取得勝利，我感到非常欣慰。若你聯絡溫蓋特，請代我轉達誠摯的祝賀。期待這樣的優異表現能持續。這是空降部隊的英勇壯舉，但也要銘記騾子的貢獻。」

溫蓋特不幸早逝，未能親眼目睹首戰的豐碩成果。3月24日，他在飛行任務中殉職，令我深感悲痛。當天他執意出發。儘管原因尚未完全明瞭，可能是飛行員在濃霧中迷失方向。飛機在山坡墜毀（事後才被找到），一團明亮的火焰隨他一同消逝。

3月8日，日軍的三個師團對我方中路戰線展開了預期中的攻勢。斯庫恩斯將軍將其同樣擁有三個師的第四軍撤退至英帕爾高地，以便在他選定的區域集中兵力作戰。如果敵軍切斷了通往迪馬普爾後勤基地的道路，斯庫恩斯將不得不依靠空運來維持補給，直到戰役結束。日軍再次使用了他們在阿拉干戰役中失敗的戰術，企圖奪取我們在英帕爾儲備的物資以自給自足。他們不僅計劃切斷通往迪馬普爾的道路，還試圖中斷鐵路交通，進而截斷史迪威部隊和美國對華空運的補給線。因此，這個問題尤為嚴重。

關鍵在於航空運輸。蒙巴頓的資源雖然頗為豐富，但尚未達到充足。他希望保留從「駝峰」運輸線借來的20架美國飛機，並請求額外借用70架。這是一個難以實現的要求。在接下來的幾週裡，我給予他最大的支持。我對他說：「三軍參謀長和我正在全力支持你。我已經致電羅斯福總

統。我認為戰爭應當是首要任務。你必然會達到目的。」最終，蒙巴頓從地中海戰區臨時借用了 79 架飛機，因此他的需求基本得到了滿足。

至 3 月底，日軍已經封鎖通往迪馬普爾的道路，並從三面逼近英帕爾平原的邊界。第五印度師從戰事已經暫停的阿拉干海岸空運至英帕爾，第七印度師則被空運至迪馬普爾。由斯托普福德將軍領導的第三十三軍總部、英國第二師、一個印度獨立旅以及溫蓋特部隊的最後一個旅透過鐵路抵達迪馬普爾。

日軍自北方展開的進攻在山間小村科希馬受阻。駐守此地的有皇家西肯特軍的一個營、一個尼泊爾營、阿薩姆來福槍團的一個營，以及所有能持械者，甚至包括剛出院的療養者。4 月 4 日，他們遭到日軍第三十一師團的襲擊，被逐步逼退至一個日益縮小的區域，最終退入山中。除空投補給外，他們再無其他支援。儘管四面受敵，但憑藉空軍轟炸和炮火支援，他們堅守至 20 日，直至印度一百六十一旅與英國第二師自迪馬普爾趕來解救。日軍陣亡四千人。這場在極端條件下進行的科希馬保衛戰過程壯烈艱辛。

我們贏得了制空權，但仍需充足的運輸機作為支持。5 月中旬，我們面臨了最緊迫的危機。六萬名英軍和印度軍連同所有現代化裝備被圍困在英帕爾平原的環形區域。我認為這比其他問題更為緊迫。依據「戰爭優先」的原則，我行使了我的權力。

首相致函駐東南亞的蒙巴頓海軍上將

1944 年 5 月 4 日

在此役中，你需要為勝利而行必需之事。任何方面的拒絕，我皆無法容忍。我決意全力支持你。

首相致函伊斯梅將軍，轉交參謀長委員會

1944 年 5 月 9 日

必須全力以赴地解決這個問題，具體辦法包括：延後將 79 架運輸機調往地中海，或留下 20 架，再從「駝峰」借用 59 架，或同時採取拖延和借用的策略。無論如何，這次戰役絕不能失去。我非常希望能致電羅斯福總統，向他說明犧牲這次戰役對其援助中國計畫的嚴重影響。

首相致函伊斯梅將軍與霍利斯將軍，並抄送參謀長委員會

1944 年 5 月 14 日

不論如何，蒙巴頓海軍上將不該將 79 架飛機調往地中海，除非這些飛機能由美國或「駝峰」調來的合適飛機替換。在我看來，他的觀點似乎無可爭辯。

我尚未聽到任何令人信服的理由能夠解釋，若這些飛機延遲抵達地中海，亞歷山大將軍的戰役將會受到阻礙。威爾遜將軍在空軍方面已經取得壓倒性的優勢，而這些飛機在當前戰爭中的重要性不及戰後兩棲作戰時那麼關鍵，但另一方面，它們對於緬甸的戰役卻是極為重要的。

因此，霍利斯將軍需要為我準備一份簡潔的備忘錄，今晚午夜我將與他商討。此外，這份備忘錄也應該提供給三軍參謀長審閱。我已經決心不讓蒙巴頓的戰役因為將 150 架飛機調往相反方向、五千英里之外的地區而失敗；若在這個需求上未能令我滿意，明日我將向羅斯福總統提出請求。

在此期間，北部前線的史迪威面對日本第十八師團的堅強抵抗，迅速推進至孟拱—密支那一線。他對東翼戰線感到擔憂，因為沿中國邊境的敵軍第五十六師團可能會發動攻擊。羅斯福總統已經敦促蔣介石再派一個中國師支援史迪威，但直到 4 月 21 日，這位大元帥才同意從雲南調遣軍隊進入緬甸。5 月 10 日，四個中國師在昆弄及其上方跨越薩爾溫江，擾亂了

緬甸戰局與周邊動態

日軍的側翼。

在敵軍的交通線上活躍的「欽迪特」部隊，於 4 月初獲得了兩個旅的增援，使得總兵力達到五個旅。他們沿著鐵路向北推進，阻擋敵軍援軍的通過，並摧毀了軍需品的臨時倉庫。儘管他們造成了很大的破壞，日軍並未從英帕爾前線撤回任何部隊，僅從史迪威的前線撤出一個營。他們從暹羅調來了第五十三師試圖脫困，但未能成功，反而損失超過五千四百人。

5 月 17 日，史迪威讓日軍和我們感到意外，因為梅里爾將軍指揮的美軍旅迅速攻占了密支那機場。隨即透過空運增援部隊以進攻該城，但日軍堅持抵抗直到 8 月初。5 月底，史迪威的另一個重要目標——孟拱，被精銳的「欽迪特」第七十七旅包圍，並於 6 月 26 日攻下。這些勝利主要歸功於史迪威的領導才能、決斷力和堅韌不拔的精神，但他的部隊因過度奮戰而疲憊不堪，許多部隊不得不撤退。

英帕爾周邊的局勢依舊非常嚴峻。我方空軍占據主導地位，但雨季阻礙了所需物資的空運供應，影響部隊的補給。我們的四個師逐步衝破了包圍。在科希馬公路上，援軍與被圍部隊從兩側努力推進，力求會合。這是一場與時間的競賽。我們懷著緊張的心情關注著他們的進展。

首相致函東南亞蒙巴頓海軍上將

1944 年 6 月 22 日

三軍參謀長對英帕爾的局勢感到憂慮，尤其是關於補給和彈藥的儲備。你完全有權利要求獲得維持戰局所需的所有飛機，無論是從「駝峰」還是其他管道調來。必須將「駝峰」的飛機視為當前的後備力量，必要時應進行徵調。由於美軍的輝煌戰果，我們的軍隊已經抵達密支那，但如果不從「駝峰」補充力量，密支那和英帕爾都難以守住。假如你不能及時提出要求，並在需要時請求我從這裡提供幫助，那麼，倘若將來戰敗，事後

再來抱怨就不好了。這個問題必須緊抓不放，在我看來，它既嚴重又緊迫。祝你成功。

在這封電報尚未抵達之前，成功的消息已傳來。我引用蒙巴頓海軍上將的報告如下：

6月分的第三週，局勢極為嚴峻。儘管我們在前兩個月中竭盡全力，預計第四軍的儲備可能在7月初耗盡，但在6月22日，英國第二師與第五印度師提前一週半在英帕爾以北29英里處匯合，並打通了通往平原的道路。護航隊也在同日開始抵達。

蒙巴頓有足夠的理由補充以下句子：「日軍入侵印度的企圖已成不可能，擺在我們面前的前景是英國將在緬甸獲得首場勝利。」

緬甸戰局與周邊動態

太平洋戰略再調整

在緬甸和太平洋的陸、空激烈交戰如火如荼之際，倫敦和華盛頓之間展開了一場關於未來對日作戰全面戰略的激烈辯論。此前，我已經提到，聯合參謀長委員會在開羅會議上提交了一份關於太平洋戰爭長期戰略的報告，涉及英國在此場戰爭中的角色。儘管羅斯福總統與我簽署了該份報告，但因事務繁忙，尚未深入研究或與顧問們共同討論。後來，在馬拉喀什，我收到一項請求，要求我就此問題向各個自治領發送電報，這讓我意識到英國參謀長委員會的觀點已有顯著變化。我立即意識到無法認同他們的意見，因而在我與戰時內閣及我們信任的軍事同僚之間，出現了一次重大的意見分歧。

簡而言之，我們面臨以下抉擇：是否應該派遣我們的海軍及可調動或運輸的陸軍和空軍，以澳洲為基地，協同美國在西南太平洋的部隊進行左翼聯合行動？我們的參謀長們認為應該如此，並在開羅會議上輕鬆與美國同僚達成共識。然而，我與同事們則主張，應以印度為基地，向東推進至馬來亞半島和印尼群島。參謀長們認為，鑒於蒙巴頓在德國戰敗後六個月內無法進行大規模兩棲作戰，我們可以大大提前執行有關增援太平洋的計畫，因為他們認為我們承擔了該計畫的責任。

我剛回國，便迅速召集了國防委員會會議。在這次會議上，我們首次對所有問題進行了深入研究和全面檢討。

數日之後，我撰寫了以下備忘錄：

太平洋戰略再調整

首相致函伊斯梅將軍，並轉交參謀長聯席會議

1944 年 1 月 24 日

  1. 出席 19 日會議的所有內閣同事在與我討論計劃人員詳細解釋的計畫時，均表示強烈反對。我本人也不贊成這些計畫。此事需在兩國間進行討論。還需注意的是，該計畫與麥克阿瑟將軍的參謀長向我們解釋的計畫情況截然不同，因此顯然連美國人內部的意見也不一致。

  2. 派遣少量艦艇與美國艦隊聯合參與他們可能在 6 月籌備的某場戰役，幾乎無人會反對，並且我們理應隨時準備在太平洋組織一支艦隊。然而，任何涉及太平洋戰場的作戰計畫，若未能在 1944～1945 年間我們擊敗希特勒之前，為駐紮於印度及孟加拉灣的龐大陸、空軍提供施展空間，這樣的計畫便不可取。

  對於這些部隊而言，唯一可進行有效作戰的地區是蘇門答臘（即「長炮」作戰計畫）。我一直以來堅信，這是一個極為實際的策略，因為這裡能吸引大量日本飛機，而且很可能吸引大量日本陸軍；或者，從另一個角度看，它也能收復重要領土並獲得基地，從這些地方出發，無論在新加坡、曼谷、馬六甲海峽，還是在日本至緬甸的交通線上，我們都能給予敵人打擊。我與同僚一致認為，這才是我們應集結力量的地方，同時我們還需向美國人表明，如果我們在太平洋協助他們（我們確實計劃這樣做），那麼，希望他們屆時提供一定數量的登陸艇，協助我們在 1944 年 10 月、11 月或 12 月進攻蘇門答臘。他們已經建造大量新型坦克登陸艇，並將在全年繼續建造，因此這是他們完全可以實現的……

  我們還必須等待蒙巴頓海軍上將派遣的軍官抵達，與他們深入探討相關問題；至少在我們形成自己的觀點前，不能向各自治領發送電報。

  1944 年 2 月中旬，蒙巴頓的代表團抵達，由他的美國副參謀長、精明的魏德邁將軍領隊。蒙巴頓認為，美國計劃在北阿薩姆到中國之間修建一條雙行道公路，但是無法在 1946 年 6 月前完成。因此，他提議放棄該計

畫，轉而加強現有的空中通道作為替代方案。若採納此建議，他將不必占領緬北的大部分地區。他希望將釋放的軍力用於突破馬來亞和印尼群島的敵占區，並沿亞洲大陸海岸逐島向東北方向迅速推進。如此將能在海上開闢通向中國的更佳交通線，同時直接支援美國從中太平洋及新幾內亞向日本的推進。為達成此目標，需先攻占蘇門答臘，他建議一旦能從西北歐調出兩棲部隊，應立即行動。「長炮」作戰計畫因此重新提上日程。

然而，這個策略與聯合參謀長委員會在開羅會議上達成一致的建議背道而馳。我們長期方針的分歧在此戰略問題上有了直接而具體的展現。我早已表達支持蘇門答臘方案，因此對蒙巴頓提出的新計畫表示讚賞。我依舊認為，原本計劃用於蘇門答臘方案的兵力過於龐大，然而，蒙巴頓建議用於緬甸陸戰的部隊也超出所需。然而，我並不贊成將這些部隊派往麥克阿瑟的戰役中承擔次要任務。在這一點上，外交部全力支持我。他們認為，在遠東，英國不應僅僅扮演美國的配角；這可能是英國人民難以接受的，而且，亞洲人對太平洋島嶼的興趣遠不如對具有重大意義的東南亞廣闊地區。相比之下，東南亞指揮部提出的戰略具有直接的心理和政治影響，能夠加速日本的崩潰。

我堅信美國人的思考方式必然與我們不同。因此，當我收到羅斯福總統於 1944 年 1 月 25 日的電報中見到以下內容時，我並不驚訝：

我對當前策略趨勢感到深切憂慮，這種趨勢傾向於在未來集中精力於蘇門答臘和馬來亞，而忽視我們在緬甸面臨的緊迫挑戰。令我費解的是，在歐洲戰爭尚未結束之前，如何能夠進行需要龐大資源和兵力的蘇門答臘和馬來亞戰役。「長炮」作戰計畫即便成功，儘管可能帶來巨大收益，但如果我們將現有的所有資源集中用於全面進攻緬甸北部，似乎會有更大的收穫；如此一來，我們能夠在中國建立空中力量，以確保在向西推進至臺灣地區、中國沿海和呂宋地區時，獲得必要的支持。

太平洋戰略再調整

這種觀點對魏德邁的任務來說是個不祥之兆。3月，他們在華盛頓會見了美國參謀長聯席會議，但並非首批與之交涉者。蒙巴頓海軍上將的下屬指揮官們全力支持他的計畫，然而他的副手，美國的史迪威將軍則持不同意見。這可以理解，因為史迪威身兼多職，尤其是作為蔣介石的參謀長。這種安排對美國人來說並不理想，但我們當時只能接受。史迪威總是支持任何可能有利於中國的措施，並認為實現陸路供應的時間可能比東南亞指揮部預期的更早。他有權力敦促蒙巴頓海軍上將接受他的觀點，如果未被採納，還可以在蒙巴頓的同意下，將其提交給華盛頓的上級。此外，他還在未告知蒙巴頓的情況下，擅自派遣一個代表團前往華盛頓陳述他的理由。

美國參謀長聯席會議最近已經決定：儘管麥克阿瑟將軍應繼續推進菲律賓的戰役，尼米茲海軍上將則需從中太平洋向臺灣發動主要攻勢。因此，他們認為解放馬來亞和印尼的戰略意義有限，且耗時過長。他們視攻打蘇門答臘為不必要。仍專注於透過「駝峰」向中國空運更多物資，並修建滇緬公路。他們計劃在中國設立針對日本的遠端轟炸機基地，這需要比以往更多的物資供應。魏德邁巧妙地為蒙巴頓的建議辯護，但未能說服他的聽眾和上級。

然而此時，一場極其重大的事件意外爆發。一支強大的日本艦隊，包括7艘戰鬥艦，從中太平洋駛向新加坡，但其目的不明。我們現在才了解，一方面是為了暫時避開美國的空襲，另一方面也是為了更接近印尼的石油供應站。儘管如此，它們仍可能進入孟加拉灣，這種可能性導致「長炮」或其他在印度洋的兩棲作戰計畫暫時擱置。我們甚至失去了在那裡的海軍優勢。我立刻意識到這個不愉快的事實。

首相致函伊斯梅將軍，轉呈參謀長委員會

1944 年 3 月 7 日

1. 蘇門答臘計畫是依據以下假設制定的：日本的主力海軍不會派出足夠強大的分艦隊。儘管這純屬基於敵人合理行動的假設，但無法確保敵人不會採取不理性的舉動。然而，在計畫的制定過程中，普遍認為日本人的關注點在於保護特魯克、拉包爾及其他前哨站不受美軍攻擊，並隨時準備進行一次艦隊交戰。如果他們曾有過此種意圖，現在已然放棄；他們已經從各前哨站撤退，並已經建立起艦隊防禦陣勢，包括在新加坡停泊強大的艦隻。只要這支艦隊駐留在該區域，顯然我們無法進攻蘇門答臘或採取類似行動，除非我們增強海軍力量到足以迎接一場艦隊戰鬥的程度。將日本牽制在新加坡對美國極為有利。日本在此停留的時間越長，尼米茲上將的行動自由度就越大，向前推進的速度也越快。而日本艦隊能在新加坡停留多久，取決於美國的推進速度。日本勢必會重新集結艦隊，之後他們需要重新考慮進行大規模戰鬥以保護菲律賓或更靠近本土的地點。如果日本撤離新加坡，他們是否會重返此地，將取決於當時的形勢評估。我們將日本拖在新加坡的時間越長，給予美國的支持就越大。為此，需繼續準備，以便在日本艦隊因美國的主力進攻被迫集結撤往太平洋時，發起大規模的兩棲攻勢。

2. 請務必將此備忘錄提交給聯合計劃處。

與此同時，我們與參謀長們展開了冗長且時而緊張的討論。是否能夠協助麥克阿瑟將軍或尼米茲海軍上將的策略，取決於我們能在澳洲基地駐紮多少部隊，以及具體駐紮在東海岸還是西北海岸。我們的情報不足，顯然需要進一步調查。執行該策略顯然會對我們的航運造成極大壓力。到 1944 年 3 月，我們內部似乎陷入僵局。三軍參謀長們認為，美國人期待我們派遣艦隊前往太平洋參與可能在 6 月發動的戰役。因此，我覺得有必要與羅斯福總統澄清此事，並向他說明整體形勢。

太平洋戰略再調整

首相致羅斯福總統

1944 年 3 月 10 日

　　1. 聯合參謀長委員會在開羅會議的最終報告中指出，他們「原則上同意」一個打敗日本的全面方案，並認為可以在此基礎上「進一步調查和準備」。該計畫設想派遣英國艦隊的一支分遣隊前往太平洋，暫定於 1944 年 6 月在太平洋展開行動。儘管你我在報告上簽署了名字，但由於忙於更緊迫的事務，我們尚無機會親自研究這些問題。自報告發布以來，戰時內閣和參謀長委員會一直在進行「調查研究」，但尚未達成一致意見。在此期間，日本艦隊已經抵達新加坡，我認為這是一個新的重大事件。

　　2. 1943 年 9 月，義大利艦隊投降後，我迫切希望能迅速派遣我們艦隊的一個分遣隊前往太平洋。然而，當我向金海軍上將提及此想法時，他向我解釋說，美國海軍在該海域的實力遠勝於日本海軍。我當時的印象是，他認為美國並不特別需要我們的支援。我也看到了我們駐華盛頓的海軍代表發來的幾份電報，這些電報也支持了這個印象。另一方面，我聽說金海軍上將曾通知我第一海務大臣，他願意接納我們的分艦隊，但最好不要早於 8 月或 9 月到達，因為那時後勤需求較易滿足。結果，我不禁懷疑，是否今年內真的需要我們的參與。

　　3. 因此，我懇請你告訴我，美國是否計劃：

（1）在 1944 年底之前，

（2）在 1945 年夏季之前，

在太平洋展開某種軍事行動，而該行動若無英國艦隊的參與，是否會受到影響或無法進行。

　　4. 另一方面，日本艦隊調動至新加坡，恰在他們獲悉我們的戰鬥艦隊航向印度洋之際（當然也與其他情況同時發生），這似乎表明他們對安達曼群島、尼科巴群島和蘇門答臘保持警惕。若我們能在孟加拉灣展現威脅態勢，進而牽制日本艦隊或讓其大部分船艦停留在新加坡，為你們在太平

洋戰場掃清障礙，助你們全速迂迴推進，這自然對你們有利。

5. 魏德邁將軍可以詳盡闡述蒙巴頓關於印度戰場與孟加拉灣的整體計畫。這些計畫顯然能夠滿足蔣介石提出的要求，而你們對此表示支持。然而，由於地中海局勢及「霸王」戰役的影響，我們在雨季來臨前無法滿足這些要求。我個人依然認為，透過孟加拉灣的兩棲作戰，可以在未來十八個月的對日作戰中最大化利用我們在印度的所有兵力和資源。我們正在仔細評估後勤狀況。初步評估顯示，若我們攻占孟加拉灣對面的島嶼，繼而進攻馬來亞半島，而非延長運輸線約九千英里繞過澳洲南端從太平洋到達你們的南翼，則我們的攻擊力可以提升至兩到三倍。此外，也有人反對將我們的艦隊和力量分散在太平洋和印度洋兩個地區；這樣一來，我們從加爾各答到錫蘭以及遠至蘇伊士運河的眾多現有據點將面臨脫節的風險。

6. 然而，在我心中對此問題做出最終決策之前，我渴望了解你對我在上述第三階段所提出問題的答覆。這個問題是：在當前至少日本艦隊仍駐防於新加坡的情況下，若我們將重心維持在印度洋和孟加拉灣，並計劃一旦資源到位便在那裡展開兩棲作戰，這是否會對你們的太平洋行動產生影響？

針對我直接提出的問題，羅斯福總統給予了清晰的回應。

羅斯福總統致首相

1944 年 3 月 13 日

1. 1944 年，在太平洋的特殊戰鬥中，英國分艦隊的加入不會導致不利影響。

2. 目前階段，無法精確預測太平洋局勢的未來走向，因此不能斷言 1945 年期間絕對不需要英國分艦隊參與作戰，但從目前形勢來看，似乎在 1945 年夏季之前無需這種增援。

3. 考慮到敵人的最新部署，我個人認為，除非我們在太平洋遇上意外

太平洋戰略再調整

不幸，否則你們的海軍駐守在印度洋對於我們的聯合作戰更具價值。

上述所有意見均基於當前狀況進行評估，因此，若情況有所變動，這些意見也須隨之調整。

如此，在應付我與內閣同事及三軍參謀長之間的棘手爭端時，我得到了強而有力的支援；我感到有義務作出決定。這次，我選擇給每位參謀長單獨寫信，而不是以委員會的形式集體告知他們。

首相致函第一海務大臣、帝國總參謀長及空軍參謀長

1944 年 3 月 20 日

我已經將附上的備忘錄分別遞交給每位參謀長。

1. 我所提出的問題以及羅斯福總統的答覆，專門針對一個關鍵點：我們是否對美國當局承擔了某種責任，必須在 1945 年夏季之前派遣一支英國艦隊的分遣隊前往太平洋，以及如果我們不參與，其作戰行動是否會受到影響。我們現在了解到，我們沒有這樣的責任，他們的作戰行動也不會因此受到影響。此外，除非發生重大意外事件，他們在 1945 年夏季之前也不需要我們的幫助。因此，我們可以完全從英國的利益出發，自由地考慮這個問題。

2. 三軍參謀長們因擔心在美國人面前暴露他們與我及內閣同僚的意見分歧，而不願與美國同僚會談，這種情形讓我意識到當前局勢的嚴重性。國防委員會的大臣們深信無疑，我也同樣認為，如果將問題提交戰時內閣，他們會同意這點看法：在未來十二個月內，推行所謂「孟加拉灣策略」無疑符合英國的利益。因此，我作為首相兼國防大臣，有責任作出下列決定：

（1）若無突發事件，從當前時刻至 1945 年夏季，印度戰場及孟加拉灣預計將成為大不列顛與英帝國對日作戰的核心區域。

（2）完成所有準備工作，以便渡過孟加拉灣，進行針對馬來亞半島及

其外圍島嶼的兩棲作戰行動，最終目標是奪回新加坡。

（3）組建一支強大的英國艦隊，以錫蘭、阿杜島和印尼群島的港口為基地，並由強大的岸基飛機提供掩護。東方艦隊的輔助艦艇必須迅速組織，但這個過程應優先考慮「霸王」作戰計畫和地中海行動的需求，亦不得影響當前國內糧食基本供應的定量。

（4）對東南亞指揮部關於橫渡孟加拉灣的兩棲作戰計畫進行分析、調整和優化，以便迅速與敵軍展開近距離戰鬥。

（5）在我批准派往澳洲的調查團成員名單後，該調查團應立即啟程。他們需要盡快報告澳洲現有設施及其北部已經收復島嶼的情況，並提出具體措施，以便我們能夠隨時按照自己的意願將東方艦隊及輔助艦艇，以及所有必要的補充船隻部署到西南太平洋，並停泊在澳洲港口。

3. 我非常期待與三軍參謀長們商討上述決定，以便在與美國夥伴交流時，對我們即將採取的策略有清晰的了解。同時，解決這些長期計畫的分歧後，我們便能全心投入到那些重大且緊迫的任務中，這些任務已經迫在眉睫，要求我們之間建立真誠的合作關係和充分的互信。

然而，局勢的變化出乎意料地迅速，因此我認為不宜立即作出最終決定。於是，我們繼續探索其他方案。由於跨越孟加拉灣的進攻有可能遇上日本海軍的攔截，而在擊敗德國後的六個月內，我們無力在東方發動大規模的兩棲作戰，因此考慮了一種折中的方案。這條路線在我們內部被稱為「中間策略」，即從澳洲向北推進，協助麥克阿瑟將軍解放婆羅洲，隨後再攻打新加坡和馬來亞，或是香港和中國沿海地區。具體計畫是組織一支英、澳部隊，由一位隸屬於麥克阿瑟的澳洲指揮官來領導。

這個策略顯然存在諸多不利因素。「中間策略」對美國人在中太平洋的戰役貢獻有限。若他們的計畫順利實施，當我們抵達婆羅洲時，可能已經錯過參與香港襲擊的機會，進而被排除在太平洋主要戰役之外，而我們

原本是決心參與其中的。澳洲方面歡迎設立一個帝國司令部，以此削弱美國人在該地區的絕對控制，但澳洲東海岸的基地已經被美國占據。若為滿足英國需求而重新調整基地，可能導致混亂。此外，航行至澳洲的路線遠比前往印度的航線漫長，這將對我們的航運造成巨大壓力。

當時這些難題大多未獲解答，但在5月1日於倫敦舉行的自治領總理會議上，這些重大議題當然被提出討論。澳洲和紐西蘭的總理確信我們不希望進一步增加他們在戰爭中的負擔，他們表示支持「中間策略」。他們還同意招募軍隊和大部分飛機。這個提案為自治領提供了貢獻力量的良機，然而，最終這些計畫未能實現。事態的發展迅速從根本上改變了開羅會議期間或會議後數月的局勢，以及在當時所能預見的情況；對日作戰結束的情形和時間，實在是人們在討論這些問題時未曾料想的。

「霸王」行動籌備工作

　　實際經驗產生的想法，既可能是限制，也可能是激勵。讀者應當理解，儘管我一直希望與美國一道穿越海峽直接攻擊德國在法國的防線，但我並不認為這是贏得戰爭的唯一途徑。同時，我了解這種攻擊將是艱難而危險的嘗試。第一次世界大戰期間，為了發動大規模攻勢，我們付出了巨大的人命代價，這種可怕的付出至今銘刻在我心中。松姆河和帕尚達勒戰役，以及對德軍進行的多次小規模正面攻擊的記憶，並未因時間流逝或反思而被遺忘。四分之一世紀後，我依然認為，攻克裝備現代火力且由訓練有素和頑強士兵守衛的鋼筋混凝土工事，只有透過及時的奇襲、迂迴繞過敵軍側翼，或者使用如坦克般的新式機械化武器。儘管轟炸的威力巨大，終不能決定戰局。防禦部隊可在他們的第一道防線後面重新布置防線，而炮兵控制的區域將因布滿彈坑而難以跨越。這是法國和英國在 1915 至 1917 年間付出巨大代價後所獲得的經驗。

　　自那時起，新的因素不斷湧現，但這些並未全部解釋相同的問題。防禦方的火力顯著增強，陸地與海上的雷區也有了大幅進展。與此同時，進攻方則擁有制空權，能夠在敵軍後方空投大量傘兵，尤其是在阻隔和切斷敵軍用以調動援軍反攻的交通線方面表現突出。

　　1943 年夏天的幾個月裡，摩根將軍與他的盟軍參謀部對這個計畫進行了詳細的研究。在此前，我曾描述過在我前往魁北克參加「四分儀」會議的旅途中，這個計畫是如何提交給我的。當時，計畫大致上已經獲得批准，但有一個特點仍需商討。在諾曼第海灘進行初次攻擊的規模和範圍必然受到可用登陸艇數量的限制。摩根將軍的解方是，計劃動用三個師進行

「霸王」行動籌備工作

突擊，隨後立即派遣兩個師支援。因此，他建議將這三個師在卡昂和卡朗坦之間的海岸登陸。他原本主張在卡朗坦以北更靠近瑟堡的地方使用部分兵力登陸，但後來他認為，分散如此少量的兵力並非明智之舉。在卡朗坦附近的維爾河口是一片沼澤，因此進攻部隊的兩翼無疑會難以保持接觸。毫無疑問，他的見解是正確的。我當然希望在更廣闊的戰線上發動更猛烈的進攻，但在展開攻勢前十個月的那個時候，我們對於能否獲得足夠的登陸艇仍然沒有把握。

由於這片海岸缺乏關鍵港口，蒙巴頓的參謀部被迫提議建立人工港口。魁北克會議的決議確認了這種需求，並澄清了相關問題。我不斷關注這個計畫的發展。該計畫指定一個由專家和各兵種代表組成的委員會積極推進，召集人為陸軍部的布魯斯·懷特准將，他是一位傑出的土木工程師。這是一項重大的嘗試，其偉大成就歸功於許多人，特別是陸軍少將哈羅德·沃納爵士在協調多個相關方面的工作中發揮了重要作用。

在此不得不提及「冥王」，即從懷特島至諾曼第，繼而從鄧傑內斯到加來的海底輸油管。這個設計連同其他眾多設計，主要得益於蒙巴頓參謀部的貢獻。為了克服敵人設在海灘上的強大障礙物和雷區，我們構思了許多巧妙的方案，但由於篇幅限制無法一一詳述。一些裝置被安裝在坦克上以保護駕駛員；另一些則應用於登陸艇。這些事務都引起了我個人的極大興趣，並在必要時親自過問。

摩根將軍及其參謀部對魁北克會議批准他們的提案感到十分滿意。部隊現在能夠開始訓練，並且可以開始生產他們的專用裝備。由於這個原因，摩根被授予的許可權，比一般參謀官能夠掌握的更大。

此前已經討論過關於任命艾森豪將軍為最高統帥及蒙哥馬利將軍指揮遠征軍的事宜。艾森豪的副手是特德空軍上將。空軍由利馬洛里空軍中將負責，而海軍則由拉姆齊海軍上將指揮。艾森豪將軍邀請比德爾·史密斯

將軍擔任參謀長，摩根將軍被任命為副參謀長。

　　艾森豪和蒙哥馬利對計畫中的一個關鍵安排持有分歧。他們主張在更廣泛的戰線上，動用更強大的兵力進行突擊，以迅速建立更大的灘頭堡，然後在其中組織力量突破。此外，還有一個重點是，比原計畫更早地占領瑟堡的各個碼頭。他們建議初始攻擊使用五個師，而非三個師。這顯然是正確的。摩根將軍曾提議擴大一開始登陸的規模，但未能獲得足夠的資源。然而，現在可以從哪裡調集更多的登陸艇呢？東南亞戰場的登陸艇已經被耗盡。地中海的登陸艇足以運送兩個師，但這些需要用於「鐵砧」計畫，即對法國南部的海上襲擊，這個行動將與「霸王」計畫同時進行，以分散德軍的注意力。如果削弱「鐵砧」計畫的資源，該戰役將無法有效牽制敵軍。直到3月，艾森豪與英國的三軍參謀長們舉行會議，才做出最終決定。美國的三軍參謀長們已經同意讓艾森豪代表他們發言。他最近從地中海前來，對「鐵砧」計畫瞭如指掌，而作為「霸王」計畫的最高指揮官，他最有資格評估兩者的需求。會議決定，從「鐵砧」計畫中抽調可運送一個師的艦艇用於「霸王」。另一個師的運輸問題透過將「霸王」拖延到6月的月圓期解決，屆時新生產的登陸艇將填補這個差額。至於額外的部隊需求，則由英、美各提供一個師，使總數達到五個師。美國還同意為其額外增加的一個師提供海軍支援。因此，分配給該戰役的海軍力量大致為英國占80%，美國占20%。計畫工作現已在這個經過修訂和大幅改進的基礎上積極推進。

　　從馬拉喀什返回之後，我立刻投入到「霸王」計畫諸多技術事項的籌備工作中。在英吉利海峽的另一側，整個前線布滿了障礙，敵人的防禦工事已然完工，重兵部署其中。敵方在等待我們的動作，但他們是否知曉我們將從何處、何時、以何種方式發起進攻？至少在我方戰鬥機提供空中掩護的範圍內，敵軍沒有任何側翼可供我方實行迂迴。我們的艦艇比以往更

「霸王」行動籌備工作

容易遭受敵軍海岸炮兵的打擊，因為敵人可以利用雷達進行瞄準。而且，我方部隊一旦登陸，必須持續獲得補給，同時還要抵禦敵方空軍和坦克的反擊。我不斷地尋找克服我們所面臨各種危險的方法。

首相向伊斯梅將軍與愛德華‧布里奇斯爵士致意。

1944 年 1 月 23 日

考慮到「霸王」戰役的籌備將對我們的生活產生廣泛影響，並為了定期審視所有事務的進展，我提議成立一個由我主持的每週會議委員會。此委員會將取代反潛艇戰爭委員會，後者可改為每兩個月召開一次會議。

請告知我你們對新設委員會成員人選的建議。

此時，我獲悉「桑葚」人工港計畫遇上了瓶頸，故於 1 月 24 日召集了一次會議。計畫要求在每個師的進攻區設立一道防波堤（即「醋栗」計畫）。這意味著總計需要五道防波堤，其中兩道將在適當之時納入「桑葚」計畫。海軍上將坦南特負責「桑葚」計畫的作戰問題。基於他的建議，決定所有防波堤均由沉船構成，儘管這需要動用更多船隻。這些船憑藉本身動力航行，能迅速抵達現場並在適當位置沉沒，進而幾乎立刻提供一定數量的掩護。這些沉船可以在四、五天內部署完畢。為完成「桑葚」人工港所需的「不死鳥」混凝土潛水箱，需分批拖運穿越海峽，但這至少需時 14 天。拖輪極為短缺，我下令進行調查。海軍部需要長達八千碼的沉船。幾乎全部沉船由 70 艘舊商船和 4 艘退役戰艦組成。因為英國承擔了「桑葚」人工港的大部分建設工作，我認為我們有理由期待美國協助提供沉船。在我的建議下，他們照辦了，最終提供了近半數。至於其他方面，「鯨魚」計畫所需 23 個浮動碼頭的準備工作進展順利，但在「喇叭」（即鋼製外皮防波堤）問題上遇到了技術難題，需由海軍部解決。

我認為對於空降部隊的攻擊計畫，應給予特別的關注與支援。

首相致函伊斯梅將軍，轉交參謀長委員會

1944 年 1 月 28 日

1. 我對於目前計畫中關於為「霸王」行動運送空降部隊的安排感到極為不滿。當前有四個傘兵師可供調遣，但據說飛機數量僅能支持一個師的部署。這並非因為生產力不足，而是因為所有準備工作的截止日期設在了 3 月 15 日。從 3 月 15 日至 5 月 15 日期間，將生產 110 架「斯特林」式和「阿爾比馬爾」式飛機，其中「斯特林」式為 10 架，「阿爾比馬爾」式為 40 架。這些飛機都應投入作戰。此外，我曾要求你考核空軍海防總隊可提供的飛機數量。我認為，如果付出巨大努力，我們可以確保艾森豪將軍獲得更充足的飛機數量。

2. 應徵詢艾森豪將軍的意見，了解在「霸王」行動啟動時，他希望同時參戰的空降部隊最多需要多少。同時，我希望你提供一份書面報告，說明根據現行計畫，我們將為他提供多少飛機。我將在下週主持一場會議，評估形勢，並考慮如何滿足艾森豪將軍的需求。

此前在地中海戰場取得成功的可水陸兩用雙層甲板坦克，如今無疑再次派上用場。此外，普通履帶和車輪的運輸工具需要裝備「防水」裝置，以便它們能夠依靠本身動力，穿越幾英尺深的海水駛上岸。然而，正如慣例一般，陸軍對各種車輛的需求數量似乎被過度誇大了。

首相致生產大臣和軍需大臣

1944 年 1 月 25 日

1. 請立即彙報，至 4 月底，能否製造出三百輛雙層甲板坦克。

2. 防水裝置的材料現狀如何？

3. 據我所知，蒙哥馬利將軍已向軍需部提交了一份清單，列出他希望優先獲得的物資。請將該清單展示給我，並附上你們的看法，說明是否能夠實現他的要求。

「霸王」行動籌備工作

首相致蒙哥馬利將軍

1944年1月31日

1. 你曾提及防水裝置材料的問題，目前正在全力以赴地生產所需的數量。並非所有車輛都需要防水裝置，這二十萬輛車分為一百種，每種都是一個獨立項目。這些車輛中的大部分可能要等到登陸行動開始三、四個月後才能交付。到那時，我們希望部隊不再需要涉水登陸。在戰爭的當前階段，滿足一種需求往往意味著犧牲另一種需求，因此，在為「霸王」作戰計畫進行準備時，必須做到精挑細選，追求卓越。我相信你會銘記這一點。

2. 我最關心的問題是，你是否能夠為空降部隊提供足夠的運輸飛機用以空運兩個師。如果可以確定一個固定的日期，那將是有利的。空軍部和飛機生產部已經設定了目標完成日期——例如，3月15日是交付某種飛機（如「阿爾比馬爾」式飛機）的日期，屆時將有180架可供使用。然而，如果在不影響上述任務的前提下，接受一個拖延兩個月的期限，那麼到5月15日，僅此一批飛機就應該增加到270架，而不是180架。我確信，許多其他必需品也能取得類似的進展。我完全理解關於訓練問題的各種看法，但需要訓練的是飛行員而不是飛機。如果能夠獲得高度熟練的飛行員（比如從海軍航空兵之中調動），他們可以使用現有的庫存飛機進行訓練；這樣，直到進攻開始為止，其他空軍人員可以使用不斷生產的飛機進行訓練。我們見面時，請告知這方面的情況。

我最感興趣的是最初炮擊階段所採用的火力計畫，尤其是涉及海軍的部分。

首相致第一海務大臣

1944年2月20日

1. 你應當記得，我在寫給三軍參謀長的備忘錄中，多次強調在「霸王」戰役中派遣一支負責炮轟的分艦隊或艦隊的重要性。一旦空中掩護得

以建立，戰艦的戰鬥力便能得到充分發揮。高速大炮對摧毀混凝土碉堡尤為有效。你告訴我你們正在進行相關安排，我認為必須全力以赴繼續推進。

2. 昨日，我與美國海軍的庫克海軍上將進行了會談，他向我展示了攻占馬紹爾群島瓜加林島的照片。他特別提到短距離炮轟的重要性，比如兩千碼。然而，鑒於我們當前所面臨的海灘，這種策略可能並不適用。然而，火力越強大，炮轟的效果就越顯著。此刻正是部署「拉米爾斯」級巡洋艦的最佳時機；而正如我所提到的，這些艦艇所需的人員可以從其他艦隻調動，以便在實際登陸時執行炮轟任務。任務完成後，他們可以返回原崗位。

3. 我建議在2月28日，即下週一，召開國防委員會會議，討論「霸王」作戰計畫中的相關問題。此外，我希望你能提供一份報告。

最終，海軍炮擊部隊由6艘戰鬥艦、兩艘大型鐵甲艦和22艘巡洋艦組成，此外，還包括大量驅逐艦和小型艦艇。其中，三分之二屬於英國。

我急切地盼望馬歇爾將軍能明白，我正竭盡全力地支持他長期以來渴望的計畫。為此，我發出了如下電報：

首相致馬歇爾將軍（在華盛頓）

1944年3月11日

在從馬拉喀什返回後，我對「霸王」戰役的以下幾個方面進行了詳細的審查：

1.「桑葚」人造港項目及所有相關事項；

2. 空降突擊部隊的運輸裝置，涵蓋以滑翔機進行攻擊的策略；

3. 對沿海地區實施炮擊的各個分艦隊；

4. 空軍指揮部的安排。

我已經主持了一系列會議，艾克或比德爾都曾分別參與。我對一切順

「霸王」行動籌備工作

利感到滿意。艾克和比德爾或許會告訴你，他們也十分欣慰。隨著時間的推移，我對這次戰役的態度越發堅定，即便莫斯科設定的條件尚未完全實現，我仍希望在可行的人力範圍內發動進攻。希望不久能有機會討論此事。謹致良好的祝願。

一旦遠征部隊的規模敲定，即可展開嚴格的訓練。我們面臨的主要挑戰之一是尋找足夠的訓練場地。英、美兩國軍隊的營地基本分開，英軍駐紮在英國東南，美軍則在西南。沿海地區居民在遇上各種不便時表現出色。英軍一個師及海軍部隊已經在蘇格蘭的莫里灣完成所有初期訓練。冬季的風暴錘鍊了他們，使其能夠應對進攻之日的艱苦戰鬥。

最初由蒙巴頓海軍上將創立，後由萊科克將軍接手的聯合作戰參謀部，早已在兩棲作戰的理論與實踐上取得執行上的突破。如今，必須將這些知識傳授給所有相關人員，同時進行現代戰爭所需的全面而嚴格的訓練。顯然，這些內容早已在英、美軍隊的各類實彈演習中得到驗證。雖然許多士兵是首次參戰，但他們全都表現得如同經驗豐富的老兵。

過去的大規模演習，以及在迪厄普經歷的慘痛教訓，都被融入到海、陸、空三軍的最終聯合演習中。此次演習於5月初圓滿結束。這些活動自然會引起敵人的注意。我們對此並不反對，甚至有意吸引加萊海峽敵方哨兵的關注，因為我們希望德國人相信我們的進攻將從加萊海峽發起。

隨著對敵方的最新情報湧現，我們的策略必須調整以適應新的局勢。我們已經掌握了敵軍部隊及其主要防禦設施的總體布局，包括沿海的炮位、據點和戰壕。然而，自1月下旬隆美爾接管指揮後，原有防禦設施開始展現出明顯的擴充和改進跡象。我們必須特別調查可能設立的任何新障礙，以便尋找解決方案。

頻繁的空中偵察使我們了解了英吉利海峽對岸的動態。此外，還有其他偵察敵情的手段。我們派遣小隊乘小型船隻多次出海，以澄清疑點、探

測近海水深、檢查新障礙或測量海灘坡度和地質。這些行動必須在夜間進行，悄然接近目標，祕密偵察，並迅速撤離。

有一個複雜的問題需要決定，那就是選擇進攻的日期和時間。在這個關鍵的時刻，前鋒的進攻艦艇必須準確抵達灘頭。許多其他行動的時機，必需根據這個時間重新規劃。我們一致認為，在月光下靠近敵方海岸是有利的，因為這能幫助我們的艦船和空降部隊。在天亮後和預定的進攻時間之間，還需要有一段短暫的時間，以便向小型艦艇下達疏散命令和進行精確的掩護轟炸。然而，如果天亮與進攻時間間隔過長，敵人將有更多時間從突襲的驚慌中恢復，並對我方登陸部隊進行射擊。

其次，潮汐問題也需要考量。若在高潮時登陸，水下障礙會妨礙行進；而在低潮時，軍隊則需步行更遠距離以越過無遮掩的海灘。還有其他諸多因素需予以考慮。最終決定在高潮前約 3 小時進行登陸。然而，問題不僅於此。東西海岸灘頭的潮汐時間相差 40 分鐘，且英國部隊登陸海灘區域內有一處水下暗礁。每個海灘區域必須確定各自的進攻時間，各區域之間的時間差最多達 85 分鐘。

在每個月的陰曆中，只有三天完全符合必要條件。5 月 31 日過後，艾森豪將軍計劃的第一個三天期間是 6 月 5 日、6 日和 7 日。因此，定在 6 月 5 日。如果這三天當中任何一天的天氣不利，所有軍事行動必須至少拖延兩週 —— 實際上，如果要等到月圓，則必須整整拖延一個月。

至 4 月時，我們的計畫已經接近完成。由登普西將軍指揮的英國第二集團軍將在卡昂北部和西北的灘頭部署三個師。在登陸前的兩到三個小時內，計劃在卡昂東北地區空降一個師，以便奪取奧恩河下游的橋梁，同時為東翼部隊提供掩護。在英軍的右翼，由奧馬爾·布雷德利將軍指揮的美國第一集團軍將在維爾河口東海岸部署一個師，同時在其北面也部署一個師。後者將獲得預先空降至內陸幾英里處的兩個師的支援。每個集團軍都

「霸王」行動籌備工作

有一個師在艦艇上待命，以便在緊急情況下進行增援。

攻擊的首批目標鎖定卡昂、貝葉、伊西尼和卡郎坦。攻占這些地點後，美軍將推進穿越科湯坦半島，同時向北發起猛烈攻勢，以便占領瑟堡。英軍將掩護美軍的側翼，防止遭到來自東面的敵軍反攻，並在卡昂的南面和東南面擴大陣地，以便在該地區修建機場和部署裝甲部隊。我們計劃在登陸後三週內抵達法萊塞——阿弗朗什一線，並與屆時已經登陸的大規模援軍會合，向東突破進攻巴黎，向東北挺進至塞納河地區，並向西進攻以占領布列塔尼半島的各個港口。

這些計畫依賴於我們能否在各個灘頭持續迅速地集結部隊。為了協調這些複雜的船舶調動，最高統帥部在樸茨茅斯設立了一個專門機構，並在部隊登船出發的各個港口設有附屬的三軍聯繫機構。這使得駐紮在遠方海岸的指揮官能夠控制不斷運往灘頭的補給物資。一個類似的機構則負責控制空運補給。對在法國灘頭的大批部隊進行充分補給和擴展，成為一個主要任務。這些灘頭很快就會像一個主要港口一樣繁忙。

海軍的職責在於確保陸軍安全渡過英吉利海峽，並透過一切可用手段支援登陸行動；接下來的任務是不顧海上和敵方的任何威脅，確保援軍和物資能夠及時送達。拉姆齊海軍上將指揮兩支特種艦隊，一支為英國的，另一支為美國的。東路特種艦隊由維安海軍上將指揮，負責英軍登陸區域內的所有海軍作戰行動。美國海軍的柯克海軍上將承擔支援美國第一集團軍的相同作戰任務。這兩支特種艦隊的指揮部總共管理五支突擊艦隊，每支艦隊負責運送一個師的作戰部隊，並配備專門的艦艇，以便為登陸部隊提供密切支持。這是進攻力量的核心。圍繞並掩護這些突擊部隊的，是盟軍強大的海軍和空軍。

部隊從菲列克斯托港登船出發，沿著海岸線一直延伸至布里斯托爾灣。船隻從這些港口啟程，前往懷特島附近的集結點。龐大的艦隊將從此

處駛向諾曼第。由於南部港口過於擁擠，並為增強迷惑敵人的策略，重型炮艦將在克萊德灣和貝爾法斯特港集結。

靠近敵方海岸時，儘管潛艇和輕型艦艇構成威脅，但水雷卻是首要的危險。因此，掃雷行動成為我們的重點。敵方布雷線橫亙於我們接近海岸的航道上，而且我們無法預測敵人在最後關頭會在突擊區域內設下何種障礙。10條獨立航道需要進行掃雷，以便突擊船隊通過，之後還需要在整個海域展開搜索。29個掃雷艦隊已彙集，總艦艇數量約達350艘。

在本書前一章中已經提及，轟炸機司令部的任務是執行大規模攻勢；目前這些攻勢行動已經持續多週。在利馬洛里空軍上將的指揮下，盟軍所屬空軍不僅協助重轟炸機破壞敵方交通線並孤立戰區，還需在地面戰役開始前擊敗敵方空軍。在進攻日前連續三週，德國的機場和各類設施遭受越發猛烈的轟炸。同時，我方戰鬥機的出動，引誘不願作戰的敵機投入戰鬥。至於突擊發動之後，空軍的首要任務是為我方海軍艦隻和船隊提供掩護，防範海上或空中襲擊，其次是削弱敵方雷達設施的功能；並在參與聯合轟擊計畫的同時，派遣戰鬥機為船舶停泊地和灘頭提供掩護。三個空降師及若干特遣隊需要在夜間安全抵達目的地，特遣隊的任務是激發和支持日益壯大的在地抵抗運動。

為了掩護首批登陸部隊的轟炸是一個關鍵因素。在進攻日之前，對敵方多個海岸炮臺的初步空襲不僅限於那些控制預定入侵灘頭的炮臺，還包括法國整個沿海區域的炮臺，以迷惑敵人。在進攻前夕，英國大量重型轟炸機將襲擊可能阻礙登陸的十個最重要炮臺。次日黎明，中型轟炸機和艦艇炮火將在落彈觀測機的指引下接替他們進行轟擊。約在天亮後半小時，美國重型和中型轟炸機將全力轟炸敵方防禦工事。海軍突擊艦艇上多種類型的大炮和火箭也將增強這種越發猛烈的火力。

顯然，我們的規劃不僅僅局限於即將展開的實際行動。由於敵人必然

「霸王」行動籌備工作

會察覺到大規模入侵的籌備，我們必須掩蓋進攻的具體時間和地點，誘使敵人誤以為我們將在其他地點和時刻發起攻擊。單是這一點就需要大量的策劃和具體措施。沿海區域禁止遊客進入；需要強化檢查制度；在特定期限之後，信件停止投遞；各國使館被禁止發送加密電報，甚至其外交郵袋也必須延遲寄出。

我們迷惑敵人的主要策略是偽裝我們計劃橫渡多佛海峽侵入大陸。即使在今天，描述當時用來迷惑敵人的各種方法仍顯得極不真實。然而，我們使用的一些顯而易見的方法包括：假裝在肯特和蘇塞克斯集結軍隊；虛構的艦艇組成艦隊駐紮在五港口；在這些港口附近的灘頭進行模擬登陸演習；無線電報的發收活動日益頻繁等。我們對那些並不打算前往的地方進行了比真正目標更多的空中偵察。最終的效果極為出色。德國最高統帥部對我們故意展示給他們的種種跡象深信不疑。德國西部戰線總司令龍德施泰特也確信加萊海峽是我們的目標。

集中突擊兵力的任務——包括十七萬六千名士兵、兩萬輛車輛以及數萬噸物資——本身便極為繁重，因為必須在登陸後的頭兩天之內完成運輸。該項任務主要由陸軍部和鐵路部門負責，他們的表現極為出色。軍隊從英國各地的常駐營地被運送至南部各郡，駐紮在從伊普斯威奇到康沃爾和布里斯托爾海峽的地區。預定在海上突擊前空降至諾曼第的三個空降師則集結在一些機場附近，準備從那裡起飛。各部隊按照既定的登船次序，從後方集中地被運至靠近海岸的集結區域的營地。在這些營地中，部隊被分成若干分遣隊，以適應運輸船隻的載客能力。在此，每名士兵將收到個人命令。一旦命令下達，任何人不得離開營地。各營地臨近登船地點，這些地點是港口或「硬地」——即用混凝土加固的灘頭地帶，便於部隊登上小型艦艇。在此，他們將與海軍艦隻會合。

所有這些海上和陸上的活動，似乎絕不可能逃過敵人的注意。我們有

許多非常吸引敵機襲擊的目標，因此採取了嚴密的戒備措施。我們部署了近七千門火炮和火箭，以及一千多個防空氣球，以保護大批士兵和船舶，然而德國空軍卻毫無蹤影。這與 4 年前的情況相比，真是大相逕庭！英國國民自衛軍這些年來一直耐心地等待時機，希望能有所作為，現在他們終於如願以償。他們不僅加強了防空和海防的各個部門，還接管了許多日常工作和治安職務，進而能夠空出其他士兵投入戰鬥。

因此，英國的南部地區化為一個巨大的軍事基地，充斥著那些經過嚴格訓練、準備就緒並急於渡海與德國人進行生死較量的士兵。

「霸王」行動籌備工作

羅馬城的收復行動

5月11日－6月9日

駐紮義大利的部隊在極為保密的情況下進行了重組。為了掩蓋我方軍隊的動態並迷惑敵人，我們採取了一切可能的策略。當整編完成後，克拉克將軍指揮的第五集團軍從海岸線到利里河的戰線擁有超過七個師的兵力，其中包括四個法國師；與此同時，利斯將軍的第八集團軍則擁有大約十二個師的兵力，繼續守衛從卡西諾延伸至山地的戰線。在安齊奧灘頭集結了六個師，準備在最佳時機發起突擊；而亞得里亞海區域僅留有約三個師的部隊。盟軍總計集結了超過二十八個師的兵力。

與我軍對峙的德軍共有二十三個師，但透過一系列迷惑敵人的策略，包括在羅馬港口契維塔韋基亞製造登陸威脅，成功地使凱塞林上當受騙，導致敵軍兵力分布分散。我軍的主要打擊目標是卡西諾與海岸之間的地區，而此地敵軍僅有四個師駐守，後備部隊也因為分布範圍太廣而難以快速集結。

5月11日我軍突然發動了攻擊。在英軍前線的德軍正進行部隊輪換，且一位集團軍司令官正準備休假。

當日清晨，我與亞歷山大互通了電報。

首相致亞歷山大將軍

1944年5月11日

我堅信這是一場關鍵的戰役，我們的全部期望與理想都寄託於你。這場戰爭必須進行到底，其目的是要摧毀與消滅羅馬南部的敵軍部隊。

羅馬城的收復行動

亞歷山大將軍致首相

1944 年 5 月 11 日

我們所有的計畫和準備工作現已完成,各項安排也已經妥當。我們擁有充足的信心和決心去實現我們的目標,消滅羅馬南方的敵軍。我們預見將會面臨非常激烈和艱難的戰鬥,並已為此做好準備。進攻開始時,我會用我們之間的密碼向你報告。

當夜 23 時,猛烈的攻勢拉開序幕。我方兩支部隊的炮兵以兩千門火炮展開激烈轟擊,至黎明時分,戰術空軍全力支援。在卡西諾北部,波蘭軍奮力圍攻山脊上的修道院。此前數次進攻此地均告失敗,此次波蘭軍再度遭敵軍阻截被迫撤退。英國第十三軍,派遣英國第四師與第八印度師為前鋒,在拉皮多河對岸成功建立數個小型橋頭堡,需頑強戰鬥方能守住。在第五集團軍前線,法軍迅速推進至費托山,但在靠海側翼,美國第二軍遭遇頑強抵抗,展開寸土必爭的戰鬥。經過 36 小時的激烈戰鬥後,敵軍開始顯露頹勢,法軍攻占馬約山,朱安將軍迅速指揮摩托化步兵師沿加里利亞諾河上游推進,攻克聖安布羅吉奧和聖阿波利納勒,肅清河西岸全部敵軍。第十三軍越過拉皮多河,深入敵軍堅固防線,5 月 14 日,與增援的第七十八師會合後,開始取得順利進展。法軍再次突入奧森特河谷,攻占奧索尼亞,朱安將軍率領哥姆團從奧索尼亞穿越無路山地向西推進。美國第二軍成功攻克聖瑪麗亞因范特,為攻打該目標,他們曾進行長時間戰鬥。駐守側翼的兩個德國師,由於必須抵擋第五集團軍六個師的攻勢,遭受毀滅性打擊,因此利里河以南的整個德軍右翼很快就接近崩潰狀態。

利里河北邊的敵軍,即便在海岸側翼崩潰的情況下,仍然依賴古斯塔夫防線的殘餘部分進行頑強的抵抗。然而,他們的防線逐漸崩潰。5 月 15 日,第十三軍推進至卡西諾—皮格納托羅公路,利斯將軍也調動加拿大軍以擴大戰果。次日,第七十八師在向西北方向的攻擊中突破了敵軍防線,

逼近第六號公路；17 日，波蘭軍向修道院北方發起進攻。他們成功占領了修道院西北的山脊，從高處控制了公路。

5 月 18 日清晨，英國第四師成功清除了卡西諾城的敵軍，此時波蘭軍隊也在修道院的廢墟上升起了紅白相間的國旗。他們在義大利的首次重大戰役中表現卓越。隨後，在從俄國監獄中幸運逃脫且極具魄力的安德斯將軍的指揮下，他們在向波河的漫長進軍中贏得了諸多榮譽。第十三軍沿著整個戰線推進，抵達阿奎諾郊外，而加拿大軍也向他們的南面推進。在利里河對岸，法軍已經抵達埃斯佩里阿，並快速向皮科進軍。美軍已經占領福爾米阿，取得了卓越的成就。儘管凱塞林派出他能集結的所有兵力來增援，這些部隊卻只能零星抵達，勉強應付盟軍日益增強的攻勢。第八集團軍仍需突破從蓬泰科爾沃延伸到阿奎諾再到皮埃迪蒙特的阿道夫·希特勒防線，但此時局勢已經相當明顯，德軍很快將被迫全面撤退。

因此，我方指揮官的所有思考均圍繞在以下兩個關鍵點：突破安齊奧戰線的時間與方向；以及德軍是否會以沿公路的阿爾本山和瓦爾蒙托內為據點，最終堅守羅馬南部地區的可能性。

首相致亞歷山大將軍

1944 年 5 月 17 日

我誠摯地向你表示祝賀，因為你在各方面都取得了卓越的成就。

此處有人主張不應立即進攻安齊奧。然而，帝國總參謀長和我都贊成你的觀點，即在當前階段，持續對敵方施壓是較佳策略，以維持對敵軍的威懾力。請告訴我你的看法。

在今天早上接到的來電中，你提到計畫暫時暫停前進，以便調集炮兵。這將需要幾天，還是更長的時間？我認為追擊敵人極為重要。被擊潰的軍隊通常無法在已為他們準備好的後方戰壕駐守，除非有另一支實力雄厚的部隊已經在防線上堅守。

羅馬城的收復行動

自戰役打響以來，貴軍的傷亡情況如何尚不明瞭。請勿再要求補充兵力，以免影響既定計畫。我估計你方在全線的損失約為七、八千人。請告知你的意見，這個數字是否過高或過低。

向您及您的士兵們致以最誠摯的祝福。

次日，亞歷山大回覆電報如下：

亞歷山大將軍致首相

1944 年 5 月 18 日

1. 感激你的祝賀，全軍對此深感珍惜。

2. 我經過深思熟慮地權衡了關於發起安齊奧戰役的利弊，在諸多因素中，有兩個對我影響最深：其一，敵軍在該區域的後備力量極為強大，擁有第九十師和第二十六師，我必須首先將這兩個師引向其他地方。如你所知，第九十師已經被引至主要戰區，第二十六師的一部分兵力也已經調離；其二，德軍預計安齊奧是我們的主要進攻目標，為了出奇制勝，我採取了他們意料之外的行動。我已經命令美軍第三十六師今晚開始進入橋頭堡陣地。我正努力讓他們分批進入而不被敵人察覺。一旦時機成熟，美軍將會發起突襲，切斷敵人通往羅馬的交通線。如果成功，這次行動可能產生決定性影響。

3. 我們的目標不僅是在主要戰場上維持當前的壓力，還要進一步加大壓力。我已經下令第八集團軍在德軍尚未穩固防線之前，以最大力量突破利里河谷的阿道夫·希特勒防線。我也指示波蘭軍團立即推進至皮埃迪蒙特，以便從北側繞過這道防線。同時，我命令法國軍團在抵達皮科後轉向北方，進入與第八集團軍對峙的敵軍後方。如果這些行動順利進行，將極大有助於摧毀德國第十集團軍的右翼。如果我們在阿道夫·希特勒防線前被阻，無法從北或南繞過，那麼就必須進行全面的大規模進攻以突破這道防線。在這種情況下，重炮部隊必須調至前線，這將需要幾天時間。然而你可以放心，我們絕不會有不必要的延誤。德軍希望迅速恢復平衡，但我

決心不讓其如願。

4. 關於傷亡人數,我最終收到的情報如下:第八集團軍,六千人;第五集團軍,七千人;總計,一萬三千人。

5. 攻克卡西諾對我個人和我指揮的兩支軍隊而言意義重大。除了對外交部的工作有利之外,還似乎具有重要的宣傳價值。

威爾遜將軍已經從阿爾及爾動身前往前線,並向我提交了報告:

威爾遜將軍致首相

1944 年 5 月 18 日

戰鬥持續順利推進。今日,我視察了波蘭軍團。他們為在卡西諾山峰經過艱苦戰鬥取得的成就感到自豪,那裡戰鬥異常激烈。

第八集團軍和美軍都具備充足的力量來繼續追擊。然而,朱安的部隊以目前的傷亡率來看,若再持續八天以上的艱苦戰鬥,是否仍能保持充沛的兵力就難以預測。我今日在朱安的司令部與戴高樂討論了此事。他已經同意立即從北非調派一個裝甲團和一個步兵團,並且在部隊完成美式武器的訓練後,將繼續派遣更多援軍。

儘管德軍防守部隊倉促應戰,他們的士兵表現得極為頑強,加之防禦工事堅固,第八集團軍在利里河谷對阿道夫·希特勒防線的多次試探性進攻均未奏效。必須進行分段切割的突襲,但這類行動要拖延到 5 月 23 日之後。然而,法軍經過一場激烈戰鬥已經占領皮科,而美國第二軍也已進駐豐迪。如此一來,德軍對其南側翼自然感到不安。

首相致亞歷山大將軍

1944 年 5 月 23 日

你們的戰鬥似乎正接近高潮,大家都關注著你們的進展。由於敵軍左翼的撤退,法軍和美軍的前進無疑成為報紙頭條。你對波蘭軍團的表揚電

文也為他們贏得了聲譽。

昨日的內閣會議上提出了一些質詢，質疑英國部隊的貢獻是否得到了應有的重視。英軍一直在攻打這條防線上最頑強且最難突破的部分陣地。我們不要求發布任何不實的消息，但民眾在閱讀這些天的報紙後，可能會懷疑我們的軍隊是否發揮了重要作用。我當然了解事實的真相，但民眾可能會感到困惑，因此當你認為我們的軍隊取得的進展值得注意時，能否在公報中多提及他們呢？

因此，加拿大軍團承擔了利里河谷的主要進攻。至5月24日中午，該軍已經實現全面突破，同時其裝甲師也已經向切普拉諾推進。次日，德軍全線潰退，在第八集團軍的整個戰線上遭到猛烈追擊。

亞歷山大將軍下令，從安齊奧灘頭陣地發起的突擊，必須與第八集團軍的攻勢同步進行。美國特拉史考特將軍派遣他所指揮的第六軍兩個師，正對奇斯泰爾納發起攻擊。經過兩天激烈戰鬥，奇斯泰爾納於5月25日攻下，而同日，灘頭陣地的部隊也與美國第二軍的先遣部隊取得了聯繫，這支部隊是在攻占特拉契納後繼續推進的。經過長時間的戰鬥後，我們所有部隊終於會合，開始收穫去年冬季在安齊奧付出辛勤努力的豐碩成果。

亞歷山大將軍致首相

1944年5月24日

謹此奉上若干值得關注且愉悅的事實。我每日向帝國總參謀長提交的例行報告將按照正式流程遞交。

古斯塔夫防線歷經敵軍整個冬季的籌備，並由拉皮多河作為屏障，然而在這場初期的突襲中，我方兩支軍隊便成功突破該防線，並在戰鬥開始的第一週內將敵軍驅逐出其據點。卡西諾幾乎是一個難以攻克的堡壘，但在我軍一次卓越的鉗形攻勢中被包圍，最終使其與戰場隔離而陷入孤立。

至於被大肆宣揚的阿道夫·希特勒防線，儘管設有鐵絲網、地雷和鋼

筋水泥構築的碉堡，卻在第八集團軍推進時被摧毀了。

由於占據了灘頭陣地，我軍得以在德軍後方布置強大兵力，這支部隊正在進行作戰，以實現更大規模的鉗形攻勢。截至目前，深入敵軍陣地的最遠距離為直線38英里。

在安齊奧地區，美軍突破了敵軍精心構築的防線，向前推進了四千碼，並成功包圍了奇斯泰爾納。

我軍已經俘獲逾萬名敵軍士兵，並對敵方造成重大傷亡，具體數字尚在統計中。隨著戰場範圍的擴大及推進速度的加快，繳獲物資的清點尚未完成，然而，至少有超過一百門各類火炮及大量武器和裝備在其中。多種機械化運輸工具已被我方空軍摧毀或損壞，據空軍報告，今日已經至少摧毀一百輛車輛。

在與我軍交戰的德軍師中，第七十一步兵師和第九十四步兵師已被消滅，失去了戰鬥能力。第一傘兵師、第九十裝甲近衛師和第十五裝甲近衛師的戰鬥力幾乎已經被削弱殆盡。第二十六裝甲師、第二十九裝甲近衛師、第七一五和第三六二步兵師也遭受重創。第五七六團、第三〇五和第一三一團、第四十四師實際上已經被消滅。所有敵人的後備部隊，包括據稱駐紮在羅馬西北部的一個師，已經全部投入戰鬥，並且各種跡象強烈暗示，海爾曼·戈林師團，德軍最高統帥部的後備部隊，正在向南移動，企圖遏制我軍的攻勢。然而，這個情況不宜公開宣布，因為該師參戰的消息尚未得到證實。

我方兩支軍隊與盟國空軍的合作極為出色。英國、美國、法國、加拿大、紐西蘭、印度和波蘭的部隊一直積極參戰。英國軍隊在每次艱難的戰鬥中，尤其是在渡過拉皮多河和從南面包圍卡西諾時，表現卓越。我將在公報中給予他們應得的榮譽。英國與美國空軍聯合為我方兩支軍隊提供了短程和遠端支援。盟國海軍部隊在炮擊敵軍和從海上運輸部隊及物資方面通力合作。無論從任何角度看，這場戰鬥是——且並將繼續是——盟國

羅馬城的收復行動

共同參與的。

最終，我們在不到兩週的時間裡，從德國侵略者的控制中收復了五百平方英里的義大利領土。

特拉史考特將軍迅速利用了在奇斯泰爾納創造的突破口。根據克拉克將軍的命令，他派遣三個師（其中包括一個裝甲師）向韋萊特里和阿爾本山出發；另外，派出一個師，即美國第三師，向瓦爾蒙托內推進，準備在那裡截斷更南方敵軍的關鍵逃生通道。此安排與亞歷山大的指示不符，因為亞歷山大將瓦爾蒙托內視為主要目標。

首相致亞歷山大將軍

1944 年 5 月 28 日

接獲你們的捷報，大家都感到非常欣慰。在當前時機，切斷敵軍的撤退路線比任何其他行動都更為關鍵。我確信，你已經詳細考慮，應該調動更多的裝甲部隊，沿阿平昂大道支援最北面的先頭部隊，向瓦爾蒙托內—弗羅齊諾內公路推進。追擊敵軍遠比占領羅馬更為重要，最終，追擊敵軍的結果自然會導致羅馬的占領。追擊是唯一的關鍵問題。

首相致亞歷山大將軍

1944 年 5 月 28 日

除了先前電報中提到的情況，我已經稽核了我們從多個來源獲得的坦克數量。帝國總參謀長給出的數字顯示，你們至少有兩千五百輛可投入戰鬥的坦克。毫無疑問，我們可以使用，甚至徹底耗盡其中的一半，以便進行一次鐮刀形式的迂迴，切斷敵人的退路。

在接下來的兩、三天內，我將發表一封致你及你屬下各軍的公開信，無論情況如何，我都會全力支持你。但由於同志間的情誼，我必須坦誠告知：儘管此次戰役已經取得顯著榮譽，未來的評估標準不在於占領羅馬或

與橋頭陣地會合,而在於切斷德國師退路的數量。我深信你已經在心中權衡這些問題,或許也已按照這個原則採取行動。然而,我仍感到有必要提醒你:關鍵在於追擊敵人。

然而,儘管我方空軍的破壞性襲擊延誤了海爾曼·戈林師團及其他部隊,這些部隊仍然率先抵達瓦爾蒙托內。克拉克將軍派出的一個獨立美國師在途中被阻截,而敵軍的逃生路線依舊暢通無阻。這是極為不幸的。

南方的敵軍開始全面撤退,盟軍空軍竭盡全力阻礙其調動,並驅散集結的敵軍。然而,敵軍的後衛部隊頑強地對我們的追擊部隊進行反擊,並且在撤退中保持了相當的秩序。美國第二軍向普里韋諾推進,法軍攻向切卡諾,而加拿大軍團與英國第十三軍沿河谷向弗羅齊諾內挺進,同時第十軍沿公路推進至阿韋察諾。從安齊奧前線突破的三個美國師向韋萊特里和阿爾本山推進,隨後獲得第三十六師的增援,但遭到激烈抵抗,連續三天毫無進展。他們準備重新對瓦爾蒙托內發起進攻,而凱塞林已經將所有能集結的戰鬥部隊調來增援,然而,美國第三十六師的一次出色襲擊使凱塞林措手不及。第三十六師在阿爾本山西南角經歷了艱苦戰鬥。5月30日晚,他們發現德軍留下了一處制高點未加防守。於是,第三十六師步兵以密集縱隊前進,占領了各個據點。24小時內,整個第三十六師建立了穩固陣地,最終攻破了羅馬南面德軍的最後一道防線。

亞歷山大將軍致首相

1944年5月30日

感謝您撥打電話。

我們的作戰坦克數量大約兩千輛。從我的作戰指令中,你可以看出,我的目標是殲滅戰場上的德軍。

除了通往羅馬的道路,作戰部隊不得入城。此外,我正在思考,在我發布的軍事公報中,是否應僅提及攻克羅馬,而不涉及我軍日常進軍中占

羅馬城的收復行動

領的居民區。如果你能對此提供指導，我將感激不盡。

你肯定已經聽說敵軍的新師團正朝此處出發。我希望我們不要重蹈覆轍，過早停止增援，以免妨礙我軍利用當前有利局勢，獲取全面勝利的成果。

首相致亞歷山大將軍

1944 年 5 月 31 日

我完全贊同你的作戰計畫，並深信你將會付諸實施。

攻占羅馬乃是全球關注的重要事件，絕不可小覷。我期望英軍與美軍能夠同時進駐。我不願將其與同日占領的其他城鎮相提並論。然而，你所言不虛，由於我們在此戰場殲滅了德國陸軍，因此我們得以占領羅馬及其他城鎮。

在美國三軍參謀長面前，我們堅定地維護自己的立場，拒絕他們關於限制你們在此戰役中發揮作用的建議，這無疑是一件幸事！我必定支持你們優先獲取實現這個輝煌勝利所需的一切資源。我堅信，美國三軍參謀長們此時必然會意識到，目前不宜採取以下做法：為了即將在我們策略中占據優先地位的其他兩棲戰役，而從這個戰場抽調兵力或以任何方式削弱其力量。

願你們諸事順遂。

美國第三十六師的勝利並未立刻取得預期效果。敵軍在阿爾本山及瓦爾蒙托內仍在頑強抵抗，儘管其大部分兵力已經北撤至阿韋察諾和阿爾索利。然而，敵軍在這些地區遭到了英國第十軍和第十三軍及戰術空軍的追擊。不幸的是，山地地形限制了我們對裝甲部隊強大力量的運用，否則其威力將得到充分發揮。

6 月 2 日，美國第二軍攻陷瓦爾蒙托內並向西推進。當夜，德軍的防

線崩潰。次日，美國第六軍抵達阿爾本山，並與左翼的英國第一和第五師一起逼近羅馬。美國第二軍的進展速度稍快於他們。大部分橋梁完好無損，6月4日下午7時15分，第二軍第八十八師的先鋒部隊抵達羅馬市中心的威尼斯廣場。

6月9日，我向所有相關人員發送了戰時內閣的祝賀電，並且我個人向亞歷山大發出了以下電報：

除這些賀詞外，我斗膽再表達我個人的祝賀。我們始終一致認定主要目標是消滅敵人的武裝力量。毋庸置疑的是，你指揮的軍隊目前所占據的陣地，以及他們在空軍和裝甲部隊方面的優勢，為我們創造了極為有利的時機：你們透過進一步的迅速行動，給予凱塞林潰散的軍隊更沉重的打擊，將使敵軍在向北撤退時可能付出巨大的代價。

我們欣然邀請您代表我們向來自美國、英國、加拿大、紐西蘭、南非、印度、法國、波蘭和義大利的軍人表達祝賀，因他們在所有戰線上表現卓越。

我們與你們一樣期待，在未來堅決追擊潰敗敵人並切斷其退路時繼續取得成功。

我一直定期向史達林通報上述軍事行動的所有進展，6月5日，在其他事務也在進行時，我將我們勝利的消息告知了他。

首相致史達林主帥

1944年6月5日

1. 獲悉盟軍攻克羅馬的消息，你必然感到振奮。我們始終認為，盡可能截斷更多敵軍師團的撤退路線是更為關鍵的。亞歷山大將軍現已指揮強大的裝甲部隊向北推進至特爾尼，以便有效封鎖希特勒派往羅馬南部作戰所有師團的退路。儘管安齊奧和內圖諾兩地的兩棲登陸未能直接取得我在策劃時所預期的成果，但這個策略是正確的，最終也得到了回報。首先，

羅馬城的收復行動

這些登陸行動吸引了敵軍的十個師：從法國調來的一個師、匈牙利的一個師、南斯拉夫和伊斯特里亞半島的四個師、丹麥的一個師，以及義大利北部的三個師。其次，這些行動引發了一場防禦戰鬥，雖然我們損失了約兩萬五千人，但德軍被擊退，大部分師團的戰鬥力被削弱，損失約三萬人。最後，安齊奧的登陸使得原計畫中的行動成為可能，且規模更為宏大。亞歷山大將軍目前正在全力以赴，試圖將羅馬南部的敵軍師團圍困。幾個師團已經退入山區，遺留下大量武器，但我們希望能俘獲大量俘虜和物資。戰鬥結束後，我們將決定如何最有效地利用義大利的軍隊來支援主要的軍事行動。波蘭、英國、自由法國和美國的軍隊在正面進攻中擊潰或削弱了敵軍。此外，還有多種重要的選擇需要迅速考慮。

2. 我在艾森豪的指揮部待了兩天，視察部隊登船前往諾曼第，現在剛剛返回。要獲得理想的天氣條件是相當困難的，特別是因為我們必須綜合考慮潮汐、海浪和雲霧的狀況，以便最大限度地發揮空軍、海軍和陸軍的作用。艾森豪將軍非常遺憾地被迫拖延了一晚。然而，天氣已經發生了極為有利的變化，因此我們今晚開始行動。我們動用了五千艘船隻，並擁有一萬一千架裝備完善的飛機。

來自各方的賀電充滿熱情。甚至俄羅斯也向我表達了友好。

史達林元帥致首相

1944 年 6 月 5 日

我向英、美盟軍部隊在占領羅馬這個重大勝利表示祝賀。在蘇聯，人們懷著極其滿意的心情迎接這個消息。

史達林的喜悅不無道理，因為他所面臨的局勢一切順遂。俄國人的戰爭規模遠超我先前描述的各場戰役，並無疑奠定了一個基礎，英、美軍隊將在此基礎上迎來戰爭的高峰。俄國人不給敵人任何機會，從 1943 年初冬的重大挫折中恢復。1 月中旬，他們在從伊爾門湖至列寧格勒長達 120

英里的戰線上發起攻勢，成功突破了列寧格勒前的敵軍防線。在更南部，到 2 月底，德軍已經被逐退至楚德湖岸。列寧格勒終於徹底解圍。而俄軍已經抵達波羅的海國家的邊界。

俄軍在基輔西部的攻勢取得成效，迫使德軍撤回至波蘭舊邊界。在南方戰線，戰火四起，德軍防線多處被深度突破。在克爾森形成了一個巨大的包圍圈，德軍被困其中，幾乎無人逃脫。

整個 3 月，俄軍在整個戰線上以及空中對敵軍展開了猛烈追擊。從戈麥爾到黑海，德軍全線潰退，直至他們被迫渡過聶斯特河，退入羅馬尼亞和波蘭境內。隨後，由於春季冰雪消融，他們獲得了短暫的喘息。然而，克里米亞半島上的戰鬥仍在繼續。4 月 11 日，經過三天激戰，俄軍突破彼列科普地峽，與從刻赤渡海而來的部隊會合，著手消滅德第十七集團軍，並收復塞瓦斯托波爾。

至 5 月底，希特勒的軍隊已經陷入絕望境地。俄軍再次發動雷霆萬鈞的攻勢時，他在東線的兩百個師毫無抵擋之力。他面臨著無處不在且迫在眉睫的災難。在當前的局勢下，他需要決定如何重新整編軍隊、選擇撤退地點以及該在何處堅守位置。然而，他卻下令所有軍隊堅守陣地，戰鬥到底。德軍在任何地方都不允許撤退。如此一來，德軍在所有三個戰場上徹底崩潰的命運已成定局。

羅馬城的收復行動

諾曼第登陸前夜

5月15日（星期一），即距進攻日（D-Day）僅三週之時，我們在蒙哥馬利位於倫敦聖保羅學校的總部舉行了最後一次會議。國王、史末資元帥、英國三軍參謀長、遠征軍司令官及多位主要參謀官均出席。講臺上陳列著一幅描繪諾曼第海灘及周邊內陸地區的地圖，地圖置於斜面上，便於與會者清晰觀看。地圖設計巧妙，使得負責講解作戰計畫的高級軍官能在其上行走，並指出各個重要標示。

艾森豪將軍發表了開場演說，上午會議的最後由國王陛下致辭，隨後會議暫時休會。我在會議上也進行了發言，其中提到：「我對這次戰役的態度越發堅定。」艾森豪將軍在他撰寫的書中，對此句進行了詮釋，認為我曾反對跨越英吉利海峽的戰役，但此說不實。若讀者查閱前一章，將會發現我在致馬歇爾將軍的信中亦提及此語，並解釋道，我的意思是：「即便莫斯科會議上設定的那些條件尚未完全實現，我仍然希望在人力所及的範圍內發起進攻。」

蒙哥馬利發表了一場感人至深的演講。緊隨其後，海軍、陸軍和空軍的幾位指揮官以及一位首席後勤軍官也發表了講話，這位後勤軍官詳細描述了為部隊登陸後所做的精心準備。攜帶的各種裝備和器材數量之多，的確令人驚嘆。這讓我想起安德魯·坎寧安海軍上將講述的一個故事：在「火炬」行動中，首批空運甚至包括牙科手術椅。舉個例子，這次有人告訴我，計劃派遣兩千名軍官和職員跨越海峽將負責記錄工作，並給我一份表格，上面註明在登陸後20天，每477人必須配備一輛車輛。每輛車需要一名司機以及相應的維修人員。

諾曼第登陸前夜

此外，還有替補受傷及陣亡士兵的人員。

儘管這些數字包含作戰車輛，如炮車、裝甲車和坦克等，但我對安齊奧灘頭堡曾經的擁擠狀況記憶猶新。經過反覆考慮，我決定讓伊斯梅致信蒙哥馬利，表達我對摩托車和非作戰車輛數量過多的擔憂。伊斯梅依照我的意見行事，於是我們安排在5月19日星期五，我視察蒙哥馬利將軍司令部時，討論這個問題。這次會面的真實情況在報導中被扭曲。據稱，蒙哥馬利曾將我帶到他的書房，勸我不要與他的參謀人員交談；如果我在最後關頭堅持修改運輸計畫，他就以辭職威脅我；據說我已經作出讓步，並在告知他的下屬軍官們蒙哥馬利不允許我與他們交談後便離開。基於這些誤傳，最好還是陳述事實真相。

當我前往用餐時，蒙哥馬利請求與我單獨交談，於是我便進入他的房間。我已經不記得對話的具體細節，但他確實解釋說，在當前階段，即距離進攻僅有17天時，要調整運輸規模是困難的。然而，我可以肯定地說，無論在這次談話中，還是在整個戰爭中我與他的多次對話中，從未發生過他以辭職威脅我的情況，也沒有與他的參謀人員發生對立。而且，我絕不會容忍這樣的行為。我們交談後，共同享用晚餐，席間只有8、9人，大多是蒙哥馬利將軍的幕僚。整個過程充滿了友好的氛圍。當晚，蒙哥馬利將軍請我在他的私人著作中題詞，我如同在其他重大戰役前所做的，寫下了以下幾句話，這題詞已經在其他地方發表過：

在本書述及即將展開的最偉大冒險行動之際，我於此表達我的信念：一切將會順利進行，軍隊的組織與裝備將與士兵的勇敢和將領的智慧相得益彰。

然而，我可以補充說：我至今仍舊相信，在橫渡英吉利海峽的進攻初期階段，運輸車輛與作戰士兵的比例過高。而且這場戰役在風險承擔和具體執行上因此遭受了損失。

當時，我心中仍然縈繞著另一項計畫。我們的目標是解放法國，因此在此次戰役中儘早地部署一個法國師是合情合理的，以此向法國人民表明，他們的部隊已在法國的土地上重燃戰火。由勒克萊爾將軍指揮的法國第二裝甲師在北非屢次立下戰功，早在今年 3 月 10 日，我就告知戴高樂，我希望他們能在主要戰役中與我們並肩作戰。從那時起，參謀長委員會便認真研究此事。艾森豪不希望這個師參與戰鬥，而威爾遜將軍在進攻里維埃拉時也無意使用它。問題在於如何將其調回英國並及時裝備。調遣部隊相對簡單，但返回英國的船隻艙位有限，無法容納所有裝備和車輛。在英、美三軍參謀長委員會和在阿爾及爾的盟軍司令部經過通訊聯繫後，大部分裝備和車輛已經由當時從地中海駛回英國的登陸艇運送。然而，至 4 月 4 日，英國參謀長委員會報告稱，還缺少約兩千輛車輛；若將英軍車輛撥給他們，將使艾森豪的補給問題複雜化。數日後，艾森豪的司令部宣稱，無論從英國還是美國，都無法調撥出美國車輛。這意味著法國裝甲師需在發動登陸行動之後很久才能參戰，僅因缺少車輛，而這些車輛在即將使用的龐大數量中僅占極少數。艾登先生和我同樣感到失望。5 月 2 日，我親自致信艾森豪將軍，表達呼籲。

1944 年 5 月 2 日

請從你們龐大的運輸工具中，調撥少量車輛以滿足勒克萊爾師團的需求。這對於法軍重返法國極為重要。你不妨回憶一下安齊奧戰役的情況——十二萬五千人竟然配備了兩萬三千輛車輛。為了運輸這些部隊和車輛，登陸時極為困難，而部隊和車輛僅推進了十二英里。

請容我向您發出這個請求，我相信若您拒絕，定是經過深思熟慮和全面分析後的決定。

艾森豪的回信讓人感到放心。

諾曼第登陸前夜

1944 年 5 月 10 日

我已詳盡審視勒克萊爾師團的運輸狀況,同時,我的參謀團隊也已與勒克萊爾將軍就此事進行了磋商。

經過調查,確認該師已經接收和將在 5 月 15 日前接收的車輛約有一千八百輛,其中幾乎涵蓋所有履帶和裝甲車輛。此外,還有大約二千四百輛車輛待運。根據現行計畫,除了四百輛外,大部分車輛將在 6 月 12 日前運至英國,剩餘車輛將在 6 月 22 日前抵達。勒克萊爾將軍表示,他目前擁有足夠的資源進行訓練,並因隸屬於美國第三集團軍,已經得到該軍的支持。該師的整體補給狀況良好,車輛到達後,如果仍有少量短缺,包括所需的補給物資,將由美軍方面提供解決。我相信,為該師制定的運輸和裝備計畫將確保該部隊在投入戰鬥前獲得適當的補給。

所有準備工作已經就緒。此次從查德湖出發的行動,將途經巴黎,最終抵達貝希特斯加登。

隨著進攻日期的一天天倒數,緊張氛圍越加濃烈。然而,目前沒有跡象顯示敵方已經察覺我們的計畫。4 月底,敵方取得了小小的勝利,擊沉了參與演習的兩艘美國坦克登陸艇,但顯然未將此事與我們的進攻計畫串聯起來。5 月間,我們觀察到敵人在瑟堡和勒阿弗爾增援了一些輕型海軍艦艇,並在英吉利海峽加強了布雷活動,但總體而言,敵方保持沉默,靜候我們行動的意圖明確。

局勢正迅速且穩定地推進至高潮。在 5 月 15 日的會議後,國王陛下前往部隊集結的港口,對每一個突擊部隊進行視察。5 月 28 日,各下級指揮官接到通知:進攻計畫定於 6 月 5 日開始。從此刻起,所有參與突擊的人員被「封閉」在艦艇上或岸上的營地和集結點。郵件傳遞被停止,除非遇到個人緊急情況,否則禁止任何私人通訊。6 月 1 日,拉姆齊海軍上將開始指揮英吉利海峽的作戰行動,本土各港口的海軍指揮官將根據他的指

示行動。

我認為，乘坐我們巡洋艦隊的 1 艘戰艦觀摩這場歷史性戰役開始前的炮擊是合情合理的，因此我請求拉姆齊海軍上將為此制定計畫。他安排我在進攻的前一天傍晚登上英國軍艦「貝爾法斯特」號。該艦將從克萊德灣啟航，途中在韋默斯灣停靠，然後全速航行，與其艦隊會合。作為中路英國海軍部隊的 1 艘炮擊戰艦，我將在艦上過夜，以觀摩黎明時的進攻。之後，我將乘艦巡查灘頭區，期間需謹慎避開未清除的布雷水域，隨後換乘 1 艘完成炮擊任務、返回英國補給彈藥的驅逐艦回國。

然而，拉姆齊海軍上將感到有義務將這項正在籌備中的計畫告知最高統帥。艾森豪對此極力反對，他無法作為最高統帥承擔這樣的責任。正如他在其著作中所述，我曾向他傳達：儘管我們承認他是參與這場戰役英國部隊的最高統帥，但由於英國海軍與美國海軍的比例是四比一，我們絕不承認他有權決定英國皇家海軍艦隻的作戰人數。他接受了這個無可爭辯的事實，但強調這無疑會增加他的憂慮。就事態發展的規模或我們之間的關係而言，這種情況顯得不成比例。然而，我也有我的職責，並認為我應該自行判斷我的行動。於是，這件事就這樣決定了。

然而，此時出現了一種複雜的局面，而我已經獲得國王陛下的許可，可以在此詳盡描述。5 月 30 日，星期二，在我出席國王每週舉行的午宴時，陛下詢問我在進攻發起日計劃待在哪裡。我答覆說，我打算乘坐我們巡洋艦隊的 1 艘軍艦去觀摩炮擊的實況。陛下立刻表示他也想親眼目睹。自從日德蘭戰役以來，除了經歷空襲，他再也沒有親臨前線，因此他渴望能有機會重溫年輕時的經歷。我對此進行了審慎的考慮，並樂於將此事提交給內閣。內閣一致認為應先與拉姆齊海軍上將協商。

與此同時，國王已經得出結論，認為他和我都不應前往。他深感失望，並寫信給我如下：

諾曼第登陸前夜

白金漢宮

1944 年 5 月 31 日

敬愛的溫斯頓：

　　經過反覆思索我們昨日的對話，我得出了結論：在進攻開始前，我們不應親自前往預定地點。我無需多言，若在此關鍵時刻，一枚炸彈、魚雷，或水雷的偶然命中導致你離世，對我個人以及整個盟國的事業都將產生極為嚴重的後果。同樣的，在此刻，一國君主的變動對我們的國家和帝國而言也是重大事件。我深知我們都渴望親臨前線，但我懇請你重新考慮你的計畫。我認為若我們親自赴戰場，負責指揮我們所乘軍艦的海軍將領必定感到為難，無論我們如何解釋。

　　因此，經過上述分析，我勉為其難地得出這個結論：在這種情境下，最佳的行動就是仿效最高當局通常的做法，即留在家中等待消息。我衷心希望你也能持有相同的看法來審視這個問題。如果想到除了其他問題之外，我還可能失去你的幫助與指導，那麼即便這種可能性再微小，我對即將到來的擔憂也勢必會顯著增加。

你最誠摯的國王喬治

接著又收到一封信：

白金漢宮

1944 年 5 月 31 日

致親愛的溫斯頓：

　　我希望你不必回覆我的信，因為我將在明天下午與你會面，屆時你可以表達對我之前信件的看法，然後我們再去見拉姆齊。

你最誠摯的國王喬治

　　6 月 1 日下午 3 時 15 分，國王在艾倫・拉塞爾斯爵士的陪同下，抵達

首相官邸的附屬建築地圖室，當時我和拉姆齊海軍上將已經在此等候。拉姆齊海軍上將對國王的來意不甚了解，便開始介紹「貝爾法斯特」號軍艦在進攻首日的計畫。根據他的描述，乘坐這艘戰艦顯然風險不小，且難以目睹戰鬥的實況。我於是請拉姆齊海軍上將暫時離開幾分鐘，期間我們商議是否詢問他關於國王陛下同乘「貝爾法斯特」號出海的意見。拉姆齊海軍上將迅速明確表示不贊同。我隨即表示需徵詢內閣意見，並準備將拉姆齊上將提到的風險告知內閣。我確信內閣不會建議國王陛下前往。拉姆齊隨後告辭。國王表示，既然他不該去，我也不該去。我答道，我是以國防大臣身分前往履行職務。艾倫‧拉塞爾斯爵士按國王所言，「面露不悅」地說：「陛下若得知首相葬身英吉利海峽，必更為憂慮。」我回應稱，一切已經安排妥當，風險不大。艾倫爵士表示，他始終認為國王的任何大臣，未經國王批准不得離境。我解釋這不適用，因為我將乘坐國王的戰艦。拉塞爾斯回應稱，戰艦可能駛出領海。隨後國王返回白金漢宮。

6月2日，星期五清晨，我搭乘特製列車駛向樸茨茅斯郊區的艾森豪司令部附近的鐵路支線，同行者包括史末資元帥、歐內斯特‧貝文先生、伊斯梅將軍以及我的隨員。在我們出發前，我再度收到國王的一封信。

白金漢宮

1944年6月2日

敬愛的溫斯頓：

我再次懇請你，在進攻之日不要乘艦出海。請你體諒一下我的處境。我比你年輕，是一名水手，作為國王，我也是三軍統帥。航海是我最大的樂趣，但我選擇留在家中；那麼，我無法做的事你卻去做，這是否公平呢？昨天下午你提到國王應如昔日一般，親自率領軍隊衝鋒陷陣；然而，如果國王無法如此，我認為他的首相也不應代替他去。

此外，您還應當反思您所處的立場。您不會經歷太多的實戰；您將面

諾曼第登陸前夜

臨巨大的風險；在需要做出重大決策的緊要關頭，您將無法接見下屬；並且無論您如何避免增加他人的負擔，您的在艦上勢必會顯著增加艦隊司令和艦長的責任。正如我在之前的信中提到的，您乘艦出海將無可估量地增加我個人的焦慮，而您未徵求內閣同僚的意見便出海遠航，將使他們陷入極為尷尬的境地，他們對此將有充足的理由表示不滿。

我以極為真摯的態度，請求你重新審視所有問題。我深刻理解你的個人願望，但請勿讓此願望使你偏離自己對國家肩負的崇高責任。

你最誠摯的國王喬治

我的專車當時停靠在索斯安普敦的郊區，不久便與艾森豪的司令部取得了聯繫。那天下午，我去拜訪了艾森豪。他的帳篷和篷車巧妙地藏匿在附近的一片森林中。國王陛下因未收到我的回信而表示關切。上午11時半，為了回應此事的詢問，我透過專線電話與在溫莎堡的拉塞爾斯通話，告知我已經取消計畫以順應國王陛下的意願。次日凌晨，我寫下這封信並立即派傳令官火速送往溫莎堡。

1944年6月3日

國君：

未能及時回覆陛下的來信，我必須請求寬恕。收到您的來信時，我正準備搭乘火車出發，而從那時起，我一直在旅途中。現已安排一名傳令官待命，以便今晚將此信呈遞給陛下。

國王，我尚未完全領會您信件開頭所提到的以下事實：根據英國憲法，國王與臣民絕對無法等同。如若陛下希望乘坐參與炮擊行動的軍艦出海，事先必須獲得內閣的批准；我傾向於認為，並已告知陛下：內閣勢必會極力勸阻陛下前往。

另一方面，身為首相及國防大臣，我認為應被允許前往我判斷為履行職責所需的地方，而我不能承認內閣擁有限制我行動自由的權力。我憑藉

自己在諸多重大事件中累積的判斷力，能夠認定承擔我這種職責的人可以冒多大的風險，適當的界限在哪裡。我必須懇切請求陛下，不要建立任何限制我行動自由的原則，以確保在我認為必要時能夠親赴戰場了解情況。陛下對我安全的深切關懷令我深感榮幸，因此我必須遵從陛下的願望，實際上是遵從陛下的命令。當我明白這個願望或命令出於希望我繼續為陛下服務時，我感到極大的慰藉。儘管我對未能親眼見證炮擊感到遺憾，但對於陛下的關懷，我深表感激，因為陛下正是出於對這位卑微而忠誠臣僕的關心。

溫斯頓・邱吉爾

我可以補充一點，正如我準確預測的那樣，巡洋艦分遣隊並未面臨嚴重的危險。實際上，該分遣隊沒有任何人員傷亡。如果不是艾森豪將軍在發布消息時，儘管出於善意，但無意中造成了誤導，我本不會提到此事。

在此，我或許可以闡述我多年來在此類問題上形成的觀點。若一個人在戰爭中要對關鍵和重大的決策產生有效影響並承擔最高責任，他可能需要透過冒險來激勵士氣。同時，他也可能需要一種安慰，即在派遣他人去犧牲時，他自己能夠分擔部分他們所面臨的危險。他的個人興趣領域和由此而生的行動力，將因直接接觸到事態的發展而受到鼓舞。基於我在第一次世界大戰中的所見所聞，我認為將領和其他高級指揮官應當隨時設法親身觀察戰場的實際情況。我曾目睹許多悲劇性的錯誤源於一種荒謬的理論，即認為重要人物的生命不應該面臨危險。沒有人比我更重視個人安全，但我認為，我對戰爭的觀點和論點足夠重要且具權威性，使我有資格在此類個人問題上自由裁量如何履行我的職責。

此刻，天氣狀況開始引發擔憂。在連續幾日晴朗之後，天氣開始變得難以預測。從6月1日起，每天召開兩次司令官會議以分析最新的氣象預報。第一次會議的氣候預報資料顯示進攻當日天氣不佳，雲層低垂。這項

諾曼第登陸前夜

因素對空軍極為重要，因為它既會影響轟炸行動，也將影響空降部隊的著陸。次日傍晚，第一批戰艦從克萊德灣啟航，同時兩艘小型潛艇自樸茨茅斯出發，任務為觀測進攻區域的氣象狀況。至 6 月 3 日，天氣仍無好轉跡象。西風逐漸增強，平靜的海面開始起波；天空烏雲密布，雲層越加低垂。6 月 5 日的氣象預報為陰天。

6 月 3 日下午，我與貝文先生及史末資元帥驅車前往樸茨茅斯，目睹大量軍隊正登船準備前往諾曼第。我們登上第五十師司令部所在艦隻，隨後乘汽艇沿索倫特灣而下，逐一登上每艘艦艇進行視察。

在返回的途中，我們在艾森豪將軍的營地稍作停留，祝福他一切順利。上車後，我們正好趕上了一頓延遲的晚餐。晚餐過程中，伊斯梅接到比德爾·史密斯的電話，傳來的消息是天氣越加惡劣，作戰可能需要延後 24 小時。艾森豪將軍計劃在 6 月 4 日凌晨做出最終決定。同時，龐大的艦隊各個單位將按原計畫繼續出海。

伊斯梅帶回了令人失望的消息。觀看了索倫特灣艦隊集結的人們都意識到，這次行動就像雪崩般不可阻擋。如果惡劣天氣持續，而行動被迫拖延到 6 月 7 日之後，那麼在接下來的兩週之內，我們將無法獲得月亮和潮汐配合的必要條件，這令我們非常擔憂。此外，部隊已經收到了命令。他們顯然不能無限期地被困在狹窄而擁擠的艦艇上，但若不這樣，又如何防止消息外洩呢？

然而，這種焦慮並未在火車餐桌上明顯地流露。史末資元帥依舊神采奕奕，妙語如珠。他向眾人講述 1902 年布林人在費雷尼欣投降的故事——他如何反覆告訴同僚，繼續戰鬥已經毫無意義，唯一的出路是懇求英國人的寬恕。他因此被朋友們視為懦夫和失敗主義者，那段日子成為他人生中最艱難的時期。然而，他最終說服大家同赴費雷尼欣，實現了和平。隨後，史末資元帥談到第二次世界大戰爆發時的個人經歷，當時他在

議會中不得不站在反對黨的立場上，反對他自己政黨的首相，因為後者希望在戰爭中保持中立。

我們大約在夜間 1 點半時入睡。伊斯梅告知我，他會等到清晨會議的結果出來後再入眠。因為我對此無能為力，我告訴他不要在結果出來時叫醒我。4 點 15 分，艾森豪再次與他的司令官們會面，聽取氣象專家的悲觀預測：天空烏雲密布，雲層低垂，西南風強勁，伴有降雨，海浪不算太大。6 月 5 日的天氣預報甚至更為不利。他只能勉強下令將進攻延遲 24 小時，整個龐大的艦隊則按照精心策劃的計畫進行撤退。所有出海的船隊掉頭返航，小型艦艇則就近尋找隱蔽的停泊處。只有一個由 138 艘小型艦艇組成的船隊還沒接到命令，但已經派出軍艦前往通知，他們隨即返航，沒有引起敵人的注意。成千上萬的士兵被困在沿海的登陸艇中，這一天實在難耐。美軍從西部港口出發，路程最遠，因此承受的痛苦最大。

清晨 5 點左右，比德爾・史密斯再次致電伊斯梅，確認了拖延的消息，伊斯梅於是才去休息。半小時後，我醒來，召喚他過來。他向我通報了這個消息。據他說，當時我沒有作出任何評論。

清晨的郵件送來了一封羅斯福總統寫給我的信，這封信在兩週前便已寫好，只待這命運攸關的時刻才投遞。遺憾的是，這封信如今卻不知所蹤。富・德・羅（斯福）用最為親切的詞句，表達了他對我們兩國在共同努力與友誼上的深厚情感，並寄予成功的祝願。我回電表示感謝，但措辭顯得較為隨意。

首相致羅斯福總統

1944 年 6 月 4 日

我欣然接到你於 5 月 20 日寄來那封感人至深的信函。在這場嚴酷戰爭的複雜局勢之中，我對我們的友誼尤為依賴。艾夫里爾提到你的身體狀況良好，我也從多個管道得知你的政治情勢大有改善。我此刻正乘坐火

諾曼第登陸前夜

車，靠近艾克司令部。他目前最關心的便是天氣。此地停泊著數千艘艦艇，蔚為壯觀。

戴高樂的委員會以壓倒性的票數決定，他應該接受我的邀請前來此地。他卻猶豫不決，但馬西格利等人威脅說，如果他不來，他們將辭職。我們預計他將在進攻開始前一天抵達。若他到來，艾森豪將軍將與他會面半小時，並向他簡要說明軍事狀況。我將在攻勢發起之夜返回倫敦。我不指望解決與戴高樂的諸多問題，但仍希望赫爾在演說中提及你批示的「領導權」一詞或許可行。我不期望一開始我們攻下灘頭之後推進太遠，且占領的區域可能是戰場氣息濃重且人煙稀少的。我會在戴高樂到達時謹慎向他解釋。你邀請他訪美的友好電報，我也會轉交給他。我將與你保持密切聯繫。

我注意到貴國媒體報導對我在下議院關於西班牙問題的發言表示強烈不滿。此種反應實屬不公，因為我所表達的內容，僅是重申 1940 年 10 月的宣告。我提及佛朗哥，僅是為了指出，以漫畫形式將西班牙與他視為一體是多麼荒謬。我對佛朗哥沒有特別的關注，但亦不希望戰後伊比利半島對英國採取敵對立場。我仍不確定如何依賴戴高樂的法國。對德國，必須動用全部力量進行遏制，同時需要與俄國維持 20 年的同盟。你必須銘記，我們已經非常接近這一切美好的前景。

我們無法同意僅僅因為我們不喜歡集權主義的政治體系，就去攻擊那些實行這種制度但未曾妨礙我們的國家。我不清楚史達林的俄國是否比佛朗哥的西班牙更為自由。我無意與這兩個國家中的任何一個發生衝突。

在進攻之日起，我們是否應向史達林發送一份可公開的簡短電報？或許等我們在海峽對岸確實占領陣地後，再採取此行動更為妥當。

本月的反潛戰績創下新高——盟國船舶僅 4 艘被擊沉，總噸位約兩萬噸。此外，我方擊沉敵方潛艇的數量與我方損失的船隻相比，達到了四比一的比例，同時，我方聯合艦隊還擊沉了大量敵方艦隻。

我感到欣慰，亞歷山大沒有辜負你給予的支持與期望。你們的部隊表現得多麼出色！據我所知，在那邊，我們兩國的軍隊從上至下關係融洽；而在這裡，彼此確實已經建立了兄弟般的情誼。我期待不久能與貴國的三軍參謀長們會面。我很高興收到關於哈里逐漸好轉的消息，衷心希望這種趨勢能持續。我深感遺憾，你在那個遙遠的日期（10月分）之前無法前來。如果我能親自拜訪，是否會有所幫助，請告知。

不久之後，艾登先生與戴高樂將軍一同抵達，後者剛從阿爾及爾飛抵英國。我向戴高樂解釋，我之所以邀請他，是因為戰役即將展開。我無法透過電報告知他，而我認為，基於兩國的歷史淵源，只有在告知法國之後，英、美兩國才能開始解放法國。我原計劃在進攻開始前不久邀請他，但天氣迫使我們將日期拖延了二十四小時，甚至可能再延遲。這確實是一個嚴峻的事實。在各港口和營地，已經集結三十五個師和四千艘船舶，十五萬員額的部隊已經登船，準備參與首波進攻行動。大多數部隊不得不擠在狹窄的艦艇上，承受極大痛苦。目前有一萬一千架飛機待命，若天氣良好，其中八千架將投入戰鬥。我繼續說道，由於計劃轟炸法國的鐵路線，許多法國人將失去了生命，我們對此深感遺憾，但因我方步兵數量少於德軍，這是確保我們在建立前線陣地時，阻止敵軍調來壓倒性援軍的唯一途徑。

戴高樂將軍滿腔怒火。他堅持要求擁有絕對的自由，以便用自己的密碼向阿爾及爾傳送電報。他表示，作為一個龐大帝國的公認領袖，他不能被剝奪通訊自由的權利。我要求他保證不把即將發動的任何軍事行動情報透露給除了我們會見的參與者之外的任何同僚。戴高樂表示，他必須擁有足夠的自由，以便就義大利戰役與阿爾及爾保持聯繫。我解釋說，我指的是「霸王戰役」。接著，我向他詳細介紹了我們的計畫。在他對我的解釋表示感謝後，我詢問他是否願意在龐大的艦隊出發後立即向法國人民發表

公開宣告。荷蘭的威廉明娜女王、挪威的哈康國王以及其他敵人預期我們將進攻其國土的國家領袖都已經同意這樣做，我希望他也採取相同的行動。他表示同意。

艾登先生此時參與了討論，他指出，當前的重大軍事行動已經占據我們全部的心思，不過在戰役啟動後，探討某些政治議題可能會有益。我提到，我與羅斯福總統已有一段時間的通訊往來，他起初希望戴高樂將軍能訪問美國，但現在似乎對此不那麼急切了。這或許與吉羅將軍所受的待遇有關。羅斯福總統曾與吉羅將軍商討法國軍隊的裝備問題，但如今吉羅將軍已被免職。對此，戴高樂回應稱，他認為目前留在英國比前往華盛頓更為適宜。我提醒他說，「被解放了的法國」可能在相當長的一段時間內，僅由少數參與戰鬥的人士構成，艾登和我都極力勸說他儘早訪問羅斯福先生。戴高樂表示他非常願意，並已告知羅斯福總統，但他關心的是誰將管理被解放的法國。這個問題本應在去年9月就已經安排妥當。

這番言論促使我坦率地表達我的看法。美國和英國願意讓數十萬人冒著生命危險去解放法國。至於戴高樂是否前往華盛頓，那是他個人的選擇，但若法蘭西民族解放委員會與美國產生分歧，那麼幾乎可以肯定，我們將支持美國。在關於解放後法國領土的管理權問題上，如果戴高樂將軍希望我們請求羅斯福總統授予他全面的治理權，答案將是「不行」。如果他希望我們請求羅斯福總統承認該委員會為主要的法國對話機構，答案是「行」。戴高樂回應道，他完全理解這一點，即若美國與法國不和，英國將支持美國。會談在這句不快的對話中結束。

不久，我帶他前往位於森林中的艾森豪指揮部，他在那裡受到了隆重歡迎。艾克與比德爾‧史密斯競相對他表示友好。隨後，艾克將他引入他們的地圖帳篷，用二十分鐘將即將發生的事情悉數告知。之後，我們一起返回了我的火車。我原本希望戴高樂能與我們共進晚餐，並一同乘火車返

回倫敦，因為這是最快捷和最方便的方式，但他卻以一種莊重的姿態冷冷地表示，他更願意與他的法國官員們單獨乘車離開。

時間如同緩緩流淌的河水。直到 6 月 4 日晚 9 點 15 分，艾森豪的作戰司令部才召開又一次具有決定意義的會議。天氣惡劣，與其說像 6 月的氣候，倒不如說更像 12 月。然而，氣象專家做出了一定的保證，稱 6 日早晨天氣將暫時好轉。預報顯示隨後將有狂風暴雨，且無法確定持續時間。是立即冒險行動，還是將進攻至少拖延兩週？這兩個生死攸關的選擇擺在艾森豪將軍面前。在聽取了司令官們的建議後，他大膽且事實證明明智地選擇繼續進行作戰行動，但到次日清晨再做最後決定。6 月 5 日清晨四點，作出了成敗在此一舉的決定：6 月 6 日發動進攻。

回顧這一切決定，確實令人敬佩。事態的發展充分證實了它的正確性，我們之所以能夠獲得如此寶貴且出奇制勝的機會，多半歸功於它。如今我們明白，德國的氣象預報軍官曾向最高統帥部報告，因暴風雨原因，我們不可能在 6 月 5 日或 6 日發動攻勢，而且這種天氣還可能持續數日。我們能夠完成一系列如此複雜頻繁的調動，而未被高度警惕且決心抗爭的敵人發現，這顯然要歸功於盟國空軍的工作及欺敵計畫的輝煌成就。

6 月 5 日整日，載有進攻先遣部隊的船隻集結於懷特島南側的指定地點。從此處，有史以來最大規模的艦隊駛離英國海岸，浩浩蕩蕩朝向法國海岸出發，掃雷艇在遼闊海域中為其開路，盟國強大的海軍與空軍從四面掩護。航行的艱辛對即將參戰的部隊是嚴峻考驗，尤其是小型艦艇上的部隊，承受著極大痛苦。儘管困難重重，此次大規模行動如同閱兵般精準進行。雖有損失，但實際傷亡和延誤大多由小型拖船引起，對整體行動影響甚微。

在我們整個沿海地區，防禦系統處於高度戒備狀態。本土艦隊密切關注德國海面艦隻的任何動向，同時空軍巡邏機監視著從挪威到英吉利海峽

的敵方沿海地區。在遙遠的海域,在英國西部海口和比斯開灣一帶,大批空軍海防總隊的飛機在驅逐艦隊的支援下,嚴密監視著敵人可能的反應。我們的情報部門報告,敵人有50多艘潛艇正集結在法國比斯開灣的各個港口,準備進行截擊。現在,決戰的時刻就在眼前了。

此時,我們已經抵達被西方強國視作戰爭巔峰的時刻。儘管前方之路仍漫長且艱難,但我們無疑將取得決定性勝利。非洲的敵對勢力已被清除。印度也做好防禦敵人入侵的準備。耗盡力量、失去希望的日本正逐步退回本土。澳洲和紐西蘭的所有威脅已不復存在。義大利與我們並肩作戰。俄軍已將德國侵略者逐出國境。希特勒三年前從蘇聯迅速攫取的一切,如今都已化為泡影,並在兵力和裝備上遭受毀滅性打擊。克里米亞半島渺無敵蹤。蘇聯軍隊已經抵達波蘭邊境。羅馬尼亞和保加利亞正拚命試圖逃避東方征服者的報復。俄軍即將發動與我們在歐洲大陸登陸相呼應的新攻勢。當我坐在首相官邸附屬建築的地圖室中時,傳來了占領羅馬的振奮消息。跨越英吉利海峽解放法國的偉大行動已然啟動。所有船艦已經順利出海。我們掌握了制海權和制空權。希特勒的暴政注定滅亡。

行文至此,我們或許可以稍作停頓,以感恩之心,不僅期待各個戰場及海、陸、空三軍的勝利,還希望歷經磨難的人類能擁有一個安全幸福的未來。

附錄

(1) 略語表

A.A.guns 高射炮

A.B.D.A. 美、英、荷、澳聯合指揮區

A.D.G.B. 英國防空委員會

A.F.V.s 裝甲戰車

A.G.R.M. 皇家海軍陸戰隊高級副官

A.R.P. 空襲警備處

A.T.rifles 反坦克步槍

A.T.S. 本土（女性）防衛輔助服務隊

C.A.S. 空軍參謀長

C.C.O. 聯合作戰部司令官

C.I.G.S. 帝國總參謀長

C.-in-C. 總司令

Controller 第三海務大臣及軍需署長

C.O.S. 參謀長

D.N.C. 海軍建設局局長

F.O. 外交部

G.H.Q. 總部

附錄

G.O.C. 總指揮官

H.F. 本土部隊

H.M.G. 英王陛下政府

M.A.P. 飛機生產部

M.E.W. 經濟作戰部

M.O.I. 新聞部

M.of L. 勞工部

M.of S. 軍需部

P.M. 首相

U.P. 固定軌道的炮彈──火箭的代號

V.C.A.S. 空軍副參謀長

V.C.I.G.S. 帝國副總參謀長

V.C.N.S. 海軍副參謀長

W.A.A.F. 空軍婦女輔助隊

W.R.N.S. 皇家海軍女子部隊

■(2) 密碼代號表

Accolade（「武士授勳儀式」）：愛琴海行動計畫。

Admiral Q（「Q 海軍上將」）：羅斯福總統。

Anakim（「安納吉姆」）：緬甸收復行動計畫。

Anvil（「鐵砧」）：1944 年盟軍在法國南部發起的登陸作戰計畫。

Avalanche（「雪崩」）：透過兩棲作戰方式攻占那不勒斯（薩萊諾）的軍事計畫。

Baytown（「灣城」）：關於越過墨西拿海峽發動攻擊的軍事計畫。

Bombardon（「喇叭」）：用於人工港口的鋼質外部防波堤。

Buccaneer（「海盜」）：針對安達曼群島的攻擊方案。

Cairo Three（「開羅三」）：1943年在德黑蘭召開的會議。

Caliph（「哈利發」）：以配合「霸王」作戰計畫，進攻法國南部和中部。

Colonel Warden（「沃登上校」）：首相邱吉爾。

Culverin（「長炮」）：針對蘇門答臘北部的攻擊方案。

Eureka（「尤里卡」）：1943年在德黑蘭召開的會議。

Gee（「前進」）：用於指示轟炸機目標方位的探測儀器。

Gooseberry（「醋栗」）：用於人工港的防波設施。

Habbakkuk（「哈巴庫克」）：由冰建造的漂浮機場。

Hercules（「海克力斯」）：羅得島攻占計畫。

Husky（「哈斯基」）：西西里攻占計畫。

Jupiter（「朱比特」）：在挪威北部的一項軍事行動計畫。

Lilo（「利洛」）：人工港內所設定的波浪緩衝結構。

Mulberry（「桑葚」）：人造港口。

Oboe（「歐波」）：無差別轟炸。

Overlord（「霸王」）：1944年解放法國的軍事行動計畫。

Penitent（「懺悔」）：針對達爾馬提亞海岸的攻擊計畫。

Phoenix（「不死島」）：人工港內應用的混凝土沉箱。

Pigstick（「獵野豬」）：一項從緬甸阿拉干海岸的梅宇半島南端，繞過日軍陣地進行登陸作戰的計畫。

Plough Force（「耕作部隊」）：一支特種聯合作戰部隊。

附錄

Pluto（「冥王星」）：經由英吉利海峽的海底石油管道。

Point-blank（「直截了當」）：聯合參謀長委員會發布的指令，目的在修訂卡薩布蘭卡會議的決議。

Quadrant（「四分儀」）：1943年在魁北克召開的會議。

Round-up（「圍殲行動」）：1943年解放法國的策略。

Saturn：（「土星」）：1943年，盟國軍隊在土耳其集結。

Sextant（「六分儀」）：1943年召開的開羅會議。

Shingle（「海濱沙石」）：規劃於羅馬南部安齊奧的兩棲作戰行動。

Sledgehammer（「痛擊」）：1942年針對布雷斯特或瑟堡的進攻計畫。

Strangle（「絞殺」）：對義大利北部鐵路運輸線進行空襲。

Tentacle（「觸角」）：以混凝土為主要材料建構的漂浮機場。

Torch（「火炬」）：1942年盟軍對法屬北非發動的軍事行動計畫。

Trident（「三叉戟」）：1943年於華盛頓舉行的會議。

Tube Alloys（「合金管」）：原子彈研發計畫。

Whale（「鯨魚」）：在人工港口中應用的漂浮船塢。

Window（「窗戶」）：用於干擾德國雷達的鋁箔片。

Zip（「齊普」）：總司令用以指示戰役開始的訊號。

(3) 首相以私人身分發出的備忘錄與電報
（1943年6月至1944年5月）

6月

首相致軍事運輸大臣與第一海務大臣

1943 年 6 月 6 日

煩請為我詳細列出穿越地中海的各類船隊之船舶、貨運類別，以及運送至俄羅斯的英國紅十字會貨物清單，萬分感謝。

請告知未來的計畫。

首相致空軍大臣和國內安全大臣

1943 年 6 月 8 日

請彙報我們正在實施哪些策略以防止水庫受到攻擊（類似我們最近對德國莫內水壩的行動）。

首相致徹韋爾勳爵

1943 年 6 月 10 日

戰後民航問題的初步意見

1. 我對戰後民航狀況的構想是基於「公正無私」的原則。全球的航空站應向所有國家開放，除了戰敗國，這些國家只需支付合理的維護和服務費用，便可與之建立直接航線。然而，沒有國家有權在他國領土上營運國營或私營航空公司。若有可能，任何政府都不應為航空站提供補貼。如果在營運中未能盈利，則應根據相關國家達成的協定提供必要的資助，其中一部分可透過航空郵政合約確定。任何國營或私營公司，只要遵循上述原則，便可在全球內展開業務。

2. 根據建議，戰後應設立一個專責維護和平的全球性機構。鑒於民航帶來的航空力量，可交由該機構進行掌控。世界委員會的小組委員會或各大洲的小組委員會（若有類似組織）可以調解紛爭，並監管或控制準軍事力量的發展及相關事務。若各國能遵循此原則，它們將受到鼓勵，並提供有利條件，以實現民航在安全、舒適和迅速方面的最高服務標準，這是它們應該能夠實現的。

附錄

3. 在當前階段，達成自治領之間的協定存在挑戰，然而經過商議後，這些困難不會妨礙我們制定英國政策。此外，明確了解美國的意見和願望是非常重要且緊迫的。如果能夠與美國達成協定，一切將變得更加順利……

首相致莫頓少校

1943 年 6 月 11 日

有人告知我，有些團體提議讓被俘的敵方高級將領參觀我們的教育機構，並帶他們到全國各地遊覽，事實究竟如何？例如，有人建議讓義大利的傑西將軍參觀伊頓學院。我反對這些荒謬的建議。這些將領不得離開拘留地，任何離開者必須事先向我報告。

首相致愛德華·布里奇斯爵士

1943 年 6 月 13 日

1. 請代我起草一份通知，進一步提醒所有大臣、高級官員、議會私人祕書等人，在與駐英外國（中立國）外交代表交談時，須謹言慎行，避免多言。這些人士儘管通常十分友好，並真心希望我們在戰爭中獲勝，但一旦聽聞任何消息，便會立即向其政府報告，以提升本身在政府中的地位，而他們的政府可能利用這些資訊與我們的敵人交換其他情報。只有那些有責任和權力發布消息（無論是一般的或專門的消息）的人，才可以在他們面前討論戰爭事宜。

2. 即便是關於報紙上報導的戰爭問題和新聞，也不應該進行討論，因為這些外國人透過與知曉內幕的人接觸，可以驗證報紙上刊登的消息。除了在官方場合之外，應避免與這類外交人員共進午餐或晚餐。他們如有特殊情況須向你請示，我授權你給予指示。與外國人的私人關係應降至最低限度。

首相致海軍大臣

1943 年 6 月 13 日

坎寧安海軍上將告訴我，他覺得如果摩托魚雷艇的引擎更為可靠，我們的輕型海軍船艇在地中海的貢獻會更顯著。請就此問題提交報告，並告知：這是船艇保養的局部問題，還是設計上存在根本缺陷。

首相致外交大臣和新聞大臣

1943 年 6 月 13 日

我已經閱覽關於德軍在突尼西亞士氣的報告。此報告將德國士兵的戰鬥能力推崇備至。儘管使用了「野蠻」等詞彙，但並未削弱大眾對德軍可畏印象的影響。報告提到他們「異常笨拙」，顯然不是指他們在武器操作或戰機掌握方面的笨拙。

首相致伊斯梅將軍及愛德華・布里奇斯爵士

1943 年 6 月 15 日

請在所有英國官方文件中使用以下術語：

避免使用「aeroplane」一詞，改用「aircraft」；避免使用「aerodrome」一詞，改用「airfield」或「airport」。我們不應使用「airdrome」這個詞。

語言應當有其規範，且必須嚴格遵循，這樣的做法是有利的。

首相致飛機生產大臣斯塔福德・克里普斯爵士

1943 年 6 月 15 日

得知你在堅定地執行計畫，令人感到欣慰。你對浮誇危害的看法，非常準確。如果承諾無法實現，將對空軍部在訓練和任務執行等方面造成巨大的人力和物力浪費，更不必提及對你們工廠的影響了。

我不太了解你們的勞動力狀況。我觀察到你們目前獲得的勞動力遠少於最初分配給你們的數量。是否在計畫制定時低估了所需的勞動力？或者

附錄

是因為效率意外地提高，使得你們能夠完成計畫？鑒於勞動力的持續增加，所有這些問題需要仔細分析。到目前為止，看來你們獲得的勞動力確實少於其他任何部門。

我贊成你關於飛機清單享有特殊優先權的觀點。你說得沒錯，任何能夠促進計畫提前完成的方法，對此類飛機的生產都具有特殊意義。

得知你正在全力推動新型戰鬥機的生產，我感到非常高興。你那天向我展示的噴氣推進飛機模型，令我尤為關注。請定期更新進展情況，並告知這些飛機何時可以投入使用。

首相致軍事情報局局長

1943 年 6 月 15 日

您對西西里兵力的最新估計數字是如何？首先是德軍：他們正在籌組的那個師具體兵力，我們是了解的。該師的總人數不足七千。那裡的其他零散部隊（包括空軍地勤人員）有多少？已有多少增援部隊抵達，或正在路上？

其次，請提供一份有關西西里義大利軍隊的分析報告。傳聞稱海岸駐防有八十四個營，另一個估算則為七十八個師。它們如何部署？潘泰萊里亞島的 1.5 萬人和蘭佩杜薩島的四、五千人輕而易舉地投降。由此可見，這些義大利人的性格如何。

首相致空軍參謀長

1943 年 6 月 16 日

駐紮在埃及等地的空軍規模確實龐大。請告知它們在未來幾個月之中的預期作用。目前它們似乎沒有什麼活動。增援土耳其的計畫進展如何？從埃及等地的空軍之中調去支援西西里作戰的比例是多少？我們不能允許空軍的任何部分處於閒置狀態。

首相致伊斯梅將軍

1943 年 6 月 17 日

我堅決建議我們應如同上次大戰時那樣，分發負傷袖章。請將此事提交給三軍相關部門。陸軍部無疑是主要負責的單位。我計劃在星期一向國王請示。此事過去一定曾被考慮過。請為我蒐集相關材料。這個問題絕不能再拖延，因為美軍已經在為他們的士兵頒發「紫心勳章」，他們對未能給我們的士兵頒發而感到不安。

其次，關於在海外每服役一年便頒發臂章的政策，我相信士兵們也會表示欣然接受。

首相致函伊斯梅將軍，轉交參謀長委員會

1943 年 6 月 17 日

1. 我對西西里戰役的欺敵計畫非常關注，因此昨晚特別要求提供給我一份詳細報告。所有報紙似乎都聚焦於西西里，而且根據這裡（我猜，美國也一樣）許多官方媒體發表的地圖和漫畫來看，我們的作戰目標幾乎像是公開宣布的，已成了眾所周知的消息。

2. 確保安全的策略在於增加目標數量並令其真假難辨。今日早晨，一些報紙的觀點似乎是正確的，他們指出，我們具備同時打擊多個目標的足夠兵力。這一點必須強調。布拉肯先生將在今天下午會見記者。此外，希臘的局勢顯然需要被強調一下吧？

首相致函伊斯梅將軍，轉交參謀長委員會

1943 年 6 月 18 日

為何不從斐濟島突擊隊中抽調部分力量，以支援緬甸或其他地區的戰役呢？

附錄

首相致空軍參謀長

1943 年 6 月 19 日

我完全明白，新航線在卡薩布蘭卡和地中海的啟用，將緩解塔科拉迪航線的壓力。現在確實是時候考慮精簡塔科拉迪航線上的人員，我希望您能對此問題提出建議。

首相致印度事務大臣

1943 年 6 月 20 日

我完全贊成副首相的看法，應該提高印度軍隊的薪資。總體而言，我認為可以將軍隊人數縮減四分之一，並將節省的資金用於提升剩餘士兵的薪酬。

首相致樞密院長

1943 年 6 月 20 日

請指示工程與建築大臣行使強制權力徵用土地，為農場工人建設三千所住房，並將此項目視同修建機場或戰時工廠般緊急執行，盡量與必要的戰爭需求相協調，並將其置於適當的優先位置，你認為這樣可行嗎？如果我們要求全國各地方當局推進此事，他們由於缺乏必要的強制權力，將不得不為這少量住房，與所有從事戰時事務的部門進行無可避免的文書往來，徒然耗費大量精力。我覺得現在似乎已經引起各方關注，而且為了這件小事，我們的信譽正在受到影響。總而言之，我的意見是：要麼就開始行動，要麼就乾脆放棄。

首相致雅各布旅長

1943 年 6 月 22 日

請列出的黎波里海岸防衛設施的清單，並將戰前對其進行的估計與現有實際設施進行對比。隨著戰爭的推進，由於頻繁接觸，我們對的黎波里防禦裝備的了解自然更加透澈。然而，當前我們正準備攻擊一些尚未接

觸的新地點，戰前的誇大估計可能會帶來負面影響。我所關注的正是這一點。

首相致帝國總參謀長

1943 年 6 月 25 日

關於增加每個步兵營步槍數量的問題，各位有什麼看法？最初已經獲同意的是增加 36 支，但我希望能增加到 72 支。

首相致陸軍大臣

1943 年 6 月 26 日

我得知 0.300 英寸口徑的子彈將於 7 月底大量交貨，感到欣慰。基於此，並結合當前儲備情況，我們可以向國民自衛軍額外發放一些彈藥，立即用於訓練，進而充分利用今年夏季剩餘的幾個月時間。

首相致參謀長委員會

1943 年 6 月 30 日

我觀察到，5 月運往北非以外戰場的陸軍和皇家空軍車輛，有 95% 是以裝箱形式運輸的。這個安排極為令人滿意，對實際作戰也有重大貢獻。

我有信心你們在其他戰場上也將努力達到同樣的高標準。每月啟動適合的裝配廠是真正的節省。

首相致生產大臣和貿易大臣

1943 年 6 月 30 日

我依然對皮革的供應狀況感到憂慮。若新的配給實施後，商店中不再出現搶購現象，你會感到滿意嗎？有沒有什麼方法可以緩解皮鞋修理的問題呢？

鑒於民用領域情況緊迫，是否可以從軍用領域調撥皮鞋或皮革，以緩解民用的緊張局面？我注意到二百五十萬陸軍人員的皮鞋庫存數量超過了

附錄

一千四百萬平民的庫存。

你有何長遠解決方案？是否能夠與美國合作研究未來一年全球的供需狀況？

首相致帝國總參謀長

1943 年 6 月 30 日

據我所知，運送從北非返英的軍隊裝備需要動用 75 艘貨輪。這大致意味著，他們將運回絕大部分的車輛。

鑑於我們仍需將大量車輛運送至北非，若將調回的師團大部分車輛留在非洲，而在英國獲取新車輛，這樣不就可以避免來回運輸了嗎？

7 月

首相致函伊斯梅將軍，轉交參謀長聯席會議

1943 年 7 月 2 日

1. 北非各司令部如今似乎籠罩在更為憂鬱和黯淡的氛圍中。計劃參謀處應在心理層面探討各種可能發生的狀況，令人欣慰的是，人事問題相對簡單一些。

2. 我們必須優先發動由亞歷山大和蒙哥馬利指揮的戰役。如果戰爭進展順利（或者慘敗），下一步的行動方向將會變得十分明晰。否則，我們無法在西西里取得勝利，更無從談及後續計畫。

3. 我們絕不能讓美國人阻礙我們充分發揮強大軍隊的潛力。他們的參謀人員似乎正試圖轉向撒丁島計畫，而非繼續當前計畫。我們必須保持堅定，不容許任何怯懦。我相信三軍參謀長會再次透過聯合參謀長委員會，確保他們不採取這種逃避的懦弱態度。

4. 總而言之，一旦我們掌握了西西里的狀況，便須確保具備獨立評估

局勢和實施攻擊的完整能力。

5. 我希望今天下午三點能與你商討此事。我對當前民眾持有的態度感到不滿。必須提供明確的指引。

首相致徹韋爾勛爵

1943 年 7 月 3 日

人力問題

請將本議題根據主要部門的人力需求分為七、八個單位——陸軍、海軍、空軍、飛機生產部等。每個部門原有人力是多少？在 1 月分提交的總結中，它們要求的人力是多少？已經獲得多少？現總人數是多少？還需要多少？

我需要依據這份此表格才能提出工作建議。請於今晚提交表格。

首相致樞密院長及愛德華·布里奇斯爵士

1943 年 7 月 3 日

關於為農場工人修建住房的現狀究竟如何？由哪個單位方負責建造，開工日期定在何時？依據工程與建築大臣所述，目前這項事務已經完全由他負責。事實是否如此？

首相致樞密院長

1943 年 7 月 5 日

你或許還記得去年 12 月我關於短期患病人數成長的備忘錄，這項資料來自政府保險統計專家的報表。

去年冬天，這種成長趨勢持續不減，令我感到不安。該統計表顯示，除了正常的因病缺勤人數外，新增缺勤人數已經占據我們總勞動力的很大一部分；若這些新增的缺勤人數多是因厭戰而非實際生病，那麼這也會對戰爭產生同樣的影響。

附錄

首相致空軍大臣和空軍參謀長

1943 年 7 月 5 日

由於敵方空襲能力明顯減弱，我認為現在是時候重新評估工廠夜間作業的燈火管制問題。

為加快推進飛機生產計畫，我們必須在各個領域節省人力資源，因此，確保夜間工作不受燈火管制的問題是極為重要的。

我期望，空軍部能夠確保不再推行此類阻礙生產的措施。

首相致陸軍大臣

1943 年 7 月 5 日

欣聞你們對生橡膠的需求並未超過 1942 年的數量，同時陸軍在主要原料的節約使用上表現卓越，令人欣慰。由於今年陸軍將需要更多車輛，你們的成就令人滿意。

首相致經濟作戰大臣

1943 年 7 月 5 日

我對法國局勢的見解與你不盡相同，我也不贊成你從過於局限的視角進行概括總結。如果法國解放委員會的行動能贏得英、美政府的信任，那麼我們自然可以將資助法國抵抗運動的責任轉交給該委員會。我們應當與委員會合作，而不是與戴高樂將軍個人接觸。我們目前正致力於增強委員會的集體力量，而非個人權力，同時盡力提升文官人員的影響力。

首相致愛德華・布里奇斯爵士

1943 年 7 月 11 日

1. 我對基礎英語的問題充滿興趣。廣泛使用基礎英語對我們有益，其益處遠遠超過併吞若干大省的持久和深遠。推廣基礎英語，使其成為英語國家更強而有力的工具，這也契合我希望與美國建立更緊密連繫的理念。

2. 我計劃明天向戰時內閣提交此問題，目的是為了設立一個由大臣們組成的委員會進行研究。若反應積極，我將提出具體的工作建議。新聞大臣、殖民地事務大臣、教育大臣，或外交部的勞先生似乎都是合適的人選。

3. 我計劃要求英國廣播電臺將每日教授基礎英語納入其宣傳工作的一部分，並廣泛推廣這種文化交流的方式。

4. 請告知您對該委員會的看法，並將此問題納入明日議程。

首相致外交大臣

1943 年 7 月 11 日

1. 在彼得國王的婚事上，我們應當回顧那些古老的原則。在尚武的歐洲文化中，通常流行著「戰爭的婚禮」這個傳統，即年輕的國王在出征前與一位合適的公主結婚，這是再合適不過的安排。如此一來，他既能確保王朝的長久延續，也能滿足人類最基本的本能，就如同任何普通人所擁有的權利。

2. 另有一種與此原則截然相反的說法，我相信並非源自尚武的民族。據此說法，塞爾維亞人的原則是不論何人都不應在戰爭時期結婚。乍看之下，此言似乎是為男女私通開脫。另有一群被驅逐出南斯拉夫的大臣，為了爭奪流亡政府中虛有其表的職位而相互排擠。有些大臣支持結婚，另一些則持反對意見。國王和公主堅定地支持結婚；我認為在這場爭論中，唯有他們兩人的看法值得我們重視。

3. 外交部應捨棄十八世紀的政治觀念，發表明確無誤的觀點。我們應告知國王及其大臣，我們認為婚禮應如期舉行，並且若國王能維護其岌岌可危的王位，我們願將剩餘的權力交予他。

4. 我還要補充一句：我計劃在下議院，或在大不列顛或美國的任何

附錄

民主平臺上，為上述原則採取行動；我認為戰時內閣應有機會表達本身的觀點。我們可以回歸路易十四時期的文明生活，而不必陷入二十世紀的頹廢放縱之中。我們不正是在為自由和民主而戰嗎？如果你希望我和國王見面，我會建議他到最便利的登記處辦理登記。這又有何不可呢？

首相致空軍大臣和空軍參謀長

1943 年 7 月 12 日

撥給澳洲的飛機

1. 我們需要為保衛澳洲和太平洋戰爭做出貢獻，這對英國自治領和英帝國的未來極為重要。基於這個觀點，我們派遣皇家空軍中隊的影響遠遠超出了其規模。澳洲派遣了八千一百名飛行員到我們這裡，其中包括他們最優秀的飛行員，他們在帝國訓練計畫中發揮了重要作用。基於這些事實，我們在空軍方面欠了他們很大的人情。

2. 這不僅關乎噴火式飛機或其他戰鬥機，而是關於英國空軍中隊能否真正展現皇家空軍精神的問題。因此，我計劃在今年向澳洲派遣三個噴火式戰鬥機中隊，同時嘗試說服美國將原先計劃送往澳洲的戰鬥機轉交給我們。我相信我能夠將這些問題清楚地向羅斯福總統闡述。不過請注意，我並不打算讓澳洲飛行員駕駛英國飛機，而是派遣完全由英國人組成的空軍戰鬥單位。從你們上次的報告中，我了解到戰鬥機駕駛員的實際人數比適合服役的戰鬥機多出九百四十五人，因此我認為從中調撥四、五十人應該不成問題。維持祖國與生活著六百萬同種族、同語言的澳洲大陸之間的友好關係，是我的責任。

3. 期盼您能提供寶貴的意見與建議。

（即日辦理）

首相致函伊斯梅將軍，轉交參謀長委員會

1943 年 7 月 13 日

1. 如今正是將波蘭軍隊從波斯轉移至地中海戰場的時機。從政治角度看，這非常恰當，因為這些士兵渴望參戰，一旦參戰，他們可以減少對本身悲劇命運的思慮。整個軍團應從波斯調往塞得港和亞歷山大港。我們的目標是將他們用於義大利的戰鬥。

2. 我們有 5 個月的時間來集中所有力量對義大利進行作戰。請列出一份由英國統轄的盟軍名單，這些軍隊必須尚未承擔西西里作戰責任且能夠實際參與作戰。

首相致第一海務大臣

1943 年 7 月 13 日

1. 得知「約克公爵夫人」運輸船隊的覆滅，我感到極為震驚。請提供大約十日前地中海總司令發來的警報，該警報曾警示我們注意在這條過於接近西班牙海岸的航線上「無法忍受的」（我記得他用了這個詞）空襲危險。我們的月度報告中已經充滿了作戰傷亡的數字，而這些大型艦隻的損失更為報告增添了令人震驚的內容。請告訴我，未來應如何防止此類空襲。當然，將艦隊遠離「福克烏爾夫」式轟炸機航程範圍，顯然是必要的。

2. 我得知「費里港」號在聖文森特角以西遭到襲擊。飛機是從何處起飛的？船已經離港多遠？若敵方飛機能追上，為何駐紮在直布羅陀的空軍無法提供保護？

首相致愛德華‧布里奇斯爵士

1943 年 7 月 14 日

近期，公共關係官員頻頻曝出醜聞，整個機構急需全面整頓並進行重大改革。請提供關於改革的建議。似乎有必要組織一個小型內閣委員會，

附錄

賦予一定的許可權來解決這個問題。

（即日辦理）

首相致陸軍大臣和帝國總參謀長

1943 年 7 月 16 日

1. 我從帝國總參謀長那裡了解到，我們一支能力極佳、經驗豐富並經過多年訓練的第一裝甲師目前負責看管戰俘，這令我非常不安。若僅作為一種緊急措施（例如，為期一個月），尚可接受。如今，這種情況必須立刻終止。應派遣一些不屬於師團編制的步槍部隊（至少一萬人）從我們國內或尼羅河三角洲前往北非看管戰俘。萊瑟斯勳爵應將運送這類部隊出國視為高度優先的任務。

2. 務必盡快將第一裝甲師及其車輛重新整編，使其恢復完整戰力。需立即展開必要訓練，以重建其作戰效能。請擬定計畫與時間表交給我。根據我的了解，帝國總參謀長已經向艾森豪將軍提出抗議。具體經過和答覆如何，請告知。

3. 還有哪些部隊存在類似情況？請為我準備一份關於西北非和中東地區各師及獨立旅現狀和任務的清單。南非師的情況如何？第二〇一警衛旅的情況怎樣？第七裝甲師的位置在哪？第四印度師的現狀如何？紐西蘭師是否正在按原定計畫進行整編？波蘭師向敘利亞的轉移進展如何？這些師的完整性和裝備狀況如何？

首相致空軍參謀長

1943 年 7 月 16 日

我依然不理解，為何戰鬥機司令部需要 2,946 名戰鬥人員來支持 1,732 架作戰飛機，或者說，支持總計 1,966 架的初步組編飛機。

請注意轟炸機司令部統計資料出現的明顯差異：其任務比戰鬥機司

令部更為繁重，但其初始編制的 1,072 架飛機，只有 1,353 名飛行員，而 1,039 架作戰飛機則僅有 1,095 名戰鬥人員。

雖然戰鬥機司令部的損失無法與轟炸機司令部相提並論，但前者仍然有大量飛行員剩餘。至於地勤人員，是否也存在這種人員過剩的現象呢？

首相致樞密院長

1943 年 7 月 17 日

我曾向溫特頓勛爵承諾，會再討論農場工人住房的建設事宜。然而，我認為最好能更詳盡地向他解釋此事，一封信恐怕難以涵蓋所有細節，因此，如果你能親自與溫特頓勛爵面談，那將更為妥當。

（即日辦理）

首相致帝國總參謀長

1943 年 7 月 19 日

1. 我於星期六視察了多佛的駐防軍隊，對其實力感到不甚安心。多佛僅有一個駐軍營，另一個營駐紮在聖瑪格麗特。這兩個營可在數小時內獲得一個旅的支援。當然，距離稍遠處還有大量軍隊駐紮。

2. 雖然不至於發生德國入侵的問題。但是我曾詢問斯韋恩將軍，如果某天夜裡有三、四千個類似我們突擊隊的納粹衝鋒隊員渡過海峽而來，那怎麼辦？當時，他未能給我一個令人放心的答覆。他說，他們當然是能夠登陸的，但隨後就會被趕出去，他還強調，可以在很短的時間內接到警報。這是不夠理想的。多佛距離敵人如此之近，接到雷達訊號最快不過是在敵人行動之前半個小時。我認為德國人不見得敢一試，但是萬一他們真的占領了多佛的一部分，即便是僅僅三、四個小時，也是他們莫大的收穫。這在公共輿論方面將產生十倍於「沙恩霍斯特」號和「格奈森諾」號事件所造成的壞影響。

附錄

即便是像多佛這樣的沿岸要塞，我也極力反對在此駐紮過多的軍隊，然而，我意識到我們可能走向了另一個極端，這使我們極易遭受最為屈辱的局面。我認為至少應再派遣一個旅駐守多佛的沿海防禦工事或要塞，以便在德軍試圖登陸時立即迎擊。如果我們不增派部隊，導致那些貴重的大炮被敵人摧毀幾門，我們就顯得極其無能。

請對這個問題進行重新評估。

首相致陸軍大臣及新聞大臣

1943 年 7 月 19 日

1. 在處理軍人轉業的複雜案例時，務必遵循現行規定，保持其嚴肅性。然而，若某些轉業對公務有益，相關大臣可運用酌情處理權力，針對那些轉任文官可能比繼續軍職對作戰更有貢獻的高級人員，依據特殊情況進行處理。當大臣行使該權力時，他自然會考慮到這個事實：陸軍中實際參與戰鬥的人數有限，文官調任陸軍職務，往往僅是從一個非戰鬥職位轉至另一個非戰鬥職位。

2. 各相關大臣的職責在於透過妥善安排解決這些問題，避免事情因小事而導致部門間的摩擦，或擴大到需要我親自干預才能解決的程度。

首相致新聞大臣

1943 年 7 月 19 日

1. 昨天，我再次觀看了那兩部美國陸軍宣傳電影：《分化與征服》和《不列顛戰役》。我認為這是在英國見過最佳的宣傳材料。此外，這兩部電影向觀眾呈現了 1940 年發生的事件，這些事件當時鮮有人完全了解，如今也逐漸被遺忘。我認為應盡可能多地安排放映這兩部電影。我們的影院在放映這些電影時，有什麼困難嗎？你計劃與他們商定什麼樣的條件？如果有人試圖壟斷影視界並拒絕放映，務必立刻向我報告。必要時，我將採取法律行動。

2. 其他兩部電影目前狀況如何？我希望觀看這些電影。為何延遲如此之久？是否有電影公司在背後抵制？請告知我這些電影的情況。阻礙它們上映的原因是什麼？

3. 你或許了解，我非常樂意發表一段簡短的演講，既是為了介紹這些電影，也為了稱讚美國人的精神。然而，我希望先觀看另外兩部電影。我對此事非常感興趣，盼望你能盡快處理。

首相致空軍參謀長

1943 年 7 月 21 日

我同意石油大臣的提議。你了解我對於建造霧天專門機場這件事的重視。我希望這個目標能夠順利達成。

首相致海軍大臣

1943 年 7 月 23 日

在截至 4 月 30 日的三個月內，海軍航空兵部隊中的四萬五千名官兵（其中軍官超過四千人）中，僅有三十人戰死、失蹤或被俘，這個事實發人深省。當然，我為他們未遭受重大損失感到慶幸，但這件事實清楚地反映了他們與敵人交手的次數是何其稀少，因此引發了對海軍航空兵部隊整體規模的質疑。鑒於海軍航空兵部隊對我們提出了如此龐大的人員和飛機需求，我們不得不認真審視這支部隊在對敵作戰中所發揮的實際作用，儘管這並非輕鬆之事。我明白，航空兵部隊的官兵們未能獲得更多作戰機會，並非他們的過錯，而且上述時期可能是個例外。然而，關於與敵軍實際接觸的情況，我們不能讓這樣一支極具戰鬥力的菁英部隊閒置無用。

請您認真思考前述問題，因為我會在不久的將來再次關注此事。

附錄

首相致函伊斯梅將軍，並轉交參謀長委員會

1943 年 7 月 24 日

1. 請觀察緬甸戰場上的困境為何越發增多，而為獲得這些無益的戰利品所需的力量又是何等巨大。在此戰場上的指揮官，似乎都在競相誇大他們的需求以及面臨的困難。

2. 這些情況無不顯示出我們迫切需要選出一位司令官。我仍然主張，這位司令官必須是一個勇敢且高效的軍人，充滿活力並具備最豐富的作戰經驗。我相信，奧利維爾·利斯將軍是這個角色的最佳人選，在西西里戰鬥結束後，他應該立即被召回國進行述職。我認為溫蓋特應該負責指揮緬甸的軍隊，他擁有天賦和膽識，所有人都清楚地意識到他是一個傑出的人物，已經被譽為「緬甸的克萊夫」。在以無能和鬆散為特徵的印度前線混亂狀況中，他必定可以憑藉他的決斷力和成就脫穎而出，而我們絕不能讓資歷問題妨礙一個真正傑出人物在戰爭中獲得應有的地位。他也應該盡快回國進行述職。

首相致函伊斯梅將軍，並轉交參謀長委員會

1943 年 7 月 23 日

請審閱關於我國人員在俄國北部遭受虐待的若干電報。應付這類事件的唯一方法，是假裝準備撤離我們的所有人員，而不與俄國當局爭論。請就此制定一項計畫。當地俄國人看到我們撤離時，必然會立即向莫斯科彙報，他們自然會意識到，我們人員的撤離意味著北極運輸船隊的終止。唯有如此才能使他們醒悟。如果他們仍不醒悟，此事只能引發摩擦，因此我們不如儘早脫身。經驗告訴我們，與蘇聯人爭論毫無意義。我們只需要讓他們面對新的局面，觀察他們的反應。

首相致帝國總參謀長

1943 年 7 月 25 日

你已經複查過多佛駐軍的力量，深表感謝。此前我未將你提到的重要部隊納入考量。你是否確信這些力量，尤其是皇家海軍與空軍，已經整備完畢，能在最短的時間內行動？敵軍襲擊必定會選擇夜間進行。

我設想的情形是：或許會有兩千名突擊隊員駕駛汽艇渡過海峽，發動搶劫和襲擊。如果你確信不會有此類風險，認為懸崖難以攀登，而可登陸的地點和要塞均已部署足夠的守軍，那麼我就安心了。

首相致函伊斯梅將軍，轉交參謀長委員會

1943 年 7 月 26 日

1. 委任一位年輕且經過戰爭洗禮的軍人擔任緬甸戰場的最高指揮官，並重新審視該戰線的整體作戰問題，以增添戰鬥的活力和勇氣，確實是重要且迫切的任務。

2. 我明白，參謀長委員會已經充分意識到，在當前形勢下採取以下行動是何等愚蠢：

在地中海戰區集結寶貴的人力和物資，用以攻打緬甸戰區中微不足道的阿恰布港。而敵方正將該港建設成如直布羅陀般的要塞，增援時可以調來整整一個師的日軍。為了這個不足掛齒的目的——原計畫還包括進攻仰光，現在已經被取消——我們將在整個 1944 年耗盡孟加拉灣所有可用的兩棲部隊。即便是向蘭里島的推進，也將被拖延到 1944 年雨季之後。一個擁有壓倒性海、空力量的國家用這種方式作戰，實在是愚不可及。對於如此浪費精力，特別是浪費時間的策略，我當然無法承擔責任。

3. 1944 年的正確作戰方針應當是：

（1）為中國提供最廣泛的空軍支援；提升航空線路並確保機場的安全。

（2）發起類似溫蓋特將軍在阿薩姆展開的戰鬥，並在陸上所有可能與日軍交手的地點作戰，以對日軍施加最大壓力。

（3）在不受雨季影響且海軍能夠充分展現力量的區域，廣泛實施如今稱為「第二安納吉姆」作戰計畫的兩棲作戰。參謀人員目前須集中精力，立即、全面地深入研究這個方案。

4. 此事需要提交至國防委員會，以便能在魁北克會議召開前明確其基本立場。

首相致貿易大臣

1943 年 7 月 26 日

據我所知，儘管部分民用紙牌已經被調撥以支持軍隊和產業工人，但仍舊供不應求。在部隊閒暇時刻，尤其是在偏遠地點長時間待命而感到孤寂之際，或是水兵們連續數個月待在軍艦上時，提供他們娛樂用品極為重要。而在眾多娛樂用品中，紙牌因其便於攜帶、使用方便且耐用性強，成為最佳選擇。

請針對此事向我提交報告，並闡述你計劃如何應付這個短缺的情況。生產十幾萬副紙牌，在我們的人力和物力供應中僅僅是九牛一毛。

首相致函陸軍大臣（閱畢）及帝國總參謀長

1943 年 7 月 26 日

1. 我傾向於不以個人名義向艾森豪發送電報，討論第一裝甲師的情況，也不想讓他以為這是在你們的敦促下進行的。然而，若你們能立即採取果斷行動，我可以同意發送私人電報，因為我決心要確保這支優秀部隊達到最高的作戰效能和具備精良裝備。如果我們要迅速占領義大利的廣大地區，尤其是擴展前線至義大利北部和波河流域的話，這支部隊將尤為重要。

2. 因此，懇請你們轉告艾森豪將軍，我對此事極為關注，並期望能與他快速且圓滿地解決這個問題。

3. 此外，請提交一份該師重新裝備的計畫，並且每兩週報告一次，說明該師在各方面適應戰鬥任務的工作進展。

首相致農業大臣

1943 年 7 月 30 日

我希望你能提交一份簡明的報告，內容涉及草料和穀物的收成狀況。

首相致普賴斯上校

1943 年 7 月 31 日

我覺得，當前不宜將 1948 年視為對日作戰結束的假定年分。這個問題，我們可以在魁北克會議上或前往魁北克的途中進行探討……顯然，在我們作出此類決策前，需先了解海軍部的長期作戰計畫。

首相致飛機生產大臣

1943 年 7 月 31 日

你對我們在近期製造噴射飛機的可能性僅持有如此微小的希望，這讓我感到不安。我聽說，生產製造力量的分散情況相當嚴重，即便是本不該有任何困難的飛機外殼，也難以按時完成。

審視那些似乎仍處於研究階段的各種引擎，集中精力於兩、三種有望快速投產的型號，不是更好嗎？目前有大量關於德國噴射機的情報，我們絕不能落後。

附錄

8月

首相致貿易大臣

1943 年 8 月 1 日

1. 感謝您來信告知紙牌短缺的情況。除了過去一年售出的 130 萬副紙牌，剩餘的 195 萬副是如何處理的呢？

2. 在接下來的十二個月中，需求量似乎遠未達到 200 萬副。按照這個需求量，你建議生產 225 萬副。我非常願意協助你獲取額外生產 100 萬副紙牌所需的 20 名工人和 100 萬噸紙張。然而，我首先需要了解過去十二個月中剩餘的 195 萬副紙牌是如何處理的。此外，你認為「以備不時之需」的儲備量應是多少？確保在需求出現時，人們能夠隨時買到紙牌是極為重要的。雖然應優先滿足士兵的需求，但普通工人同樣需要。

首相致第一海務大臣

1943 年 8 月 1 日

1. 我已經向羅斯福總統建議，我們在魁北克會議期間，從海德公園發布我們的反潛戰月報。這意味著發布日期為 8 月 13 日到 14 日，而非 10 日。

2. 此次，我渴望對德國人所寄予厚望的潛艇戰施以沉重打擊。我計劃提供總統下列的統計資料：

(1) 1942 年上半年，船舶損失率為 1.6%；至 1942 年下半年，降至 0.8%；而至 1943 年上半年，進一步降低至 0.4%。

(2) 據稱，在 5、6、7 三個月的 92 天中，德國潛艇被擊沉的數量達到 87 艘（或其他數字），此外還有許多被擊損。

(3) 7 月分，盟國商船在全球的損失超過了 6 月分，創下當年的最高紀錄。然而，與 1942 年 1 月至 1943 年 6 月底的平均資料相比，或與 1943

年 1 月至 6 月底的平均資料相比（無論採用哪個），損失仍然顯著減少。在西西里島戰役中，損失約在七萬噸以內。

（4）今年截至 7 月底，美國、英國和加拿大新建的船舶總噸位，已經超過聯合國家船舶損失總數三百萬噸以上 —— 亦即在超過的實際噸位中，取最接近的百萬噸位數。

3. 在我們動身前，請務必考慮這些要點，以便我能與羅斯福總統討論整體問題。

4. 此外，被英國擊沉的德國潛艇數量是多少？

首相致伊斯梅將軍

1943 年 8 月 2 日

所有計畫的密碼代號必須先經過我的審閱才能批准。

首相致帝國總參謀長

1943 年 8 月 2 日

接到艾森豪將軍的電話，內容涉及解除第一裝甲師的駐防任務。

1. 請告知你將如何滿足負責戰俘看管人員的後續需求（如需討論船舶事宜，可與萊瑟斯勳爵協商）。

2. 我不理解，為何必須剝奪中東地區其他裝甲部隊的裝備，來支持參與「哈斯基」作戰計畫那些極少數的裝甲部隊。請向我報告駐非洲各部隊的坦克具體數量。此外，我記得在上一次的坦克報告中，曾提到中東司令部擁有近三千輛坦克。

3. 我們應果斷地從國內的裝甲部隊中調撥「謝爾曼」坦克，立刻透過專用船舶運送，以快速重新裝備第一裝甲師。

4. 此外，請呈交一份統計表，列明大不列顛現有坦克數量、預計從美國獲取的坦克數量，以及未來三個月生產供應中可獲得的坦克數量。

附錄

首相致帝國總參謀長

1943 年 8 月 2 日

我期望你能夠確保我們陸軍中的這些頂尖部隊，不會在毫無概念的人指揮下淪為無關緊要的兵團；這些部隊是我們歷經艱辛才建置完成的。

我們此前駐紮於在中東戰區的是結構嚴密、經驗豐富的裝甲師和裝甲旅。但現今收集到一大批種類眾多的坦克，而當地部隊的人員配置則顯得雜亂無章，我要求應下令清除所有障礙，重新組織這些部隊。

首相致樞密院長

1943 年 8 月 2 日

我對你所付出的所有努力深表感謝，並鼓勵你繼續深入研究陸軍時事報導局。

務必竭盡全力防止此類活動過度消耗時間、資金和軍事力量。這些活動本身固然有其價值，但不可不當干擾軍隊整體運作，也不能使非戰鬥人員比例進一步膨脹。最關鍵的是：所有具備作戰能力的人員不得加入此類機構，必須保持高度警覺，隨時糾正這些機構自我擴張和增加人員的趨勢。

首相致飛機生產大臣

1943 年 8 月 3 日

發動機產量的減少引發了憂慮。我深知這與季節假期有關，然而，今年新產品的產量下降幅度似乎超過去年。

首相致副首相

1943 年 8 月 6 日

1. 你所領導的空軍編制委員會的確需要對戰鬥機中隊之中飛行員的數量遠超戰鬥機數量的問題進行查核。在這些中隊中，他們以 3,038 名飛

行員配備 1,725 架戰鬥機。給出的理由是飛行員必須隨時待命準備起飛，但這僅在某些區域和特定情況下才是合理的。自不列顛戰役以來，戰鬥機並未遭受重大損失，我認為這方面似乎可節省不少人力資源。人們不禁質疑，是否在各個方面都存在這樣的浪費。儘管轟炸機司令部的作戰頻率更高，任務更為緊張激烈，但其保留的冗餘人員卻少得多。空軍海防總隊的備用飛行員數量尤為龐大，但在漫長的巡邏線上確實需要大量飛機，可能需要雙倍的飛行員來滿足需求。我再次強調，這種情況並不適用於戰鬥機。

2. 另一個值得探討的方面是塔科拉迪的「旋風」式和「噴火」式飛機的堆積問題。根據近期的統計資料，截至 7 月 30 日，該地共有 183 架飛機，其中 43 架為「噴火」式。鑑於目前有一條通過地中海的較佳航線已經開通，且該航線有暫停使用的可能性，我們應當仔細審查該航線的人員配置，並認真查看在塔科拉迪不僅存放中東的全部坦克儲備，還集中大量珍貴飛機的這個慣例。

首相致外交大臣

1943 年 8 月 6 日

1. 我相信俄國對土耳其當前的軍備重組規模沒有感到任何擔憂。俄國的實力優勢顯著，我們在土耳其軍隊中所實施的小幅改進，不足以（也不會）讓他們感到不安。

2. 毫無疑問，讓他們頭痛的是，土耳其使巴爾幹局勢更加複雜，卻沒有採取任何有效措施來協助俄國擊敗德國。

3. 然而，俄國人顯然對達達尼爾海峽和伊斯坦堡海峽的現狀感到不滿。我相信，他們並未忘記在上次大戰初期，我們曾提議將君士坦丁堡割讓給他們。土耳其若要獲得最可靠的安全保障，必須積極尋求與聯合國家的聯繫。你知道，我們可能很快會要求土耳其允許我們的空軍中隊及其他

附錄

部隊駐紮，以保護他們，並藉此轟炸普洛耶什蒂，逐步掌控達達尼爾海峽、伊斯坦堡海峽和黑海。在我們尚未確定土耳其的立場前，與俄國認真討論土耳其問題的基礎並不穩固。

首相致伊斯梅將軍

1943 年 8 月 8 日

1. 我在附件中刪除了許多不合適的名稱。對於那些可能導致多人喪生的軍事行動，不應使用帶有虛張聲勢或過度自信意味的代號，如「凱旋」。同樣，也不應故意使用讓作戰計畫顯得負面的詞彙，例如「降災」、「屠殺」、「雜亂」、「苦難」、「不寧」、「脆弱」、「悲慘」及「黃疸病」等。此外，還須避免使用輕浮的名詞作為代號，如「擁抱舞」、「下流話」、「開胃藥」和「大吹大擂」。更不要選擇在其他方面常用的普通詞彙作為代號，如「洪水」、「平坦」、「突然」、「最高」、「全力」、「全速」等。也應避免以活著的人員姓名，特別是大臣或司令官的名字作為代號，如「布拉肯」。

2. 總之，世界如此遼闊，而智慧的頭腦能迅速想出許多響亮的名稱，這些名稱既不透露作戰計畫的性質，也不包含貶義，並且不會讓某些寡婦或母親說：他的丈夫或兒子是在一個名為「擁抱舞」或「大吹大擂」的戰役中犧牲的。

3. 使用專有名詞作為密碼代號是可行的。古代英雄，希臘與羅馬神話中的角色，星座及恆星名稱，知名賽馬，英、美戰鬥英雄的名字，均符合上述原則。此外，還有許多其他主題可供選擇。

4. 在處理此事時，自始至終須保持小心與謹慎。一個政府的辦事效率和成功與否，不僅展現在重大事務上，也同樣表現在微小的細節中。

首相致函伊斯梅將軍，轉交參謀長委員會

1943 年 8 月 10 日

請查閱這封電報。我們並不反對使用突擊隊。事實上，突擊隊是最出色的正規軍，也是今年內我們能派往巴爾幹半島的唯一部隊。被派遣的英國軍官和外交官，在遇到敵軍要求投降時，當然可陪同突擊隊進行談判。不要鼓勵中東戰區各司令官固守成規。

首相致生產大臣及軍需大臣

1943 年 8 月 11 日

在 7 月 31 日的那一週，坦克的產量僅為 39 輛，這樣的低產量實在令人震驚。我認為將此原因歸咎於暑假是不夠充分的理由，希望你能提交一份詳細報告。與預期數字相比，實際情況如何？尤其是新型坦克的生產，是否達到了規劃的預期數字？我必須徹底調查此事，因為這與我們是否接受美國坦克的決策密切相關。

首相致外交大臣

1943 年 8 月 14 日

這無疑是準確的，但最好保持低調。巴本取代里賓特洛甫是一個意義重大的事件，可能會引發納粹體系的進一步崩潰。我們不必總是喊著「無條件投降」，因為這會阻礙這種發展。只要我們沒有明確表示必須與哪個新人物或新政府打交道，我們就自然處於有利地位。若有可能，我們當然不希望他們團結成一個堅不可摧的集團，儘管這樣的集團也無濟於事。我相信你會同意我的觀點：德國的逐步瓦解無疑意味著他們抵抗力的減弱，進而可以挽救數十萬英國人和美國人的生命。

附錄

首相致第一海務大臣

1943 年 8 月 15 日

希望您能考慮將艦隻部署至西蒙斯敦和基林迪尼附近海域，以有效封鎖好望角周邊的海上交通，直至反潛艇增援艦隻抵達。我已經向萊瑟斯勛爵請求提供沉沒艦隻與所有出航艦隻的具體比例。不管怎樣，在一條受到嚴格監控、船隻流量有限的航線上，19 艘船隻的沉沒無疑是一個巨大的損失。

9 月

首相（於華盛頓）致函羅納德·坎貝爾爵士

1943 年 9 月 13 日

我已經依照您的要求，起草了如下致英國駐中東各領事的電報。

在發送電報之前，你可以私下請教哈里·霍普金斯先生的看法，詢問他是否認為我應該介入此事。

英國駐中東各領事應該確保中東的每一位民眾都了解，我們英國人對於這些國家在戰爭中所作出的重大貢獻是多麼欽佩和重視。儘管這些國家距離歐洲及非洲的戰區遠及千里以上，但它們的力量在各條戰線上的付出都令我們真切感受到，並且正協助加速推動正義事業的勝利。

「我確實渴望親赴中東的一些城鎮，親自傳達我們英國人對那裡的努力所懷的深切謝意。」

首相致羅斯福總統

1943 年 9 月 13 日

民航問題

1. 我已經向政府報告，提及我曾經告訴你，我們計劃在倫敦或加拿大召開聯邦預備會議，此會議僅為總結英聯邦的意見，以便將來與美國政府

磋商，並表明你對此沒有異議。

2. 我提到，對於我們建議舉辦的國際會議，你是否認為可以在即將舉行的英、美、蘇三國會議結束後再做決定。

3. 我提到，你的初步見解涵蓋以下幾個方面：

（1）私人所有權應當存在。

（2）主要地點可以在互利條件下提供國際使用。

（3）內地航線應由內地公司獨占經營。

（4）對於某些缺乏盈利能力的航線，或許需要政府依據國際協定進行資助。

首相致樞密院長

1943 年 9 月 16 日

1. 義大利人並未遵循艾森豪將軍在 7 月 29 日廣播中的條件，因此我們可以不再受限。我們應該繼續推進原計畫中關於進一步運送義大利戰俘的步驟。我們所俘獲的大量戰俘現今何處？僅韋維爾將軍便俘獲了超過二十五萬人。要將停戰後所俘的戰俘運送至英國，或許會較為棘手，因為其中有許多人在多次場合中盡力協助我們，或在毫無抵抗下投降。對於屬於我們負責監管的義大利戰俘，陸軍部應將其詳細所在地（無論何處）告知我們。

2. 毫無疑問，我們能夠與巴多格利奧政府就繼續向我們提供義大利勞工的問題達成協定，因為我們在多方面能夠給予對方幫助。在義大利政府同意向我們提供更多勞動力後，我認為我們完全可以調整目前在大不列顛義大利戰俘的身分，給予他們「民間工兵隊中的拘留人員」等稱號。我確實希望在 1944 年再將十萬義大利人運送到英國工作。

附錄

首相致海軍大臣及海軍副參謀長

1943 年 9 月 26 日

我們正在為潛艇配備聲學誘爆魚雷，以便在遇上敵方反潛艦艇襲擊時自衛，此項工作進展如何？

首相致糧食大臣及軍事運輸大臣

1943 年 9 月 27 日

我認為，我們的確應當利用從北非返航船隻的空艙，將地中海地區的柑橘和檸檬運送至英國。請在商議後，透過便函告訴我目前的進展及未來的可能性。

首相致海軍大臣

1943 年 9 月 27 日

請務必將德國滑翔炸彈及其矇騙裝置的發展動態及時告知徹韋爾勛爵，以便他能夠及時向我通報各個方面的進展。

首相致軍事運輸大臣

1943 年 9 月 29 日

必須減少公共汽車排隊現象，為工人提供更便捷的回家交通工具，尤其在倫敦。鑒於油料供應已經大幅改善，這個目標應該是可以實現的。請務必提出在冬季到來前及時採取應急措施的建議。你應該力求將晚間車輛增加 25%。若人們在到家前已經筋疲力盡，戰時效率將無從談起。

首相致帝國總參謀長

1943 年 9 月 30 日

請提供關於塞普勒斯島現有駐軍數量的簡要報告。如果我們能夠和平地重新進入希臘，該島駐軍應達到七、八千人。我們並不打算占領希臘，我們的目標只是為復位的合法政府提供政治支持。

首相致貿易大臣及糧食大臣

1943 年 9 月 30 日

顯然，歐洲獲得解放後，全球的一些關鍵食物將面臨短缺。在內閣尚未全面商討此事之前，我可能就要承擔起估算救濟數字的任務，而對外援助可能會影響我們本身的供應。

請立即為我提供有關此事的報告。

10 月

首相致函蒙巴頓海軍上將與伊斯梅將軍並轉交參謀長委員會

1943 年 10 月 2 日

蒙巴頓海軍上將在視察所屬部隊的各支隊時，使用這篇特別指令的草稿作為演講內容是相當合適的。然而，我不同意在目前階段廣泛公開這份文件。因為這麼作的結果只會吸引更多的日軍進入這個戰場。在至少接下來的三個月內，不得傳播有關該戰場的任何消息，我認為這一點要求極為重要。如果需要向任何部隊傳達該指令，必須實施最嚴格的新聞審查，以防止相關內容在印度報紙或全球其他報紙上刊載。當我下次在下議院發言時，我將用類似的話談論東南亞戰場：

「氣候條件、饑饉以及水災已經嚴重影響了戰場上的許多可能性。新任總司令必須親自前往視察全區，並走訪與他相關的眾多地點。部隊的訓練時間需要進一步延長。若認為只要任命了新任總司令，並徹底重組了指揮部，就能進行大規模行動，那是非常愚蠢的想法。」

這無疑是未來三到四個月最佳的行動策略。然而，這並不意味著要阻止蒙巴頓海軍上將透過巡視分布廣泛的指揮據點來鼓舞士氣，或以即將到來的重大日子來激勵官兵，但對全球大眾和敵人則應傳達相反的印象。

附錄

種田人，播種忙，

種籽無聲土中藏，

堅持忍耐幾個月，

便見新芽葉子長。

首相致印度事務大臣

1943 年 10 月 3 日

基本英語

在我回國之後，驚訝地發現，自 1943 年 7 月 12 日成立以來的內閣委員會竟然從未召開過會議。你曾自願承擔這項責任，而我也認為你非常勝任此職。請你向我提交一份關於目前工作進展的報告。

我接到奧格登先生的信，他建議派遣一名特別研究員，花費一週時間向他學習所有關於基本英語的知識。我認為我們應該接受這個邀請，因為這樣一來，你們的委員會就能儘早擁有對基本英語有全面了解的顧問。學習基本英語的問題已經變得非常重要，因為史達林總理也對此表現出興趣。如果你覺得其他任務過於繁重，我可以親自負責這個委員會，但我仍希望你能代為處理。

首相致海軍大臣

1943 年 10 月 4 日

請您指示徹韋爾勛爵向我遞交一份有關感音自動跟蹤魚雷的簡要報告，因為他能夠為我清楚地闡述。

首相致軍事運輸大臣

1943 年 10 月 4 日

毫無疑問，我們應當徵召這艘重達兩萬四千噸的船隻（義大利商船「薩

圖尼亞」號），並迅速將其投入大西洋航線，以支持「霸王」作戰計畫的人力暨物力集結。

首相致勞工與兵役大臣

1943 年 10 月 6 日

我欣喜地注意到，8月分，你不僅成功地增加了其他工廠為飛機生產部門的額外工作量，還為該部門新增了 17,800 名工人。如果你能持續保持這麼出色的表現，我們便能在年底前實現 7 月 23 日設定的目標。

首相致空軍參謀長

1943 年 10 月 6 日

最近的跡象顯示，德國人正積極研究噴射飛機，這讓我們覺得有必要施加最大壓力以促進我們在此領域的進展。

首相致外交大臣

1943 年 10 月 6 日

我們應該銘記，我們之所以選擇用 20 年條約替代在俄國西部邊界問題上的協定，是因為我們清楚意識到，下議院對此問題的看法必然會出現嚴重分歧。我認為，這種反對意見將再次顯現，甚至會更加激烈。反對者可以引用一些重要原則來反對我們，以便占據優勢。

1. 在和會上，可以對局勢進行全面評估，並且在這方面的調整可以透過其他方面的變化來平衡。因此，將領土問題留待後續進行全面解決是極為必要的。尤其對美國而言，這一點尤為重要，特別是在選舉年。因此，當我們準備在簽署 20 年條約前採取新立場時，最好先讓美國明確表態。

2. 我認為我們應竭盡全力勸說波蘭，在東部邊界問題上接受俄國的立場，作為其在東普魯士和西利西亞獲得利益的交換條件。我們當然可以向俄國承諾，我們能夠在這方面發揮作用。

附錄

首相致空軍參謀長

1943 年 10 月 7 日

<u>驅霧</u>

　　徹韋爾勛爵向我提到，他在格拉夫利觀察到了驅霧裝置的應用。儘管當時並非霧天，但仍引起了他的注意。該裝置每分鐘消耗數噸汽油，然而這一點或許可以得到改善。以往我們的飛機由於懼怕霧霾，不敢在夜晚執行任務；若有了這種裝置，即便無需啟動噴燃器，我們也能在夜晚起飛，這將為我們帶來巨大的好處。在霧天，我們的轟炸機若能避免損失，幾噸汽油的消耗也顯得微不足道（幸運的是目前我們儲備了大量汽油）。

　　我期盼此裝置能依照原定計畫持續推進，確保 8 臺驅霧機在 12 月時可以投入使用。

首相致外交大臣及軍事運輸大臣

1943 年 10 月 7 日

　　今天的報紙普遍引用了來自華盛頓的有關盟國航運狀況的報導，稱在聖誕節前，至少有二百五十萬美國人可以運抵英國，進攻歐洲大陸的計畫至少可以提前六個月，這是怎麼一回事？據稱，這種毫無根據的言論是由美國參議院戰爭動員小組委員會傳播的。

　　在下議院會議期間，必定會有人就此事對我進行質詢。

首相致陸軍大臣及帝國總參謀長

1943 年 10 月 11 日

　　1. 盟國和敵國的部隊以「師」為單位的計算引發了混亂，因為「師」並沒有統一的標準。例如，一支德國標準師的編制為兩萬人。但在俄國前線上的德國師平均人數大概不超過七千或八千。幾天前，我們遇到了這樣一種情況：一個德國師僅包括不到 1,800 名步兵和 18 門大炮。與之對峙的

俄國師編制和實力如何？請提交一份羅馬以南德國師的詳細列表，列出它們的實際作戰人數。你們估計在義大利和北非的所有英國師，其人力和大炮（包括反坦克炮及高射炮）的作戰實力是多少？普遍在義大利和非洲的美國師實力如何？英國遠征軍每個師的實力——即實際派遣到海外的一個作戰單位的人數——是多少？

據說，一個英國師，包括其特種部隊和後勤，總共有四萬兩千人。然而，當被派往海外時，每個師的人數可能最多只有一萬五千人。我聽聞美國為「霸王」作戰計畫編成的師，每個師的總人數為五萬一千人，但實際派遣到海外的每個師人數究竟是多少呢？

2. 需統計關於西方各國師團戰鬥能力的報告，並希望此該報告能基於最可信的情報和估計，每月及時更新。

3. 請竭盡所能為我撰寫一份關於英國在義大利駐軍的詳盡分析報告，需要包括所有師團的數量及其實際作戰人數，另外，還要單獨列出目前在義大利登陸的英國部隊的後勤補給人數。

首相致軍事運輸大臣

1943 年 10 月 11 日

請提交一份關於倫敦及其他大城市公車排隊情況的報告，並闡述你計劃如何減少這個現象。

首相致生產大臣

1943 年 10 月 12 日

近期，我曾請求徹韋爾勛爵調查英國與德國軍隊所使用的高級炸藥的效能，並進行對比。現隨函附上他的初步報告。

參謀長委員會強烈建議我們立即改用鋁化炸藥，不必再等候更多試驗結果。我對此表示贊同。請在下週內向我彙報這項變動會涉及哪些問題。

附錄

　　為何我們的炸藥效能問題演變至當前局面，國防大臣需依其許可權展開調查。請推薦三位委員，並註明其資歷。此事須全程保密。

首相致函外交部、樞密院長及財政大臣

1943 年 10 月 13 日

　　根據史末資元帥的說法，他在南非共關押了約八萬名義大利戰俘，並願意將其中的一大部分提供給我們使用——他提到可以提供四萬人——以便在聯合王國服務。

　　我認為此事極為重要，值得審慎考量。

首相致雅各布准將

1943 年 10 月 16 日

　　請撰寫有關駐紮在埃及的二十四萬一千名基地部隊的詳細分析報告，切勿拖延。鑒於戰事已經從中東轉移至其他地區，而大部分部隊仍在西北非洲駐紮，那麼這些部隊究竟為誰提供基地支持？我認為，應對這二十四萬一千人（其中包括十一萬六千名英國人）進行詳盡的查核，因此我建議成立一個專門委員會負責此事；但首先，請立即將目前掌握的事實提交給我。

首相致軍事運輸大臣

1943 年 10 月 16 日

排隊等候公共汽車問題

　　你正努力改進現狀，令人欣慰。在倫敦交通局的管理區域內，各條公交線路每天總計行駛約五百五十萬次。僅在此區域內，若每次行駛延誤一分鐘，相當於每日一萬人工作 9 小時的總時間。

過渡時期的計畫

1943 年 10 月 23 日

1. 在 10 月 21 日的會議中，戰時內閣大致認可了我於 10 月 19 日備忘錄中建議的策略，因此我開始編寫另一份備忘錄，闡述制定過渡期各項計畫時應遵循的程序。

2. 第一階段需詳細列出所有必須執行的行動、擬定的計畫，以及需要事先籌備和組織的管理安排。如此一來，當與德國的敵對行動結束時，全國將會看到，我們已經預見到新的緊急狀況出現，並且已經採取了必要的初步措施。

3. 為達此目的，各部門需於 11 月 10 日前向戰時內閣祕書提交報告，列明：

(1) 在與德國停戰後短期內計劃採取的行動及所需措施；

(2) 在過渡期其餘時間內，根據預測情況準備實施的行動及措施。這些行動和措施可能構成戰勝德國後兩年內工作的基礎。

4. 報告中應涵蓋由各部門承擔主要責任的各項事務。然而，也存在與多個部門有關的事務，這些事務已經提交給專門組織或委員會進行審查。對於這類事務的報告，應由相關組織的負責人或委員會主席提交給戰時內閣。

5. 報告需詳細說明下列各項：

(1) 各項方案的制定狀態，即：方案是否已經完成準備，或還需要多長時間才能完成。

(2) 在推進工作之前，必須確立的原則。

(3) 是否需要援引法律、樞密院批准的法令或國防法令，是否已經準備好相關法令，是否有必要在德國戰敗前頒布此類法令。

6. 該計畫的關鍵環節在於詳細審查所有法令（涵蓋國防法令及其他附屬法令），以判斷在過渡期內哪些戰時權力需要保留，哪些可以終止。由克勞德・舒斯特爵士領導的緊急法令委員會如今已經展開這個審查工作。

7. 第二階段的任務是形成一個整體的概況，透過概況可以了解過渡期準備工作的全貌。在此階段，我們必須確保計畫的各部分無縫銜接而且不相互矛盾。我將親自監督這項工作。

8. 從和平時期進入到戰爭時期，與從戰爭現況過渡到和平階段，在許多方面存在差異，戰時辦事條例並不完全適用於和平的時期。因此，各部門應具備一個整體概念，以便幫助其判斷各自的準備工作是否與總體計畫相符，這樣可能會更為便利。

各部門應指派一名高級官員，親自監督該部門主要負責的準備工作計畫，以確保能夠持續適應局勢變化。

9. 第三階段是確保整體方案完成並維持準備狀態。起初可能會發現，由於某些原則尚未明確，某些問題的準備工作遲遲未能啟動。我計劃在總體計畫擬定後，親自主持一系列會議，審查總計畫的各個部分，並請戰時內閣就阻礙準備進展的問題進行決策。

首相致內政大臣

1943 年 10 月 24 日

只要我們在希特勒垮臺之前已經制定了一套糧食、就業和住房的方案，那麼改進這項方案就變得容易了。

首相致霍利斯准將轉參謀長委員會

1943 年 10 月 24 日

這份文件是發給各戰區最高統帥的指令，表面上看似清晰明瞭，並且符合美國人的思考方式。然而，實際上，政府僅僅向一位將軍發布攻擊敵

軍的命令，然後等待結果，這種做法是遠遠不夠的。事情的複雜程度遠遠超過這種簡單的指令。這位將軍很可能無法勝任他的職責，此類情況並不少見。參謀人員和政府高層必須提供一定程度的指導和監督。缺乏指導和監督的做法，與英國人的觀點不符。

首相致海軍大臣

1943 年 10 月 24 日

我不認同你有權從護航隊和驅逐艦的艦隊中剔除這 40 艘軍艦。如果必要，這些軍艦可以暫時不派遣人員，將其作為儲備，可以在極端緊急時啟用。

若不能充分發揮現有資源，只是一味地將英國龐大的戰時力量投入到如此大規模的新艦建造計畫之中，實在不可取。當前建造的驅逐艦最短需要兩年方能竣工，因此我們必須評估是否能修復並利用這些年久的艦隻。鑒於義大利艦隊與德國海軍幾近全軍覆沒，而你們不去修理使用較老艦隻的同時，卻又需要建造大量航空母艦，這令我深感不安。未來的海軍計畫，不僅要經過我的稽核，也須經過戰時內閣的嚴格審查。

首相致霍利斯准將

1943 年 10 月 27 日

為何棄用橡皮防波堤？請提供十字形防波堤的照片，並說明其預期效果。我認為原先計畫似乎已經徹底改變。

這種鋼筋混凝土防波堤與傳統防波堤有何不同？其安裝時間為多久？需要多少船隻運輸？請提出詳細報告。

對資源和人力提出過度的需求，進而破壞了一項規劃完善的計畫，實在令人遺憾。

附錄

首相致蘭開斯特公爵領地事務大臣

1943 年 10 月 27 日

　　我反對授予非軍事背景的委任文官或準文官以高級軍階，或讓他們穿軍裝，除非此舉對其職務的順利執行顯然是必要的。因此，請就上述問題諮詢安全事務處，了解關於官員職務公布及穿軍裝等方面所遵循的原則。請呈遞一份簡短的報告給我。

首相致霍利斯准將

1943 年 10 月 31 日

　　請提交一份報告，概述為「霸王」作戰計畫而集結英國部隊的現狀發展；至於其他駐留本土的部隊情況，請另行撰寫一份報告。

11 月

首相致帝國總參謀長

1943 年 11 月 1 日

　　1. 感謝你將情況告訴我，然而我對其中某些問題仍然感到困惑。我完全贊同我們需要一個「尺度」，這正是我所追求的目標。擁有「尺度」便意味著有了共同的標準。然而，正由於想要找到一個統一的標準，「師」這個字便無法使用。因為「師」可以指德國師的兩萬人，也能指俄國師的一萬五千人，還可以指英國和美國師的四萬兩千人。

　　2. 請將情報局關於完整編制的英國師和德國師的最詳細分析提供給我，解釋一個英國師比德國師多出的二萬兩千人是由哪些兵種組成的⋯⋯

　　4. 以最近抵達義大利的英國第五步兵師為例，該師共有 18,480 人。那其餘的 23,000 多人身處何地？他們何時會前往義大利？在這 23,000 人中，有多少屬於即將投入戰鬥的作戰部隊？

5. 能否另外提交一份關於義大利軍和集團軍編制的表格，並附上大致的後勤補給人數？當然，我深知這些估計數字可能無法準確反映最新情況。

6. 波蘭裝甲師在英國遠征軍當中承擔什麼職責？據我了解，該師擁有約四百輛坦克。它似乎既不屬於第二十一集團軍群，也不屬於本土野戰軍。那麼，是否還有類似的部隊存在？那些陸軍坦克旅的部署情況如何（根據我最近獲悉的統計，應該有八個旅）？對這些問題，我必須形成自己的見解，這極為重要。

7. 在我的印象中，一個總數達兩萬人的德國師中，實際參與戰鬥的約為一萬兩千人；而在我們擁有四萬兩千人的師級部隊中，約有一萬五千至一萬六千人參與戰鬥。若果真如此，情況便難以樂觀，因為德軍的作戰能力至少與我軍相當，且能迅速進行長途行軍。但另一方面，英國的軍隊和集團軍指揮官擁有較高比例的炮兵、工兵和通訊兵等，因此能根據需要更有效地支援部隊。

8. 請在撰寫報告時，盡量列出後勤補給人數、營的數量、坦克和大炮的數量。我注意到我們不斷增加內勤和非戰鬥人員的比重，這令人擔憂。類似「霸王」的作戰計畫中，每人必須在船上占有一個位置，並在登陸後獲得補給，因此，為了實施這個計畫，必須對後勤工作進行詳盡分析，特別是在初期階段。我希望能在近期安排時間，在國防委員會或參謀長會議中對這個問題進行深入研究。

首相致海軍大臣

1943 年 11 月 1 日

1. 我初步的看法是完全支持你關於輕型輸送艦的建議，並計劃在本週內安排時間與您、第一海務大臣以及軍需署長共同探討這個問題。我認為在 1945 年和 1946 年不需要如此大的數量。

2. 然而，此時必須全面探討我們海軍人力的問題。海軍部預計在 1944 年，艦隊需要擴充至二十八萬八千人，而造艦廠則需要增加七萬一千人，總計約三十六萬人。此項要求正值全國因人力短缺而大幅縮減各種軍事行動之際。在以下情況下，海軍部為何在 1944 年的人力需求超過 1943 年：

(1) 得益於空軍的支援，我們已經決定性地擊潰了德國潛艇；

(2) 義大利艦隊已投降；

(3) 「黎歇留」號連同多艘較小的法國艦隊已經投入戰鬥；

(4) 美國在太平洋部署的兵力是日本的兩倍以上；

(5) 敵人在西方的唯一主力艦「提爾皮茨」號在未來許多個月內無法出航（除非德國的新航空母艦完工）。

3. 未來的局勢應是如此：基於上述這些新的重要事實，甚至現有的海軍人員也可以大幅削減；新的艦艇建成後，舊艦立即退役並進行維護。至於是否應制定一項大規模計畫，讓老舊艦艇退役，並緩建或暫時停建那些雖然已經開工但近期無法完工的艦艇，這需要由內閣來決定。所有這些情況可以回答這樣一個問題：敵軍的實力已經大幅削弱，盟軍的力量也已經顯著增強，你為何還需要如此多的人力？在當前的緊急關頭，海軍部若將任何 1 艘無法用於對敵作戰的艦艇留在現役中，便無法為國家提供最佳貢獻。

4. 關於 40 多艘驅逐艦退役的事情，我認為，最佳方案是對這些艦艇進行改裝並妥善保養，同時延後或暫停建造需要兩年才能完工的遠航驅逐艦。

5. 請立即為我準備一份清單，列出您建議在 1944 年繼續服役的所有軍艦，並將其與義大利和德國均為敵國時（例如，1941 年 1 月 1 日）我們的現役軍艦及艦上人員數量進行比較。驅逐艦和小型艦艇可以分類列出，艦上人員只需提供總數。請列出 1941 年 1 月 1 日的數字、當前的估計數字以及您建議在 1945 年 1 月 1 日的預估數字，請將出海和未出海的分別

標明，並包括海軍航空兵部隊。

6. 我觀察到，美國為了推進登陸艇的發展，確實已經減少了反潛艦艇的建造計畫。截至目前，只要造船廠的船臺有空閒，我總是敦促持續不斷地建造反潛艦艇。然而，鑒於這類艦艇的數量日益增多，以及多種跡象表明敵人的生產能力減弱、海員士氣低落，因此我們有必要對這個情況進行全面的重新評估。

首相致飛機生產大臣

1943 年 11 月 6 日

從你在 10 月 27 日發出的備忘錄中可以看出，戰鬥機的改進將耗費大量工時，其規模之大令我印象深刻。我希望，改進應僅限於那些對提升我們飛機戰鬥價值極為必要的方面。

在審視你的備忘錄附表時，我注意到一個令人擔憂的事實：我們尚未開發出真正意義上的重型轟炸機。衛克氏的「溫莎」式轟炸機與經過改進的「蘭開斯特」式轟炸機（預計將於明年年底開始生產）相比，實際上並沒有大得太多，儘管我們對其效能寄予厚望。與此同時，美國的「波音B29」式飛機已經進入生產階段，整體重量達到十二萬磅，據稱其可以攜帶 9 噸炸彈，航程為三千英里。據我所知，他們還在設計一種名為「B36」的 6 引擎飛機，總重量超過二十五萬磅，載重量超過 30 噸，航程達到四千六百英里。我們是否也應該努力製造出具備類似效能的飛機呢？

首相致陸軍大臣及帝國總參謀長

1943 年 11 月 6 日

1. 根據我的理解，按計畫，在進攻的當天，美國將為「霸王」作戰計畫貢獻 15 個師，而我們只提供 12 個師。令我遺憾的是，我們無法與他們的部隊數持平，或比他們多出一個師。這與「師」字的定義有很大關聯。我希望能對他們（美國人）說，「在前線，你們有一個人，我們就有一個

附錄

人，你們有一門炮，我們也有一門炮」，並且告訴他們，我們為此付出了額外的努力。唯有如此，在一些極為重要的作戰行動中，我們才能繼續捍衛本身的權益。

2. 為實現上述目標，我或許必須在國內防禦上承擔相當大的風險。若有必要，可以在所有正規部隊撤離本土期間大規模動員國民自衛軍，對於因此導致的軍火產量下降，只能聽憑其自然發展。

3. 由於我們指出在義大利戰場上我們擁有優勢的兵力，成功地平息了近期關於義大利戰役的爭論。在另一場關鍵的軍事行動中，我們的兵力至少要與美國相當。此外，若能宣稱我們已經增加了兵力貢獻，將有助於推進當前的談判，並很可能促使對方同意延後必要的進攻日期。請對此進行考慮，稍後討論。

首相致樞密院長

1943 年 11 月 11 日

我希望你能從現有的餘糧中再撥一些給養雞戶。這些養雞人家通常能夠獲取一些零碎食物，以補充穀物的不足，因此同樣數量的穀物，分配給養雞戶比給養雞場將為我們產出更多的雞蛋。養雞並不需要太多勞力，而多生產的雞蛋，對飼養者的經營管理，也是一種應得的回報。此外，還能提高他們的興趣，為日常談話增加話題。當前，每張配給證所能獲得的飼料少得可憐，小家庭用來飼養少數家禽，無法補償搭建雞舍等的費用。我認為，如果增加飼料的配給量，肯定會有更多人養雞生蛋自用，這樣就能節省運輸和勞力。

首相致教育大臣

1. 收到你 9 月 16 日提交關於電影教學運用的報告，十分感謝。我對這份報告深感興趣，並欣聞你親自負責此事，倍感欣慰。

2. 如果教育僅僅局限於讀書寫字，而未能輔以這種直觀的教學手段，必然導致許多兒童的潛能無法得到發掘，至少是未能得到充分的發展。除此之外，真正優質的電影應該對所有兒童都有所裨益。電影製作大致可分為兩類：

（1）目的是在支持或解釋正式課程的電影；

（2）向兒童展示我們輝煌歷史遺產的電影，他們如今是這些遺產的繼承者，未來則將成為其守護者。

3. 我不打算在經濟方面承擔任何責任。你在施政報告的附錄中指出教育提案所需的額外費用相當可觀。電影放映的費用，顯然應與計畫中的其他部分共同估計。不過，我注意到在德國，常常是由兒童家長支付租用電影和放映機的費用。我不清楚這種方法如何融入你的提案，尤其是如果電影成為正式課程的一部分，並且每位兒童必須觀看的話，這會更具挑戰性；但如果某些電影是自願觀看的，或許可以收取部分必需的費用。請對這個問題進行更詳細的研究。

首相致函伊斯梅將軍，轉交參謀長聯席會議

1943 年 11 月 16 日

我們在福克蘭群島部署了一支相對強大的駐軍，這是根據某些嚴峻的情況而決定的。我想了解的是，在未獲批准削減駐軍之前，事態的發展如何改變駐軍的規模。如果 1 艘日本巡洋艦發動攻勢並占領了這些島嶼，包括入侵我們尚未配備人員的新建防禦工事，那將是非常遺憾的。這種意外不一定會發生，但仍有可能。你計劃如何使用那一千五百人？他們隸屬於哪個軍團？

附錄

首相致函第一海務大臣及伊斯梅將軍，並轉交參謀長委員會

1943 年 11 月 21 日

我目前專注的焦點是：預計明年 1 月初攻占羅馬，1 月底攻克羅得島。前者已經準備就緒，後者則需要滿足兩個必要條件：首先，促使土耳其宣戰，以便使用其基地；其次，先由一支精銳的英國師登陸，隨後由第十印度師支援並繼續登陸，因此，需要足夠的登陸艦艇用來運輸部隊。這些師不需全配車輛，因為行軍距離短，而八千名德軍將被困於主要據點。共需多少數量的登陸艇？如何獲取這些登陸艇？第一海務大臣的設想是，東南亞指揮部目前掌握的一些登陸艦可以開往地中海執行此任務，然後及時返回東南亞，用於「長炮」作戰計畫或該地區其他計畫。

若蒙巴頓海軍上將確實放棄了「長炮」作戰計畫，那麼就無需如此急迫歸還登陸艇。攻占安達曼群島與羅得島相比，前者僅是無足輕重的戰利品，並且可以在年內稍晚時進行。除了占領羅得島及隨後攻下的所有島嶼，我們還能夠迫使八、九千名德軍投降或將其殲滅，這個數字三倍於我們至今在義大利作戰中俘獲的德國俘虜。

12 月

首相致陸軍大臣

1943 年 12 月 13 日

1. 在我身處中東期間，第四輕騎兵團通知我留意軍事參議院於 9 月 26 日發布的第 1408 號指令，指令涉及不按規定佩戴軍帽的問題。該指令明確規定，皇家裝甲部隊的所有戰鬥單位（第十一輕騎兵團除外）必須佩戴「黑色貝雷帽」，無論是在穿著作戰服裝還是軍裝時。然而，軍官如果擁有軍便帽，則可繼續佩戴，直至需要更換為其他類型的軍帽。

2. 第四輕騎兵團擔心戰後依舊執行這個規定，那樣他們就和坦克部隊

一樣，除了黑色貝雷帽外便無其他軍帽可戴。

3. 若我是此團的領袖，我會要求他們承諾，對於第四輕騎兵團而言，這純屬戰時策略；待供應充足時，依舊允許他們購買並佩戴軍便帽。

4. 我期望你們能夠給予這個承諾。請分享你的意見。

1944 年 1 月

首相（在馬拉喀什）致陸軍大臣

1944 年 1 月 7 日

我們必須竭力設法減輕國民自衛軍的負擔，他們的任務比其他所有民防組織都更為艱鉅。如今大部分人員已經具備熟練技能，因此不應僅為完成每月 48 個小時的任務而強迫他們參加操練。國民防空自衛隊每次值勤一夜，無論是否有警報，均按 12 個小時計算。然而，普通國民自衛軍的操練安排在晚間和每週末進行。其中有許多人在過去三年多裡幾乎沒有自己的時間，而且隊員參加操練是強制性的，若不參加，將面臨罰款，甚至監禁，這種強迫制度常常給工廠和礦山企業帶來相當大的困擾。

在戰爭當前階段，應該透過官方發布，縮短國民自衛軍的執勤時間，而不應由某個單位的指揮官隨意決定。守衛任務和緊張的訓練應降至最低限度，而對於已經獲得熟練隊員證章的人員，訓練應僅限於武器的保養。

首相致海軍大臣及第一海務大臣

1944 年 1 月 10 日

無線電控制的近炸引信

1. 今年春季一到，美國海軍將能大量獲得引信管供應，甚至 4 英寸口徑的大炮也能配備這種信管，而我們在整個戰爭期間都無法享有這種便利，你們對此感到滿意嗎？我認為這個問題很嚴重，海軍部應設法解決。

附錄

    2. 能否請求美國提供一批信管？或者，你認為我們的方法已經足夠有效？

首相致函伊斯梅將軍，轉交參謀長聯席會議

1944 年 1 月 17 日

    1. 這份報告（聯合情報參謀處關於日本在東南亞地區的企圖之報告）驗證了我之前的看法：日本對印度的進攻威脅已經消失。未來幾個月內，東方艦隊即將成形，其實力將迅速增強，足以擊敗日本可能派遣的任何分遣隊，因為日本海軍已經將全部精力集中在太平洋，無暇顧及其他。此外，印度的空防力量也已經相當強大。

    2. 所有上述情形再次讓我得出一個明確的結論：必須繼續削減目前駐紮在印度大量能力欠佳的武裝部隊。除了駐守在印度及邊境的英國部隊之外，由我們支付軍餉和提供補給的人員幾乎達到兩百萬名。應該指示印度總督和奧金萊克將軍，在今年之內至少削減五十萬人。這次裁減工作當然主要是針對虛耗糧餉的問題，但應特別關注改進未被裁減部隊的品質，同時盡量依賴當地尚武的部族。應努力恢復印度軍隊戰前的高效和水準。應把被解散各營中的軍官和技術人員集中到這些部隊裡，以增強軍官骨幹，尤其是白人軍官骨幹。各地招募新兵必須嚴格依據標準，招收的人員僅限於真正能夠作戰的新兵。

    3. 同時，請印度事務部遞交一份財務報告，詳述自戰爭爆發以來印度軍隊（不包括英國軍隊）的年度開支，並說明每年的人力平均使用情況。

首相致伊斯梅將軍

1944 年 1 月 19 日

    過去曾經向將領及高級司令官發布過演講指導的通令，看來現在又有必要再次發布。請拿出該通令來閱讀。近期將領們的演講以及接見來訪者的次數似乎相當頻繁。

首相致函伊斯梅將軍，轉交參謀長委員會

1944 年 1 月 19 日

我們應當能夠全面掌控達爾馬提亞海岸。我們的空軍在義大利擁有制空權，可以輕鬆飛抵該地區。海軍力量同樣大幅領先。安齊奧戰役結束後，我們應該能迅速組織一支約兩千名突擊隊員和 12 至 13 輛輕坦克的偵察部隊，對德軍占領的所有島嶼進行搜索與清剿，殲滅或俘虜各個島嶼的德國守軍。為此，應制定一項計畫，由我們考慮後提交最高司令官審批。

請立即啟動此項工作。目前，我們正讓毫無制空權和制海權的敵軍切斷達爾馬提亞海岸與我們的聯繫。若我們集中火力進攻，他們還能堅守這些島嶼嗎？

首相致自治領事務大臣

1944 年 1 月 23 日

我一直期望紐西蘭師參與羅馬戰役，並非因為我們缺乏其他部隊，而是出於象徵意義。他們現在極有可能參戰。如果他們退出歐洲戰場，那將是件憾事。

我寧願允許該師的人員縮減，甚至降至旅的規模。即便如此，仍可繼續稱其為師，或將其他旅併入此師。我希望他們參與這場戰役；他們將來會因為參與戰鬥而自豪。

我不希望弗雷澤先生因為某個人的返程問題感到困擾。

首相致伊斯梅將軍

1944 年 1 月 25 日

蒙哥馬利將軍表示，他需要 10 個突擊隊參與「霸王」作戰計畫，但目前只有 7 個。請告知能否滿足他的需求。關於召回第二特別空軍團的專門人員擔任教練的問題，已經做出哪些安排？我無意召回該團，但同意召回部分專門人員擔任教練。

附錄

首相致函伊斯梅將軍，轉交參謀長委員會

1944 年 1 月 25 日

我剛剛閱讀了「英國在中東各國的策略需求」一文。參謀長委員會似乎認為，分治巴勒斯坦將引發猶太人的不滿。然而，事實正好相反，令猶太人不滿的恰恰是政府報告中的政策。反對分治的主要是阿拉伯人，而任何阿拉伯人的暴力行為都會遭到猶太人的反擊。我們應當銘記韋維爾勳爵的言論，如果不加以控制，猶太人將戰勝阿拉伯人。因此，與猶太人合作，落實內閣報告中關於分治的建議似乎不會有太大風險，因此，我無法接受表中列出關於保持內部安全的必要條件，這些條件是基於猶太人和阿拉伯人聯合反對我們的假設而制定的。顯然，我們不會實施任何猶太人不支持的分治計畫。

首相致自治領事務大臣

1944 年 1 月 25 日

以希特勒在 1944 年戰敗為前提制定計畫極不明智。我們不能排除他在法國戰區獲勝的可能性。戰爭中風險極大。敵軍的後備部隊可以迅速從一個據點調至另一個。我從德國內地獲得的情報顯示，希特勒及其政府仍然完全掌控德國，儘管遭受轟炸，德國並無叛亂跡象。我們與德軍的所有接觸中，如在義大利的交鋒，清楚顯示其軍隊素養、軍紀和作戰能力。

首相致陸軍大臣及帝國總參謀長

1944 年 1 月 25 日

1. 我反對使用「盟國中地中海軍事力量」這個稱謂，在事先未與我協商的情況下，不應將其公布。

2. 一支由逾 20 個師組成的軍隊不應稱為「軍事力量」。這支軍隊的活動區域與中地中海區域不相符。例如，馬爾他島和突尼西亞都屬於中地中海區域；科西嘉島和撒丁島也在此區域內。此外，南斯拉夫特別為最高統

帥保留，也未劃歸亞歷山大將軍（除非出於純粹軍事目的）。因此，從多個角度來看，這個稱謂是不準確的。

3. 我已經授予亞歷山大將軍「駐義大利盟軍司令」的頭銜，這個任命是基於上次大戰的慣例。當時，隨著「英國遠征軍」規模擴大，名稱變更為「駐法國和佛蘭德的英國軍隊」。因此，此次也應在羅馬戰役結果明朗且令人滿意時更換名稱。

首相致蒙哥馬利將軍

1944 年 1 月 27 日

1. 附上生產大臣對雙層甲板坦克的即時回應。這類坦克似乎表現不錯。

2. 我不久之後將看到一篇關於防水材料的報告。對於一支由 30 個師組成的軍隊來說，配備二十萬輛車輛似乎過於龐大。這 30 個師，每個師由兩萬人組成，總計不過六十萬人，其中實際參與戰鬥的人員不到四分之三。一輛車至少需要 1.5 個人來駕駛和維護，這就占用了三十萬人。有些人希望能配備足夠數量攜帶步槍和刺刀的步兵，以保護這大批車輛免於落入敵手。

首相致霍利斯少將

1944 年 1 月 28 日

將地中海區域的主要司令部設在義大利並不妥當。威爾遜將軍負責整個北非戰線，不應局限於單一地區。亞歷山大將軍理應掌握義大利戰場的指揮權，不該因最高統帥司令部在義大利而受制。我認為軍官們並未盡全力將這些司令部遷至突尼西亞地區。是否曾研究過馬爾他島？若無其他適宜地點，經過適當精簡阿爾及爾的多餘軍官後，他仍應駐留於此。

附錄

首相致內政大臣

1944年1月30日

已經收到您1月24日關於在政府機密工作中任用共產黨員問題的備忘錄。

我同意，關於設立陪審團的事宜必須保密。所有陪審員應對此特別警惕。至於是否對一名同情共產主義者採取措施，應由任命他的部門做出最終決定，該部門的部長需對議會負責。

此事涉及三種不同層次的責任。

軍事情報局第五處應負責向陪審團提供證據。陪審團負責審查這些證據，並判斷是否需要與相關部門聯繫，而該部門則負責在必要時決定採取的行動。

我贊同在陪審團中加入一位了解人事事務的財政部高級代表，但反對強制陪審團接納當事部門派出的代表。若陪審團不處理某案，而嫌犯所屬部門的代表仍想了解起訴細節，這是不恰當的。陪審團主席有權根據需要增加一名相關部門的代表。

首相致外交大臣

1944年1月30日

我認為，有必要以高度保密的方式徵求歐文·奧馬利爵士對卡廷森林調查的看法。根據對墳墓上樺樹生長時間的了解，是否能夠與這個新說法一致？是否有人曾檢查過那些樺樹？

首相致海軍大臣及第一海務大臣

1944年1月31日

1. 我同意將那4艘經過改進的快速運輸艦納入即將制定的海軍部造艦計畫中，但我認為，前兩艘的建造應比後兩艘提前相當多的時間。如此

一來，建造過程中的任何改進便能得到充分利用。此外，我認為，那些已經獲得議會批准但在戰爭期間未曾動工的 4 艘戰鬥艦，即「雄獅」號、「衝鋒」號、「征服者」號及「雷神」號，也應保留在海軍的造艦計畫中，但需註明，目前僅進行設計工作。請設法確保「先鋒」號能於 1945 年夏季完工。完成這項工作有何問題，請告知。

2. 我不確定你們目前提出的戰鬥艦訂貨量是否遠超我們在戰爭期間能夠建造的數量。1943 年的訂貨量為排水量八十萬八千噸，其中建造中的僅有四十萬零兩千噸，竣工的則是三十三萬七千噸。因此，除非艦艇的建造速度遠超 1943 年，否則僅完成去年的訂貨量就需要兩年零三個月。迄今為止，我們每年至少有兩個造艦計畫，這意味著你們手中擁有大量已經獲得批准的造艦量，遠遠超過了你們能夠完成或消化的限度。這種情況若被好議論是非的人看到，對海軍是沒有好處的。上述情況無疑也會影響整個新的造艦計畫。我認為，凡是阻礙訂單中類似艦隻竣工的艦隻，或無法在 1944 年（或 1944～1945 財政年度）開工的艦隻，不應列入造艦計畫中。

3. 我們時常討論將在 1945 年對日作戰的主力艦隊。我認為，應動用那 4 艘「英王喬治五世」級戰鬥艦，以及「聲威」號、「納爾遜」號、「伊莉莎白女王」號和「沃斯派特」號，總計 8 艘戰鬥艦，加上所有可動用的裝甲航空母艦和輔助運輸艦，並根據需要以巡洋艦隊和小型艦隊提供支援。你們應提交一份關於逐步發展輔助艦隊的計畫。我希望「先鋒」號能在秋季加入這支主力艦隊。此外，還應考慮改裝義大利的「利特里奧」級軍艦參與此項任務。請告知所需時間、勞動力及資金的具體數字。

4. 只要美國需要我們的分艦隊，我同意我們在 1944 年 6 月將已經準備好的分艦隊交給美國。最為關鍵的是：我們必須確保不影響「長炮」作戰計畫（蘇門答臘），這是我們在 1944 年到 1945 年期間，使得在孟加拉灣一帶的大批陸、空部隊能夠對敵軍展開有效行動的唯一途徑。如果能夠克

服「長炮」作戰計畫的其他障礙，並且沒有意外發生，那麼，我們在孟加拉灣與太平洋之間的艦隊部署，應該集中於執行「長炮」作戰計畫。

5. 我們需要向美國參謀長聯席會議申請借用適量的登陸艇，以便在11月或12月執行「長炮」作戰計畫。鑒於我們派遣艦隊支援他們，他們或許不會拒絕，但此事需待蒙巴頓海軍上將派遣的軍官抵達後再議。

6. 我們應力求在戰後艦隊中納入以下艦艇：4艘在戰火中倖存的「英王喬治五世」級戰鬥艦，1艘經過現代化改造的「納爾遜」號和「先鋒」號，以及4艘裝備16英寸口徑大炮的戰鬥艦（這4艘戰鬥艦將被列入我們的造艦計畫中，只要條件允許便立即動工）。此外，我們還應徵召兩艘「利特里奧」級戰艦，總計可能達到12艘戰鬥艦。當然，這要依據戰鬥艦是否因為新技術的出現而變得過時來決定。以目前的形勢來看，顯然不會如此。相反，潛艇對戰鬥艦的威脅大部分已經被消除，而飛機的威脅也得到了前所未有的控制。我堅信我們有充足的理由要求獲得「利特里奧」級戰艦，因為我們在地中海的貢獻較大，並且為了戰爭的緊迫需求而放棄了重型艦艇的建造。我希望看到你們根據上述規模擬定的戰後艦隊構想——例如1947年的構想，以便我能對整個問題進行更深入的思考。

7. 我已經批准「沃斯派特」號加入「霸王」行動的炮擊艦隊，並希望「羅德尼」號也能參與其中。此外，你們還能調動哪些艦隻用以支援這項任務？我相信，你們正在努力提供合適的艦上炮手、更新的訓練方法以及必要的落彈觀測員；而且在軍火方面，無論是針對人員還是用於摧毀混凝土防禦工事的，都不應該短缺。在空軍的掩護下，炮擊艦隊應能展現出強大的威力。

8. 稍後，我會提供關於人力方面建議的回饋。我估計，現今在訓練機構、港口、基地及流動人員等方面，你們至少擁有十萬名員工。在未來兩

年內，你們可以優先調配這部分人力，隨後再動用我們有限的後備力量。這需要對培訓機構和工廠進行大幅度的精簡。

2月

首相致函伊斯梅將軍，轉交參謀長委員會

1944年2月2日

1. 經驗顯示，每當大規模進攻展開時，戰線相關範圍之中其他未受影響部分往往顯得安靜且準備不足。戰鬥吸引了所有的關注，因此，有時可能以微小的代價，甚至無需代價，在其他地點獲得巨大的收穫。

2. 請以高度機密的方式進行研究：

（1）於今年3、4、5月間，將英國第一和第六裝甲師及南非第六裝甲師調至摩洛哥。可藉口當地局勢動盪，或在無其他理由時，以支援「霸王」作戰計畫為名調動。

（2）在「進攻開始日」之後大約20至30天內，當所有軍隊已經全面出動時，首先透過奇襲占領波爾多，然後利用極少量的登陸艇將這些師調往該地。這可能是可行的，因為敵人的空軍已經被吸引到北方。將這樣一支部隊投入法國中部和南部的行動中，立即會引發大規模的起義，這對於主要戰鬥將帶來無可估量的益處。

3. 此外，請探討能否將這些部隊經由陸路悄悄轉移至摩洛哥，然後安排極為隱祕地登船，經由海路航道劃出大弧線，抵達攻擊設定地點。

4. 這些行動對「鐵砧」作戰計畫沒有任何影響，因為在實施這個計畫時，這些部隊完全不需要參與。

5. 若此計畫（可稱為「哈利發」作戰計畫）成功，美國便能直接派遣步兵師跨越大西洋在新基地登陸。

6. 以上情況引發的幾個問題包括：需要多少艦隻來運送那三支裝甲師？例如，為了使五千名突擊隊員能夠進入波爾多（計畫是在正式的碼頭登陸），需要多少登陸艇？如何找到所需的船舶，並將它們駛往卡薩布蘭卡而不引起過多關注？登船、航行以及順利下船，總共需要多少時間？為了掩護登陸，可能需要準備一支航空母艦艦隊，但如果我們在北部已經建立了海岸基地，這個問題應該不難解決。我們總是墨守成規，盯著一個地方，忽視了其他地方的機會，這是非常愚蠢的。

首相致自治領事務大臣

1944 年 2 月 2 日

1. 若有需要，我可以在星期五召集一次內閣特別會議，以商討軸心國外交使團駐留都柏林的問題。或者，也可以在星期一的內閣全體會議中進行討論。

2. 洩漏英、美運兵船隊動向確實存在風險，但更為嚴重的是，我們的「霸王」作戰計畫準備情況無疑會透過某種途徑被散播出去。如果德國和日本公使繼續留駐都柏林，從軍事角度來看，或許有必要在未來幾個月內切斷愛爾蘭與歐洲大陸之間的所有聯繫。當前，任何人都能乘坐愛爾蘭的船隻前往西班牙，將他在英國聽聞的英、美最新準備情況洩露出去。即使完全切斷海路，也無法阻止德國大使透過無線電傳送我們行動日期的預告，儘管這可能是他最後一次發送電報。

3. 我正打算致電羅斯福總統，提醒他注意一些我認為極為嚴重的危險；此外，我還打算請求他將此事提交參謀長聯席會議審議。

首相致外交大臣

1944 年 2 月 5 日

我閱讀了你關於將某些公使館提升為大使館的備忘錄。

我認為被譽為「安地列斯群島中的明珠」的古巴，理應享有同等的權

利。若其他地區的公使館已獲升格，而唯獨忽視這個遼闊、富饒、美麗且以菸草聞名的島國，則是對其極大的不尊重。古巴的資格顯然遠超委內瑞拉。若對此置若罔聞，將會與古巴結下深仇，而最終還是不得不給予與其他國家相同的待遇。

首相致伊斯梅將軍

1944 年 2 月 7 日

關於「哈利發」作戰計畫的報告撰寫情況如何？若計劃人員尚未完成任務，請再次告訴他們，我們計劃在摩洛哥的集結區域至少集結三個法國師，以支持英國裝甲部隊在「哈利發」的登陸行動。

首相致愛德華·布利奇斯爵士

1944 年 2 月 12 日

除非我們遭到一次與以往截然不同的閃電轟炸，否則我不計劃遷離內閣作戰室。我認為，新式轟炸不會有太大差異。你可以為掌璽大臣安排合適的住處。其他大臣的住宿安排則保持不變。

首相致愛德華·布利奇斯爵士

1944 年 2 月 19 日

我認為，塞爾伯恩勛爵在信中闡述戰後過渡期住房問題的原則是不可行的。將地皮價格固定在 1939 年的標準，而忽視貨幣價值的變動，等同於針對特定階級財產的沒收法令。法令頒布時必須明確規定：價值應與 1939 年相同，也就是說，實際價值應一致。

首相致函伊斯梅將軍，轉交參謀長委員會

1944 年 2 月 19 日

1.「耕作部隊」的職責是在雪季於挪威進行作戰，這種作戰主要依賴於透過飛機運送的小型坦克。士兵利用空運的坦克來作戰、移動，並在一

附錄

定程度上以風雪作為掩護。隨後,「耕作部隊」被視為執行常規任務的突擊隊。這種空運坦克的方案已經實施到何種程度?「耕作部隊」共有多少個?目前,駐紮在義大利的「耕作部隊」具體位於何處?其任務執行情況如何?

2. 我個人認為,完全取消「朱比特」作戰計畫是不智之舉。誠然,原計畫應在1943年解放挪威,但當時美國盟友也許難以認同該策略,國內支持也可能不足。倘若「霸王」計畫進展不順,或希特勒在該戰場集中大軍以致難以應付,我們可能需在1944至1945年冬季於挪威、土耳其和愛琴海進行側翼包圍。鑒於此類意外可能性,我不願解散這支部隊。此外,它也可以用於巴爾幹半島,或用於消滅達爾馬提亞海岸外島嶼上的德軍守備力量。

3. 請針對上述各項提出您的看法。

首相致內政大臣

1944年2月22日

為「霸王」作戰計畫設定一個全國祈禱日是極大的錯誤。在我看來,目前沒有必要再另行設立一個祈禱或感恩的日子。

首相致外交大臣

1944年2月25日

1. 我們對交戰國發動了「進攻」。

2. 我們「進入」那些被敵人占領的盟國領土,這些領土正是我們要「解放」的地方。

3. 至於像義大利這樣的國家,我們已經與其政府簽訂了停戰協定。我們最初是「進攻」,但由於義大利隨後與我們合作,因此我們在義大利的進一步行動便具有「解放」的性質了。

首相致外交大臣

1944 年 2 月 27 日

1. 我們完全認同，立刻支付超過五千美元限額的賠款，以先代位賠付有關民間向美軍的交通意外事件索賠需求。顯然美國方面無法依據憲法規定來解決這個問題。

2. 魯莽駕駛已經造成了很多問題，解決方案是我與艾森豪將軍進行一次對話。我相信，如果我們向他提出這個問題，他肯定會運用他的權力來進行約束。不管怎樣，我們必須先與他溝通。

3. 在議會中進行如此冗長的報告，實屬多餘。我認為此舉會引起美方的強烈反感，並且我認為這個問題並未在下議院對你造成多大壓力。我倒是很想讓艾森豪嚴格控制，看看會有什麼效果；與此同時，你在向下議院報告時只需提到：在英王陛下政府與美國政府進一步交涉之前，我們將支付超過五千美元的賠款。

首相致伊斯梅將軍及派爾將軍

1944 年 2 月 28 日

德國最近製造的炸彈爆炸力顯然增強。在此情形下（當然通常情況下也應如此），是否應為空襲時不在值勤的防空人員盡量準備掩蔽壕，以及防禦爆炸衝擊波和彈片的掩體？由於敵人使用「窗戶」裝置，每次空襲可能很短暫，因此應命令空襲時不承擔其他任務的防空人員（多數為婦女）使用掩蔽壕。如果材料可用，大多數掩蔽壕可以由高射炮隊自行修築。如需外部援助，則應優先在最易暴露的地點修築掩蔽壕。

附錄

3月

首相致飛機生產大臣

1944 年 3 月 1 日

我特此祝賀你們在 2 月分的飛機生產量及超額完成計畫方面的成就。請將我誠摯的感謝傳達給所有達成或超額達成目標的人員。

首相致羅斯福總統

1944 年 3 月 2 日

我建議在編製反潛艇戰月報時，包含以下內容（如果 1944 年 2 月船舶損失報告中的資料沒有大幅增加的話，即按此執行）：

「1944 年 2 月是美國參戰以來表現最為出色的一個月。盟軍船隻在此期間被敵軍擊沉的數量不到 1943 年 2 月的五分之一，且僅為 1942 年 2 月的九分之一。」

英國方面的資料顯示：1944 年 2 月，七萬噸；1943 年 2 月，三十七萬八千噸；1942 年 2 月，六十五萬九千五百噸。

我們還摧毀了大量的德國潛艇。

首相致國內安全大臣

1944 年 3 月 2 日

感謝你對民間防毒面具調查報告的分析。我得知約九成人已經擁有可用的防毒面具。目前，我們對德國投擲的炸彈噸數是他們對我們投擲的 30 多倍。在此時，準備這些面具似乎是防範敵人毒氣戰的有效保障。

首相致艾倫·拉塞爾斯爵士

1944 年 3 月 4 日

你應該查閱內政大臣關於為「霸王」行動計畫設定全國祈禱日的備忘

錄。我認為這有可能引起對即將襲擊的高度關注，尤其是因為沒有人能確切知道何時會發動。我們必須特別小心，以免讓我們的軍隊士氣低落。

首相致飛機生產大臣

1944 年 3 月 5 日

據悉，美國製造的飛機如今不再塗漆，這不僅節省時間和材料，還能讓某些機型的速度提升每小時 20 英里。請告知，英國的飛機是否也計劃採用類似措施。

首相致軍需大臣

1944 年 3 月 7 日

在阿默舍姆與阿克斯布里奇之間的道路旁，有一個名為查爾方特聖賈爾斯的地方，那裡有一個廢棄物堆，3 年來一直在進行清理工作。我每次前往契克斯時，都會經過那裡。無法確定他們是在從多年累積的垃圾中回收罐頭盒或金屬，還是將這些物品與其他垃圾一起廢棄。他們是在進行分類，還是正在攤開處理？路過時我無法分辨。能夠看得出來的是這項工作似乎永無止境，而且顯然沒有取得什麼進展。

首相致波特爾勳爵

1944 年 3 月 7 日

就在外交部的樓下，聖詹姆士公園湖的對面草地上，擺放著一個破舊不堪的沙袋，沙子從破洞中流出；還有一個由沙袋搭建的街壘以及其他障礙物。這是當地國民自衛軍曾經用於訓練的場地。這個練兵場似乎已經很久沒有使用。除非確有必要且無其他解決方法，否則不應讓如此顯眼的地方顯得那麼雜亂無章。

附錄

首相致函財政大臣、海軍大臣、陸軍大臣及空軍大臣

1944 年 3 月 7 日

我聽聞你們正在為三軍士兵增加少量津貼的最佳方案進行考量。關於基本薪餉的調整，我依然堅持我的立場。然而，鑒於戰爭已經持續良久，加之大量待遇優厚的美國軍事人員已經抵達此地，確實有必要為我們自己的軍隊提供一些補貼。儘管我尚未深入探討此問題，但若每年增加兩千萬鎊的預算用於發放補貼，我認為這是合理的。此外，應特別關注已婚人員，尤其是其中收入最低者。

在擬定提案時，請將上述建議納入考量，完成後務必提交給我進行稽核。

首相致函陸軍大臣（請軍事運輸大臣閱覽）

1944 年 3 月 8 日

除非執行敵前登陸任務，我們無力透過船隻運輸完整的車輛。

據我所知，截至去年 12 月 31 日，地中海戰區約有各類軍用車輛二十萬輛，而在今年 1 月分又從聯合王國和北美運去了約 1,000 輛。根據去年 11－12 月分的耗損情況，這批運抵的車輛能否支撐四個月的使用？

在接下來的三到四個月之中，鑒於其他戰區對艙位的迫切需求，而此地又擁有大量車輛，是否可以暫時停止向該地區運輸車輛？

首相致羅斯福總統

1944 年 3 月 9 日

關於英國在美國的黃金與美元儲備議題。

1. 你應當記得，我們曾於去年 12 月 8 日在開羅討論過美元的收支問題，並且我曾向哈里·霍普金斯提交了一份備忘錄。我確實理解，在這些問題上，你認為我們應享有的待遇不應遜於法國或俄國。法國至少擁有 20

億美元的儲備，且無相應的海外負債。俄國的情況亦然。這些美元資金儲備，並非如你電報中所示，是我們在美國的一項特殊資產，而是我們的全部儲備。帳面上，與這筆儲備對應的是，我們為共同事業所欠下的至少 100 億美元的債務。

2. 經過會談後，哈里福克斯勳爵於 1 月 8 日與赫爾先生及摩根索先生會面，討論了您電報中首段提及需要回覆的問題。哈里福克斯勳爵向我們報告，摩根索先生曾表示，沒有計畫透過其他方式減少英國的美元資金儲備。由於對他個人向哈里福克斯勳爵提供的這個承諾充滿信任，因此我們同意從租借物資中剔除一些在政治上有難度的項目。

3. 我是否可以這樣表達：將美元資金儲備視為我們唯一的流動儲備金，而現在建議將其減少到 10 億，這既不符合對盟國平等對待的原則，也違反了平均分擔犧牲或提供資源的理念。我們並未逃避責任或追求安逸。在這場鬥爭中，我們幾乎耗盡了在國外可變現的投資資源。在盟國中，只有我們將在戰爭結束時背負鉅額外債。如果我們被迫動用這最後的流動儲備金以應付緊急需求，我無法預見可能出現的問題。我也不清楚如何在議會中提出這個問題而不傷害民眾情感，尤其此時此刻，英國人和美國人的鮮血將在戰場上同樣大量地灑下，而戰爭縮短一個月節省下的軍費將遠遠超過這筆儲備金。

4. 我冒昧地提出這些論點，以便讓你了解我們的情況，因為我堅信你的正義感，以及美國人民的正義感。

5. 請查閱我即將發送的另一份電報。

首相致羅斯福總統

1944 年 3 月 9 日

1. 續前電。我已經詳盡陳述我們的美元收支狀況，但我一直在思考，你的意圖或許只是希望我們尋找一些方式，將部分美元收支情況置於較為

附錄

隱蔽的地方。如果確實如此，那麼若你同意，我們可以在斯特蒂紐斯到訪時，與他進行深入探討。

2. 自從我們接到你的電報後，我們才了解到，克勞利先生已經在3月8日承諾向美國國會報告我們當前及戰爭初期的美元收支資料。這帶來了嚴重的風險。我相信，只要能夠清楚地解釋事情的來龍去脈，就能證明我們的立場是正確的。如果事情被公之於眾，我們就不得不公開陳述我們的正當立場。將我們對美國以外國家的巨大債務數字洩露出去，必然會對英鎊的地位產生極為不利的影響，進而影響這個時期盟國的整體力量。因此，我們請求你們不要洩漏這些資料，如果確實需要披露，必須嚴格保密，並向知情者解釋問題的核心。

首相致軍需大臣

1944年3月9日

據我所知，市場對新型殺蟲劑滴滴涕（DDT）的需求極為迫切，並且需求量持續成長。請告知我們的產量能夠達到多少，是否能夠滿足需求。如果不足，是否有可能擴大並加快生產。儘早大規模供應極為重要，尤其對東南亞指揮部尤為關鍵。

請努力促進滴滴涕的批次生產。

首相致羅斯福總統

1944年3月10日

今日，我委託信使將我為哈里‧霍普金斯戰亡的兒子撰寫的碑文送出。請將其轉交至他靜養之所。他術後的恢復狀況如何？

首相致吉羅將軍（在阿爾及爾）

1944年3月10日

請接受我對令嬡逝世的沉痛哀悼。

首相致達夫・庫珀（在阿爾及爾）

1944 年 3 月 10 日

你可以私下告知戴高樂將軍，我非常支持由勒克萊爾將軍指揮的師團參與此地的重要戰鬥。我與艾森豪談話時得知，他也持相同看法。因此，我正努力克服運輸等方面的困難，我相信我能圓滿解決這些問題。

首相致海軍大臣及第一海務大臣

1944 年 3 月 11 日

請呈交一份簡要報告，描述當前被我們拘押的德國潛艇俘虜之性格和能力，並與戰爭中其他關鍵階段的德軍潛艇俘虜進行比較。

首相致外交大臣

1944 年 3 月 11 日

在當前這個關鍵時刻，將馬利特從斯德哥爾摩調離，實在令人惋惜。我一貫反對僅僅因為軍隊的例行更新，就將一位在其職位上累積了豐富特殊知識，並正在執行具體任務的軍人調離其現職或所屬司令部。在戰爭期間，國家的利益應高於個人的職業發展。大使要真正扎根，需要充足的時間。第一年，他或許難以發揮什麼作用。第二年，他的工作開始顯現成果。到了第三年，他卻被調走。馬利特必須留在斯德哥爾摩，應付那裡的複雜局勢。我非常希望最終能促使瑞典參戰，我相信這是非常有可能的。

首相致帝國總參謀長

1944 年 3 月 13 日

在這場激烈的軍事演習中，有 30 人遇難，這是怎麼發生的？這些部隊隸屬於哪個分支？的確，應該讓這些部隊在一些地方參與實戰，而不是在演習中犧牲。總共有多少人參加了演習？

附錄

首相致信樞密院長、衛生大臣及工程與建築大臣

1944 年 3 月 14 日

昨日，比德爾‧史密斯將軍向我反映，這裡的平房和小型住宅租給美國軍官的價格過於昂貴，簡直是漫天要價。他提到，一幢中等大小的平房每週租金高達 28 鎊，而他居住的小型住宅每週租金則為 35 鎊。美國人理應為他們的住所支付公道的費用，這也是他們樂於承擔的，但我認為，敲詐或牟取暴利的現象絕不可姑息。

我不確定誰負責處理此事，但希望你們能關注並告知我：首先，事情的真相是什麼；其次，是否有解決的辦法。

首相致空軍參謀長及伊斯梅將軍

1944 年 3 月 18 日

下令對義大利街道上的平民進行低空機槍掃射的命令，是由駐義空軍的哪個單位發出的？我完全理解對羅馬火車貨運集結場的轟炸，但我堅信上述暴行不可能是英國飛行員所為。

請就此議題為我呈交一份報告。

首相致羅斯福總統

1944 年 3 月 19 日

1. 我們在愛爾蘭始終遵循格雷的方法；眼下並非向德‧瓦萊拉提供保證的時機。若一名醫生告知病人，剛開的治療神經系統疾病的藥物不過是染色水，這醫生顯然欠缺智慧。我覺得，最好還是讓他們繼續猜測一段時間。

2. 我無意阻礙英國與愛爾蘭之間必要的貿易活動，也不打算禁止向愛爾蘭運送物資。然而，在「霸王」行動展開前，我確實有意限制船隻從愛爾蘭駛往西班牙、葡萄牙及其他國際港口。須知，船隻啟航時雖然有航行

目的地，但途中可能隨時改變航向，攔截並非難事。此措施同樣適用於飛往海外的飛機，我們將竭盡全力阻止這些班機。採取這些舉措的目的並非出於對愛爾蘭的敵意，而在於保護英國和美國士兵的安全，防止駐都柏林的德國外交官透過海、空交通傳遞密信，洩漏我們的計畫。自 1943 年初以來，從愛爾蘭港口出發的船隻僅有 19 艘，航行次數寥寥，因此這些措施影響有限。此外，我們還切斷了電話線路，嚴格限制通訊，並暫停英國與愛爾蘭之間的航空運輸。我再次強調，這些行動完全是出於自衛，而非敵意。

3. 然而，假如愛爾蘭人對我們採取報復行動，做出有損他人且不利己的舉動，比如中止福恩斯航空港的便利提供，那麼我認為我可以透過阻斷他們的英吉利海峽貿易予以回擊。他們可能在策劃新策略，應該思考經濟上的報復手段。在我們實施這些措施之前，我會通知你。

4. 依我之見，不僅不該緩解德·瓦萊拉這群人的恐慌，反而應該讓恐懼心理造成對我方有利的效果。透過這種效果，我們將在幕後加強對抗愛爾蘭的策略，以防機密外洩。至今為止，保密工作做得相當出色。

5. 我推斷，議會可能會同意上述意見，因為赫爾先生在他的電報中提到：「不過，我認為，至少目前我們不應向媒體發表宣告，也不應向愛爾蘭政府保證我們無意實施經濟制裁。」我希望你也同意這個看法。

首相致函伊斯梅將軍，轉交參謀長委員會

1944 年 3 月 19 日

乍看之下，參謀長與總司令在戰場上的角色似乎截然不同。然而，實際上他們並無顯著區別。兩者皆於辦公室內工作，並定期赴前線視察，且經常面臨敵軍空襲的威脅。確實，在許多情形下，這種相似性亦適用於集團軍群及集團軍的司令官。在軍事藝術的運用上，現代條件與昔日已經完全不同。因此，認為馬歇爾將軍不應接受蘇聯勳章的說法毫無根據。

附錄

首相致海軍大臣及第一海務大臣

1944 年 3 月 19 日

這是一場重大的災難。溺亡的那 1,055 人究竟是哪些人？是被運送出去的軍隊，還是被接回來的軍隊？是英國士兵，還是美國士兵？

在護航隊的護送下，為何無法多拯救一些人？

首相致陸軍情報局局長

1944 年 3 月 19 日

為何在此處必須使用「intensive」（強烈的）一詞？其實應該用「intense」（熱烈的）才更為準確。你應參考福勒所著《現代英語用法》一書中對這兩個詞的用法解釋。

首相致外交大臣

1944 年 3 月 19 日

在我看來，戰爭時期將一個在其職務上表現卓著且累積豐富知識的人調往一個陌生環境，從零開始，這種做法顯然欠缺遠見。我聽說你目前計劃調動兩位大使。我們正處於我們一生及歷史中的關鍵時期；在此緊要關頭，我們的唯一目標應該是為民眾作出最大貢獻。

所有那些曾經發揮重要作用的傑出大使都是長期擔任該職位的人。麥斯基在美國大約待了 10 年。我自童年起便記得德‧斯塔埃爾先生，他的名字在英國流傳已久。佐韋拉爾（葡萄牙大使）在英國的任期，我想大概有 15 年，甚至更長。這樣的例子數不勝數。

外交部顯然反對讓大使長時間留任，而「布金斯的輪流制」對該部的影響極大。我同意你把諾埃爾‧查爾斯從里約熱內盧調離，因為我們需要一位能力出眾的外交家駐義大利。你曾對我提到，巴西對此次調動表示遺憾。我當然不希望因此次調動將大使職位變為「普通職位」，讓每位大使

都去一個他們不熟悉的環境。如果這樣，我對此做法表示遺憾。根據我的多年經驗，我認為大使的正常任期應為 6 年，除非他犯有不適合繼續任職的錯誤或背離政府政策，否則不應過早召回。

首相致下議院領袖及陸軍大臣

1944 年 3 月 29 日

我認為，我們應該在制定陸軍年度議案時，趁機對現行方法進行如下調整：

1. 應該清楚地規定，在補選或大選中，應為各軍階的現役官兵提供各種合理的便利，以便他們能夠被提名為選區候選人。

2. 現役軍人（不包括議員）無論隸屬任何黨派，均不得參與政治示威或運動。他們可以參與集會，但在服役期間不得發表演講。

3. 軍人候選人參與補選時，自其發表競選演說或啟動其他競選活動之日起，須給予假期，直至選舉結果公布。此後，其議員權利即開始生效。

4. 對於不允許正規軍官作為選區候選人的規定，其失效期限應延長至戰爭結束。在戰爭結束之前，正規軍官與「僅在戰時服役」的人員應享有相同的待遇。

5. 服役中的議員享有在任何選區發表演講的權利，無需局限於其所屬選區。

請各位就此議題展開協商，並與海軍部和空軍部共同商議決策，這兩個部門也需遵循此程序。

附錄

4 月

首相致石油大臣傑弗里・勞埃德先生

1944 年 4 月 1 日

據悉，3 月 18 日在費斯克頓成功應用了驅霧裝置，將能見度從二百碼提升至一千五百碼，5 架轟炸機藉助其順利著陸，這令我深感興趣。此裝置展現出如此卓越的效能，令我倍感欣慰。你們透過不懈努力，保護了寶貴的生命和裝備，這是對你及部門的最大獎賞。我全力支持你對該裝置的進一步發展。

首相致徹韋爾勳爵

1944 年 4 月 1 日

請提供自義大利本土開始戰鬥以來的傷亡資料。對這些資料進行分析；首先根據投入戰場的部隊人數進行分析，然後根據死亡和失蹤的比例分析。注意，「失蹤」人數包括投降被俘者。失蹤比例越小，我們的聲譽越高。

首相致函伊斯梅將軍，並轉交三軍參謀長及副參謀長

1944 年 4 月 2 日

請務必對聯合王國的防空設施進行適當調整，以支援「霸王」作戰計畫的相關港口。同時，仍需要對其他地區提供適當保護，儘管這些地區的防空能力將有所減弱。不言而喻，英國民眾會全力支持我們的一切工作。

首相致伊斯梅將軍，轉交三軍參謀長

1944 年 4 月 2 日

我相信，我們目前的毒氣儲備已經相當充裕，因此相關人員可以再削減四成，其中已經包含此前削減的一成——也就是說，這次削減三成。請與軍需部協商後，將你們的意見回饋給我。

首相致陸軍部長及空軍部長

1944 年 4 月 2 日

據聞，新型殺蟲劑滴滴涕的效果極佳。鑒於這種殺蟲劑尚需時日方能投產，故你們向軍需大臣提出的需求量務必確實滿足你們的所有需求，尤其是亞洲戰場的需求。

請告知當前情況。

首相致副首相

1944 年 4 月 2 日

倘若租金不是如此高昂，我相信比德爾·史密斯不會向我提起這件事。一套中型公寓的每週租金為 28 鎊，而一棟小型住宅則需每週 35 鎊，這似乎超出了合理範圍。對於這些個別情況，也許可以請波特爾勳爵親自調查一下。不論如何，只要他去與比德爾·史密斯將軍商議，我便算是履行了我的責任。

首相致糧食大臣

1944 年 4 月 2 日

你不願意應付這樣瑣碎無聊的檢舉（關於一個麵包商），並從規則中剔除那些挑剔、繁瑣且傲慢的官僚條款，這將贏得眾人的讚譽。這類官僚條款最容易損害一個知名大機構的聲譽。

首相致工程與建築大臣

1944 年 4 月 2 日

我完全贊同你對我撰寫的「非常時期住宅問題」所提出的看法。請依據你的建議修訂我的稿件，並將校樣付印。

此外，或許「ready-made」（做好的）一詞比「Prefabricated」（預製組件的）更為合適。

附錄

首相致內政大臣

1944 年 4 月 3 日

請撰寫一份報告,解釋為何當前法庭仍引用 1735 年的《巫術法案》。這次審判將耗費國家多少資金? —— 需要從樸茨茅斯傳召證人;要承擔證人在倫敦這個人口密集的城市生活兩週的費用;法院還需為此類陳腐愚蠢的事務繁忙不已,進而干擾法院應該正常進行的必要工作。

首相致蒙哥馬利將軍

1944 年 4 月 4 日

前夜,你提及了第六警衛集團軍的坦克旅。關於此事,我已反覆思索,並準備隨時與你及陸軍部商討。此外,我已經表明態度,不打算解散該旅。

首相致陸軍大臣及帝國總參謀長

1944 年 4 月 4 日

1. 現有一支隸屬於第六警衛集團軍的坦克旅,其裝備了最新型的「邱吉爾」坦克。這些士兵曾為了特定的目標共同接受超過兩年的訓練。在我看來,解散這個旅並將其成員分配到其他部隊,如某裝甲師、步兵警衛隊或正規步兵之中,都是極大的浪費。在我們進行全面討論之前,不應在此事上採取任何行動。

2. 我有一個想法,希望能引起大家的關注,那就是將警衛裝甲師的兩個旅與第六警衛集團軍的坦克旅 —— 總計三個旅 —— 同時投入戰鬥,並隨著人員和車輛的損失逐漸縮減,直到組成一個普通師的戰鬥力。這樣一來,我們便能獲得一支經過精心挑選的人才所組成的強大力量,而不是透過以下方式:無謂地浪費一部分優秀人才,並破壞辛苦建立團隊的完整性。我相信,兩位一定會支持我的這個想法。

首相致陸軍大臣及帝國總參謀長

1944 年 4 月 9 日

（並請蒙哥馬利將軍一閱）

1. 在對您提出的幾個問題進行深思熟慮後，我不禁質疑為何我們不能透過正規步兵來填補警衛集團軍的空缺，而非使其規模日益縮小？俄國人正在採取類似措施，廣泛設立警衛師。德國人也在此方面加強力量，例如，組織近衛裝甲師，這種師所需人數實際上少於步兵師，主要由從機場防衛和傘兵中挑選出的精銳青年組成。這些特殊的名稱無疑能激發他們的忠誠精神。警衛軍的表現確實無愧於他們所享有的聲望，這一點毋庸置疑。

2. 因此，我期望從正規步兵中調撥人力以增援警衛集團軍，為維持現有的警衛集團軍，除了由其本身的新兵補充外，必要時也可以從正規部隊的新兵中補充。這並不影響我已經批准在義大利合併兩個旅的決定。

3. 除了上述提及透過轉移正規步兵部隊人力來補充警衛集團軍的方法外，還有幾點：

(1) 我已經批准對六個規模較小的師進行精簡，並將剩餘人員重組為兩個核心師。

(2) 我不贊成撤銷第六警衛集團軍的坦克旅。

(3) 我同意撤銷第十裝甲師的指揮部及其部隊，但保留裝甲旅。

(4) 應盡力將大量皇家空軍團人員從機場撤出，並整合至陸軍步兵隊伍中。一部分可以直接加入警衛集團軍。至少應從皇家空軍團中抽調兩萬五千人。

附錄

首相致國務大臣與亞歷山大·卡多根爵士

1944 年 4 月 13 日

你應記得,我們正在從所有機密部門剔除共產黨員,因為了解他們對我們的事業不忠誠,總是向蘇聯洩漏祕密,即使在我們與蘇聯合作時也是如此。法國委員會中有兩名共產黨員,因此在通知該委員會機密事宜時,我們必須特別謹慎。

首相致空軍大臣及陸軍大臣

1944 年 4 月 18 日

1. 目前,我們在陸軍的編成過程中面臨著部隊人數減少的嚴峻問題,這迫使我們研究一切可以節省人力的方法。我認為,我們無力繼續維持一支專門用於保衛機場的特殊部隊。皇家空軍團是在我們國家可能遭受敵人入侵時成立的,當時戰鬥機機場的安全與我們的生存息息相關。然而,該團的人數已經逐漸減少。現在是時候考慮是否調集大部分人員以補充陸軍作戰部隊。請共同探討這個建議。應盡量將皇家空軍團的人員併入陸軍的正規步兵隊伍。我認為,至少應調集二萬五千人。

2. 此事迫在眉睫,因此我渴望盡快獲悉你們的具體建議。

首相致陸軍大臣及帝國總參謀長

1944 年 4 月 19 日

我認為,我們應該為馬特爾設法解決問題。不能因為他在俄國未能取得成就而責怪他。他們對待我們的人如同對待狗一般。馬特爾曾在法國阿爾芒蒂埃爾附近指揮他的坦克部隊打了一場精彩的戰役。他在戰爭爆發前兩年訪問俄國陸軍時,曾遞交了一份極具前瞻性的報告。在坦克問題上,我對他的一些觀點持不同意見,但我確信他是一位出色的軍官。我們應該能為他找到合適的位置。希望你能告訴我你的處理計畫。

首相致亞歷山大·卡多根爵士

1944 年 4 月 19 日

有關「全面投降」

我曾向內閣陳述，我們計劃向德國正式提出的條件絕不意味著對他們的承諾。在德黑蘭會議期間，羅斯福總統與史達林元帥都希望將德國分割成比我預想更小的部分。史達林曾提及要大量處決德國參謀人員和軍事專家，人數超過五萬。他是否在開玩笑，我無法確定。儘管當時的氣氛既輕鬆又嚴肅，他明確表示要求四百萬德國男子無限期參與俄羅斯的重建勞動。我們已經承諾波蘭，他們可以從東普魯士獲得補償，並且若他們願意，將以奧德河為界。此外，還規定了許多目的是為了摧毀德國並無限期地防止其再次崛起為軍事強國的條件……

另一方面，他們已經了解到，我們對義大利人所要求的「無條件投降」採取了極為寬容的解釋；我們目前能夠預見，若羅馬尼亞選擇投降，我們將會為他們設下怎樣的條件。

首相致函外交大臣與亞歷山大·卡多根爵士

1944 年 4 月 23 日

1. 我們的首要目標是促使俄國盡快對日本宣戰。你可能還記得史達林在德黑蘭的宣告。基於這一點，如果日、俄雙方達成的協定顯示俄國擔心破壞 1941 年 4 月的俄日中立條約，那麼就很難看出該協定對我們會有什麼「好處」。日本可能會為此協定做出重大讓步，這個事實本身就說明了他們對協定的看法，也表明他們希望俄國暫時不要廢除中立條約。對日本來說，這是合乎情理的，但對我們而言，這有什麼「好處」呢？

2. 日本的動機顯而易見，而至於俄國的意圖，我個人認為，似乎頗為可疑。俄國看到英、美正在與日本交戰，使得日本陷入困境，可能認為這是一個有利的時機來解決他們與日本之間的爭端。這將使他們在擊敗希特

附錄

勒之後，尚未對日本採取敵對行動時，能夠更有利地向我們提出苛刻的條件。當然，這也可能是一種透過安撫日本以製造安全假象的欺騙策略。我個人對此並不贊同。

首相致外交大臣

1944 年 4 月 29 日

1. 我贊成你關於與德國談判被占領國家糧食救濟問題的備忘錄。目前尚未涉及影響「見敵艦即擊沉海域」的問題，因為這些海域是海軍部為戰鬥需求逐步設立的。

2. 我們無法就我們不能接受的政策與瑞士或任何其他政府進行商談。

3. 需要特意指出的是，在對歐洲實施救援時，我們必須確保本國人民按照美國既定的配給或口糧標準獲得供應。

首相致海軍大臣及第一海務大臣

1944 年 4 月 29 日

當日本的主力艦隊位於新加坡之際，詹姆士·薩默維爾海軍上將曾對沙巴發動了卓越的攻擊，這個事件為我們帶來了新的信心。我們為何要將他調離呢？

在我看來，他對這個戰場瞭如指掌，具備正確的洞察力，且能採取果敢行動。他是否計劃前往華盛頓並放棄他的指揮職責？

首相致糧食大臣

1944 年 4 月 29 日

1. 你提交的報告中沒有一份涉及美國對肉類過度需求的問題。正因為你提到要討論該問題，所以我才同意暫緩向羅斯福總統提出。據我所知，糧食部的政策是：如果美國能夠滿足我們的需求，我們就會同意美國對澳洲和紐西蘭的要求。然而，相關政府，包括我們本身的政府，必須確實能

夠提供美國所要求的數量。

2. 現如今，珍貴的肉類正在被白白浪費。美國人指責澳洲和紐西蘭從前線撤回士兵，而澳洲人則輕鬆回應稱，他們的士兵是為了給美國陸軍生產肉類才回國的。

3. 倘若你的回覆未能令我滿意，我將不得不向羅斯福總統發電報了。其實幾週前我就應該這樣做了。

首相致徹韋爾勳爵

1944 年 4 月 30 日

在我批准海軍部關於德國聲學引信魚雷（「蚊蟲」）的文件之前，請告訴我以下想法是否正確：

透過深水炸彈發射管投放一種稱為「鳴叫器」的裝置。這種裝置可能會在落地之後停留原位（漂浮於水面或沉入水中），並發出「鳴叫」聲；或者它可能具有活動能力，以便攔截「蚊蟲」。如果在正確判斷敵人襲擊的基礎上，在適當的時機發射 15 到 20 枚這種裝置，理論上可以吸引敵人。

或者，可以讓「鳴叫器」在我們的艦船遇到危險時環繞在船艦周圍。即使它們碰撞到艦船，也不會造成損害，卻可能有效地保護艦身。

不確定上述觀點是否具有價值？

5 月

首相致外交大臣及霍利斯將軍，並抄送參謀長委員會

1944 年 5 月 1 日

我非常支持盡快將巴西師調往義大利。應竭盡所能將該師運送到義大利，但需優先考慮戰事的緊急需求。不要稱其為象徵性部隊。上述原則同樣適用於空軍中隊。

附錄

首相致外交大臣

1944 年 5 月 4 日

必須為內閣起草一份文件，也許還需要為英帝國會議準備，簡單地 —— 這點極為重要 —— 說明我們與蘇聯政府在義大利、羅馬尼亞、保加利亞、南斯拉夫，特別是希臘之間的嚴重爭端。內容大致可在一頁紙內涵蓋清楚。

簡言之，問題在於：我們是否願意接受巴爾幹國家，甚至可能包括義大利的共產主義化？柯廷先生今日提及此事，而我大致認為：我們需要對此達成明確的結論。如果我們的決定是反對共產主義的滲透與攻勢，那麼應在軍事條件允許的最佳時機，明確地向他們提出。當然，事前需要與美國進行磋商。

首相致外交大臣

1944 年 5 月 4 日

1. 請思考一下，是否適宜將我國駐莫斯科大使召回國內進行磋商。我們確實希望與他交流。此舉或許會在當前情況下對俄國人造成重大影響。艾夫里爾·哈里曼已經啟程回到美國。

2. 對於此事你的看法是怎樣的，盼望告知。儘管我對這一切不會太明瞭，但顯然我們正逐步接近與俄國人在義大利、南斯拉夫及希臘的共產主義圖謀攤牌的時刻。我估計，在莫斯科沒有英國和美國大使的期間，他們大概不會太高興。我確實感到他們的態度越發難以應付。希望你已經與哈里曼討論過此事。請在方便的時候告知詳情。

首相致伊斯梅將軍

1944 年 5 月 7 日

在一場關鍵戰役的前夕，我不願意召開記者會，即便內容不被發表也不願舉行。一旦行動開始，就能向媒體反覆闡述亞歷山大將軍所倡導的原

則，屆時新聞記者也可參與戰鬥。最近，從那不勒斯傳來的報導——其中一篇見於《柯里爾》雜誌——稱我們即將發動進攻，這讓我感到極其不安。是否有必要在進攻前告知敵人呢？當然，他們也可能認為我們的行為愚蠢，將此視為一種障眼法，但這種漏洞是危險的。

首相致霍利斯將軍

1944 年 5 月 7 日

我曾強烈反對派遣這些軍事代表團前往阿爾及爾，理由源於我在直布羅陀會議期間所聽到的討論。我對這群人湧入阿爾及爾並舒適地安頓下來深感痛心，實際上那裡根本不需要他們。他們只是增加了當地已經過於龐大的人員數量，這些人之中大多數已經完全脫離了戰爭。我當然希望此事能夠得到解決，以便召回這批領著高薪、無疑具備高超技術和經驗的軍官，讓他們從事一些有益的工作。最佳方案是組織一支由一千名參謀軍官組成的「神聖軍團」，在極為猛烈的戰場上為部隊樹立榜樣。不管如何，這些軍事代表團應當解散。

首相致軍事情報局局長

1944 年 5 月 7 日

請提供一份按國別（包括德國）詳細列出在義大利陣亡、受傷和被俘人數的精確報告。在報告中盡可能在每個類別中列出：

(1) 陣亡和失蹤人數的比例；

(2) 陣亡、受傷和失蹤人數的比例。

我們因為陣亡、失蹤和被俘，總共損失大約三萬八千人；而我們俘獲的戰俘則有三萬五千名，此外，大約還有兩萬名敵軍陣亡，這樣合計，德軍失蹤和陣亡的總數約為五萬五千人，而我方損失總數為三萬八千人——其中陣亡人數為一萬九千名。以上是在敵軍人數總體上比我們少得多的前

線情況。即便在整個前線上我方陣亡人數與失蹤人數的比例不如美方理想，我認為，透過這次最新統計，可能得出非常理想的數字。

首相致外交大臣

1944 年 5 月 7 日

很難理解克拉克·克爾大使在莫斯科的工作方式。顯然，他總是親自將電報交給莫洛托夫或史達林。在這兩人之中，見到誰就交給誰。如果這兩位權力人物不在或拒絕會面，有時就需要等待幾天。當然，有些電報確實需要他親自遞交，但其他電報難道不能由一位官員轉交嗎？希望你告知我，在這些情況下應如何妥善處理。比如說，如果我們派人送去一封措辭非常強硬的信件，我認為最好不要讓我們的人留在那裡，聽對方的威脅，有時還需道歉，這會削弱我們原本要表達的立場。

首相致掌璽大臣

1944 年 5 月 7 日

我想你一定沒有思考過戰後我們將積欠印度大量債務這種不尋常的結果吧；我們保護了它，但我們欠它的債務比上次大戰結束時我們欠美國的還多。你在來信中似乎完全忽視了這些可怕的後果。

首相致海軍大臣

1944 年 5 月 10 日

感謝你在 4 月 5 日提出有關「蚊蟲」的報告。我認為，在合適的時機，將 15 或 20 個發音裝置（可稱為「鳴叫器」）透過深水炸彈發射管或其他發射裝置投入水中，或許能吸引「蚊蟲」或誤導其方向。

這種裝置具有顯著的優勢，能夠避免「獵狐者」裝置需要依賴托航機具的缺陷。

我獲悉你正在深入思考和研究這些課題，感到非常欣慰，我期盼你能迅速將「鳴叫器」投入戰鬥使用。

首相致波特爾勛爵

1944 年 5 月 14 日

自從我請求你再建造一些預製組件的樣品屋以來，已經過去了幾個月。據說，每建造一座樣品住宅需要大約六個星期；除了在塔特展覽館展示的樣品住宅之外，另外一座正被運往蘇格蘭展覽。此外，還有兩座經過改進的樣品住宅即將完工。我對這個進展感到非常高興，儘管樣品屋的數量尚未達到我的期望。你應當讓勞動婦女和各階層人士都能看到你的樣品住宅。請加快正在施工的那些樣品屋的建造進度。

首相致空軍大臣

1944 年 5 月 20 日

1. 早前，我曾經請求從皇家空軍團中調出兩萬五千人。該團是在與當前大相逕庭的環境下籌組的。在即將到來的戰鬥中，這些人迫切需要用來支援陸軍。我很希望能儘早與你詳細討論此事，但由於本週三我需要在下議院發表演講，因此在此之前時間有限。此外，我也要求你調出兩千名優秀士兵以充實警衛隊。他們在警衛隊當中將比在過於擁擠的機場周圍遊蕩更能發揮作用，因為這些機場周圍的威脅已經不再顯著。請務必確實執行。不然的話，這件事將需要提交戰時內閣在下週二召開的特別會議中討論，以便立即做出決議。我必須明確指出，這並不影響為調動必要人員而設立的委員會向你提出進一步要求。

2. 陸軍已從其防空團中挑選出許多適合擔任步兵的人員；在戰爭的這個階段，讓皇家空軍團中許多優秀的成員執行完全閒散的任務，是極為錯誤的。

附錄

　　3. 調動人員自然不會有障礙。去年年底，當我們急需登陸艇人員時，從陸軍和皇家空軍團調人至海軍，就很好地證明了這一點。我毫不懷疑，許多人會主動申請新的工作職位，尤其是在最近，大家都已經深刻理解到，必須將人員安排到能在共同任務中發揮最大作用的職位。

　　4. 因此，我請求您協助滿足我調動兩千人的需求。時間緊迫，情況緊急。

首相致帝國總參謀長

1944 年 5 月 21 日

　　我們了解到，波蘭第一裝甲師因為缺乏足夠的後勤支援而無法參戰，此事是否屬實？可以適當調整以增強我們在歐洲大陸上已經過於薄弱的力量。請告知我後勤短缺的具體情況。

首相致生產大臣

1944 年 5 月 21 日

　　感謝你於 5 月 11 日遞交有關盤尼西林的備忘錄。自然，我們應盡力從美國獲得最大數量，但務必確保不影響我們本身的增產。顯然，今年我們可能尚無法大規模生產。

首相致桑茲先生

1944 年 5 月 21 日

　　請審閱這份報告（奧康納將軍關於「克倫威爾」式坦克裝甲護板及逃生裝置的報告），並於明日書面提交你的看法。我有一種顧慮：若坦克的上層隔間發生火藥和汽油燃燒，位於下層隔間的人將難以逃生。或許你能消除我的疑慮。

首相致外交大臣

1944 年 5 月 22 日

1. 對外交部備忘錄的看法是：若依次閱讀奇數段落和偶數段落，就能全面理解事件的正反兩面。直接對美國和俄國表明：「在現階段，我們不支持賦予義大利同盟國地位」有何不可呢？

2. 我已經讀完了這封電報，它詳盡地呈現了每種方法的所有支持與反對的論點，但最終得出了一個非常可疑且令人意外的結論：「一旦條件允許，就立即與義大利締結部分和約。」這似乎是在說，即使所有政府齊聚一堂討論，在希特勒倒臺後也不會締結和約，而僅僅是長期停戰。

3. 我相信，你必然會意識到，簡潔明瞭地闡述我們的立場會更具影響力，並且更容易傳達到最高層。請與我分享你的看法，尤其是在你不同意我的觀點時，更應如此。

首相致外交部長、軍事運輸部長、生產部長及糧食部長

1944 年 5 月 23 日

這些問題（為執行「霸王」作戰計畫而減少進口量）需由萊瑟斯勳爵和艾森豪將軍共同商議決定。然而，我曾建議，在接下來的四個月內，我可以再減少五十萬噸的進口量，但這個數量必須由美國在隨後的兩、三個月中補足。每年兩千四百萬噸的進口量是我們絕對需要的最低限度。

首相致外交大臣

1944 年 5 月 23 日

我閱讀了一份文件，其中提及俄國即將承認法國臨時政府。我已經批准你向克拉克·克爾發送電報。雖然電報可能尚未到達史達林手中，但此事極為重要，因為我絕不能在這個問題上偏離羅斯福總統的立場，使人誤以為我們支持俄國反對他。如果我們必須指出，俄國未與我們商議此事，

附錄

那麼我們現在就與美國磋商，這樣的做法並不理想。然而，即便如此，這仍優於與俄國聯手對抗美國。事實上，我原本可以對此事置之不理。俄國在未與兩大盟國磋商的情況下，無權採取這項措施，因為這兩國正承擔西線的全部戰鬥任務。

首相致伊斯梅將軍，轉交參謀長委員會

1944 年 5 月 25 日

1. 顯然，英帝國需要為已經收復的領土部署駐軍。若以模糊不清的「師」來指代駐軍數量，則問題將會相當棘手。驅逐敵軍後，應該依據各地區的具體情況，靈活派遣營、裝甲車連，偶爾配備大炮和坦克即可。印度軍隊一定能大量調配來承擔此項任務。

2. 師是執行高級軍事行動的動態實體，與維持、穩定國家秩序的靜態或機動警察部隊截然不同。這些警察部隊通常包含大量當地人員，而且從不需要動用 70 門大炮。

首相致外交大臣

1944 年 5 月 25 日

依我之見，三或四個大國在整個組織中負責使用武力以防止戰爭，但在經濟問題上，應由一個規模更大且可能更有效的機構來處理。必須強調，我們並無意讓三或四個大國統治全球。相反，他們的勝利賦予他們責任，應為全世界的和平服務。我們當然不會接受由俄國或美國及其盟友中國制定的經濟、財政和貨幣體系。

世界最高會議或執行委員會的目標並非統治全球各國。其宗旨僅在於阻止各國相互殘殺。我認為，從國家主權可能受損的角度出發，我能夠有力地捍衛這個原則。

首相致糧食大臣

1944 年 5 月 27 日

　　我聽聞你關於改善食物配給問題的討論，感到非常欣慰，並認為你的措施相當明智。無論是在酒店、小商店還是個人的日常生活中，都應該努力減輕生活瑣事帶來的困擾。做任何事情都不應故意製造麻煩。我們國家在食物配給方面取得的巨大成就，曾給予我們極大的信心，使人們不再感到階級的差異。這項偉大的工作不應因為一些瑣碎且難以執行的規定而受到影響。請分享你對此事的看法。

首相致外交大臣

1944 年 5 月 27 日

　　一份經過我們雙方同意的重要電報已由我發送給史達林了，未能及時遞交，實在令人遺憾。如果大使認為電報極為不妥，他總能找到機會提醒我們，並在特殊情況下採取靈活措施。然而，將電報在莫斯科擱置四、五天或六天，只為等待史達林接見或從前線歸來，這種做法是不必要的。派一名穿軍服的軍官將電報作為信件遞交，應該會更為便捷。

　　誤解有時源於人們在發送電報後長時間未收到回覆。收到回電時，發現答覆非常滿意，但在回電到達前，他們一直在往壞處揣測對方沉默的緣由。因此，信件的及時遞送不可拖延。

首相致帝國總參謀長

1944 年 5 月 27 日

　　務必確保波蘭師參與戰鬥。這不僅是因為它是一支傑出的作戰力量，還因為其輝煌的戰績對維繫波蘭的民族精神極為重要，未來有許多事情依賴於此。請將該師所需的後勤項目列出清單，註明車輛、軍官和人員的數量，並交給我。

附錄

此外，比德爾·史密斯將軍表示，他能夠協助從非洲和美洲為該師空運若干分遣隊。

首相致飛機生產大臣

1944 年 5 月 27 日

我向「德·哈維蘭」噴射飛機創下每小時 506 英里飛行紀錄致以誠摯的祝賀。請將祝賀傳達給相關人員。

我聽說，你主張將噴射飛機的發展集中於政府新成立的公司內，這讓我感到有些擔憂。近期關於研究與發展的討論不少，普遍認為應當鼓勵分散進行，而非集中統一。我完全理解，噴射飛機發展的多方面延誤可能促使你考慮設立新機構的必要性，但我對將噴射飛機的研究從法恩巴勒轉移的明智性表示懷疑；據我所知，那裡已經進行了許多扎實的工作，並且在那裡，發動機與飛機的發展可以同步進行。

首相致燃料及動力大臣

1944 年 5 月 27 日

我希望你能阻止這種荒謬的行為（《約克郡郵報》曾報導，一名房主因為向鄰居借煤被罰一英鎊，並支付兩枚金幣的煤費）。沒有比這種小題大做的官僚行為更能讓一個部門失去民心的了，這類愚蠢之事屢見不鮮，我認為，這只是下級官員或某些委員會所犯眾多錯誤中的一個典型例子。

你需要對相關人員進行處理，以達到懲戒效果。

首相致海軍大臣及第一海務大臣

1944 年 5 月 28 日

1. 若俄國人顯得過於傲慢，則完全可以對他們不留情面。從行為和態度上顯露出來比用言辭表達更為有效，後者可能會被他們記錄在報告中；此外，若他們的高級官員表現無禮，我們也可以故意以無禮相待。確實要

讓他們感受到我們並不畏懼他們。

2. 另一方面，若在交接艦艇時（將英國艦艇替換義大利艦艇移交給俄國）他們希望舉辦某種特別儀式，那就應當極盡隆重，使其過程可以在民眾心目中留下極佳印象。我當然不會就此事致信史達林元帥。應由俄國人向我們表達謝意，而非我們對他們表示敬意。在雙方低階軍官之間，應努力培養友好關係。在艦艇交接過程中，他們從未對我們說過一句「謝謝」。在滿足他們對船舶需求方面，我們是主要國家。如果有人冒犯你，你可以找到多種方法讓他感受到你的不滿。

3. 然而，若他們的行為有所改善，你應盡力予以鼓勵。

首相致盟國遠征軍副最高統帥

1944 年 5 月 29 日

感謝你 5 月 11 日提出關於攻擊梅雅訥-勒克拉普（德國坦克訓練站）的備忘錄。對這個精準目標的襲擊無疑取得了重大的成功。我們極力主張將此類軍事行動置於最優先位置，顯然是正確的，因為它直接導致了德國軍隊的瓦解，同時避免了法國人員的傷亡。

你們是否已經超越了導致法國平民傷亡一萬人的界限？

首相致海軍大臣

1944 年 5 月 29 日

我們未曾允許這家共產黨報紙的記者進入戰場或任何需要保持隱祕的區域，因為他們毫不遲疑地將所獲的英、美機密洩漏給共產黨，實質上是為了傳遞給蘇聯。這次，即便他們向其主子透露了某些消息，也不會帶來威脅，但必須告知他們，蘇聯政府已經明確要求，在這些艦船安全抵達蘇聯之前，任何消息都不得洩漏。一旦這一點得到確認，他們必定會遵循禁令。他們的背叛與忠誠均有其目的，在這種情況下，我同意在邀請他們之

附錄

前，先讓他們知曉：蘇聯人已經要求在這些艦船安全抵達蘇聯之前，保持祕密。

(4) 莫斯利夫婦的釋放

憲法問題

在開羅和德黑蘭會議期間，一項具有重要憲法意義的國內問題達到了關鍵的緊迫階段。自10月初以來，這個問題一直懸而未決。為了不中斷正文的敘述，我將在此處展開說明。

首相致內政大臣

1943年10月6日

請將醫官診斷奧斯瓦德・莫斯利爵士健康狀況的報告提供給我。我收到了幾份非正式的消息，提到他的病情似乎很嚴重。

莫里森先生的報告證實了我所獲悉的消息，他選擇釋放奧斯瓦德爵士及其夫人。我明白，這勢必引發爭議。

首相致內政大臣

1943年11月21日

我推論，有人可能會就莫斯利夫婦獲釋一事向你質詢。處理此案的核心無疑是健康狀況和人道主義。然而，你可以考慮是否應該引用「人身保護令」和陪審制這些偉大原則作為依據，它們是英國人為保護普通人免受政府迫害而創造的崇高保障。政府行政部門若無合法指控就能將某人監禁，尤其是無限期地拒絕由其同等身分的人進行審判，這是極易引發眾怒的行徑；這樣的權力構成了所有集權政府的基礎，無論是納粹政權或共產主義政權皆如此。民主國家只有在國家面臨重大危險時，行政部門才有理由暫時行使這種權力；即便如此，這種權力的行使也必須由「施行自由制

度的議會」極為慎重地解釋及授權。在危險時期結束後，若這些被監禁者沒有任何法庭或陪審官能夠受理的罪名，就應如你所堅持的那樣被逐一釋放。行政部門在緊急時期內，根據議會許可而獲得的特別權力，應隨著緊急狀態的結束而失效。對於民主制度而言，因不受歡迎而遭拘留或監禁，是最可怕的事。這確實是文明的試金石。

內閣成員對內政大臣提議的措施意見不一。我原本只是想從原則角度，而非具體案件，來探討這個問題，但我仍然承諾全力支持內政大臣。

首相（在開羅）致內政大臣

1943 年 11 月 25 日

我認為，法令第十八條第二款應該被徹底廢除，因為如今無法再以國家緊急狀態為由剝奪個人透過「人身保護令」和陪審制所獲得的權利。我對是否有人會堅決反對這一點持懷疑態度。當然，某些具有集權主義傾向的人可能想透過一紙逮捕令將其政敵逮捕入獄，但我認為他們並非多數。我在議會中已經多次表示，我對這些特別權力感到厭惡，並希望隨著戰事勝利和國家安全的恢復停止使用這些權力。然而，由於這些主張與您的政策相悖，我不打算在目前階段堅持它。

若因你依循人道主義原則履行職權而遭受非議，數個月後民眾的尊敬將予以補償。

首相（於開羅）致副首相及內政大臣

1943 年 11 月 25 日

1. 如果議會關於廢除法令第十八條第二款的演說修正問題引發辯論，我將堅決提倡如下表述：我們承擔行使此類權力的責任，遺憾之至，因為我們完全認同，這種權力違背了英國民眾生活和歷史的整體精神。議會因國家處於極度危險的狀況而賦予我們這些權力，而我們在行使這些權力時必須遵循人道主義原則；然而，我們始終希望行政部門將這些權力歸還議

會。如今，我們已經取得偉大的勝利，處境也比以往更加安全，這使得政府更願意放棄這些特殊權力。完全停止行使這些權力的時機尚未成熟，但我們可以充滿信心地等待那一天的到來。

2. 無論如何，我們不應鼓勵集權主義者的理念，即行政機關有權監禁其政敵或不受歡迎的人。「人身保護令」以及由陪審團審理依法起訴的案件，是英國人的基本權利，這項權利的全面恢復應受到歡迎。我必須警告你們，如果內政部因試圖以特殊手段控制少數人而偏離這些基本原則，可能會在我們與具有集權主義思想的人之間引發嚴重分歧。在這樣的爭論中，我確信可以獲得下議院的多數支持和全國民眾的同情。無論如何，我會嘗試。我認為，你們最好的策略是指出這種權力是強加於你們的，你們對此感到遺憾，並鄭重宣告你們決心以極端謹慎和人道主義的精神行使這些權力。希望你們堅持到底。

3. 此時，艾德禮先生向我彙報，內閣已經決定支持內政大臣釋放莫斯利夫婦。然而，我聽聞議會中有相當一部分人對此議論紛紛，表示反對。

首相（在德黑蘭）致內政大臣

1943 年 11 月 29 日

1. 既然你已經獲得內閣及我這個首相的支持，你唯一的選項就是堅持到底。在面對直接爭論時，你無疑會得到絕大多數人的擁護。

2. 關於第十八條第二款的問題，無需急於解決。然而，我確實建議你表達對這種權力的厭惡，表明因國家面臨的危險迫使你行使這些權力而感到遺憾，並表達渴望恢復正常狀態的心情。這是一位民主國家大臣應有的態度。

3. 莫里森先生在面對這場威脅他的風暴時表現出非凡的堅毅和勇氣，而依循常理，這場風暴也因此平息。任何不願意忍受批評或無法在眾聲喧譁中保持無畏的人，都不適合在艱難時刻擔任大臣。

首相（在德黑蘭）致內政大臣

1943 年 12 月 2 日

　　恭喜你贏得下議院的強力支持。你在執行這項極為艱難且不愉快的職責時所展現的勇氣和人道精神，將贏得英國人民的尊重。

(5) 各部大臣名錄（1943 年 6 月至 1944 年 5 月）

首相、第一財政大臣及國防大臣 —— 溫斯頓・邱吉爾先生

海軍大臣 —— A.V. 亞歷山大先生

農業與漁業部長 —— R.S. 赫德森先生

空軍大臣 —— 阿奇博爾德・辛克萊爵士

航空生產部長 —— 斯塔福德・克里普斯爵士

緬甸事務大臣 —— L.S. 艾默里先生

蘭開斯特公爵領地事務大臣 ——

(1) 達夫・庫珀先生

(2) 歐內斯特・布朗先生（1943 年 11 月 17 日獲任命）。

財政大臣 ——

(1) 金斯利・伍德爵士

(2) 約翰・安德森爵士（1943 年 9 月 28 日獲任命）

殖民地事務大臣 ——

(1) 史坦利上校

(2) 奧利弗先生

自治領事務大臣 ——

(1) 克萊門特・艾德禮先生

附錄

（2）克蘭伯恩子爵（1943年9月28日獲任命）

經濟作戰大臣 —— 塞爾伯恩伯爵

教育大臣 —— R.A. 巴特勒先生（根據1944年通過的教育法案，教育委員會主席職務被重新命名為教育大臣）。

糧食大臣 ——

（1）伍爾頓勛爵

（2）J.J. 盧埃林上校（1943年11月12日獲任命）

外交大臣 —— 安東尼·艾登先生

燃料與動力部長 —— G. 勞埃德·喬治少校

衛生大臣 ——

（1）歐內斯特·布朗先生

（2）H.U. 威林克先生（1943年9月17日獲任命）

內政大臣 —— 赫伯特·莫里森先生

印度事務大臣 —— L.S. 艾默里先生

新聞大臣 —— 布倫丹·布雷肯先生

勞工與兵役部長 —— 歐內斯特·貝文先生

檢察總長 —— 唐納德·薩默維爾爵士

蘇格蘭首席檢察官 —— J.S.C. 里德先生

副檢察長 —— 戴維·馬克斯韋爾·法伊夫爵士

蘇格蘭副檢察總長 —— 戴維·金·默里爵士

大法官 —— 西蒙子爵

樞密院長 ——

(1) 約翰・安德森爵士

(2) 克萊門特・艾德禮先生（1943 年 9 月 28 日獲任命）

掌璽大臣 ——

(1) 克蘭伯恩子爵

(2) 比弗布魯克勳爵（1943 年 9 月 28 日獲任命）

國務大臣 —— R.K. 勞先生（1943 年 9 月 25 日獲任命）

不管部大臣 —— 威廉・喬伊特爵士

主計大臣 —— 徹韋爾勳爵

年金大臣 —— 華特・沃默斯利爵士

郵政大臣 —— H.F.C. 克魯克香克上尉

生產大臣 —— 奧利弗・利特爾頓先生

建設大臣 —— 伍爾頓勳爵（1943 年 11 月 12 日獲任命）

蘇格蘭事務大臣 —— 湯瑪斯・約翰斯頓先生

軍需大臣 —— 安德魯・鄧肯爵士

城鄉規劃大臣 —— W.S. 莫里森先生（1943 年 2 月 5 日獲任命）

貿易大臣 —— 休・多爾頓先生

陸軍大臣 —— 詹姆士・葛利格爵士

軍事運輸大臣 —— 萊瑟斯勳爵

工程與建築大臣 —— 波特爾勳爵

海外使節：

中東事務國務大臣 ——

(1) R.G. 凱西先生（任期至 1943 年 12 月 23 日）

附錄

（2）莫因勳爵（任命於 1944 年 1 月 29 日）

（3）愛德華・葛利格爵士（任命於 1944 年 11 月 22 日）

華盛頓供應大臣 ——

（1）J.J. 盧埃林上校

（2）本・史密斯先生（任命於 1943 年 11 月 12 日）

駐地中海盟軍總部大臣 —— 哈羅德・麥克米倫先生

駐西非大臣 —— 斯溫頓子爵

中東事務副國務大臣 —— 莫因勳爵（任期至 1944 年 1 月 29 日該機構解散）

上議院領袖 —— 克蘭伯恩子爵

下議院領袖 —— 安東尼・艾登先生

決勝籌備，邱吉爾見證歐戰格局的再洗牌：

從三巨頭會議到義大利突擊，戰局全面升溫，勝利輪廓初成

作　　　者：	[英]溫斯頓・邱吉爾（Winston Churchill）	
編　　　譯：	伊莉莎	
發 行 人：	黃振庭	
出 版 者：	複刻文化事業有限公司	
發 行 者：	崧燁文化事業有限公司	
E - m a i l：	sonbookservice@gmail.com	
粉 絲 頁：	https://www.facebook.com/sonbookss	
網　　　址：	https://sonbook.net/	
地　　　址：	台北市中正區重慶南路一段61號8樓 8F., No.61, Sec. 1, Chongqing S. Rd., Zhongzheng Dist., Taipei City 100, Taiwan	

國家圖書館出版品預行編目資料

決勝籌備，邱吉爾見證歐戰格局的再洗牌：從三巨頭會議到義大利突擊，戰局全面升溫，勝利輪廓初成 /[英]溫斯頓・邱吉爾(Winston Churchill)著,伊莉莎 編譯. -- 第一版. -- 臺北市：複刻文化事業有限公司, 2025.08
面；　公分
POD 版
譯自：Preparing for victory
ISBN 978-626-428-222-2(平裝)
1.CST: 第二次世界大戰
712.84　　　　114011535

電　　　話：	(02)2370-3310
傳　　　真：	(02)2388-1990
印　　　刷：	京峯數位服務有限公司
律師顧問：	廣華律師事務所 張珮琦律師
定　　　價：	450 元
發行日期：	2025 年 08 月第一版

◎本書以 POD 印製

電子書購買

爽讀 APP　　　臉書